Schmolke/Deitermann

Industrielles Rechnungswesen IKR

Lösungen

Winklers

Sehr geehrte Damen und Herren,

dieses Lösungsheft soll Ihnen die Arbeit mit dem Lehrbuch erleichtern.

Die Autoren und wir haben mit großer Sorgfalt gearbeitet und darauf geachtet, dass sich keine Fehler einschleichen. Sollten Sie dennoch auf Unstimmigkeiten stoßen, so bitten wir um Nachsicht. Für einen Hinweis auf falsche Angaben wären wir Ihnen sehr dankbar.

Wir wünschen Ihnen viel Freude und Erfolg mit Winklers Büchern.

Mit freundlichen Grüßen

IHR WINKLERS TEAM

Übereinstimmend ab der 42. Auflage
des Lehrbuches (Bestell-Nr. 6852)
Druck 1, Herstellungsjahr 2013

Postfach 33 20, 38023 Braunschweig
service@winklers.de
www.winklers.de
Druck: westermann druck GmbH, Braunschweig
ISBN 978-3-8045-**6853**-2

Auf verschiedenen Seiten dieses Buches befinden sich Verweise (Links) auf Internetadressen.

Haftungshinweis: Trotz sorgfältiger inhaltlicher Kontrolle wird die Haftung für die Inhalte der externen Seiten ausgeschlossen. Für den Inhalt dieser externen Seiten sind ausschließlich deren Betreiber verantwortlich. Sollten Sie bei dem angegebenen Inhalt des Anbieters dieser Seite auf kostenpflichtige, illegale oder anstößige Inhalte treffen, so bedauern wir dies ausdrücklich und bitten Sie, uns umgehend per E-Mail davon in Kenntnis zu setzen, damit beim Nachdruck der entsprechende Verweis gelöscht wird.

Mise en pages :
Anne Offredo, Valravillon

Cet ouvrage a été achevé d'imprimer
en février 2023 dans les ateliers de
Normandie Roto Impression s.a.s.
61250 Lonrai

N° d'imprimeur : 2206529
Dépôt légal : mars 2023
ISBN : 978-2-84876-998-1
Imprimé en France

1

1./2. Vgl. Lehrbuch, S. 9.

3. Vgl. Lehrbuch, S. 7.
4. Vgl. Lehrbuch, S. 11.

2

a) I **(Anlagevermögen)**

Grundstücke
Gebäude
Masch. Anlagen
Techn. Anl. u. Maschinen
Fuhrpark
Betr.- u. Gesch.-Ausst.
Wertpapiere als Kapitalanlage

II **(Umlaufvermögen)**

Rohstoffe
Vorprod./Fremdbauteile
Hilfsstoffe
Betriebsstoffe
Unfertige Erzeugnisse
Fertige Erzeugnisse
Forderungen a. LL
Kassenbestand
Postbankguthaben
Bankguthaben

b) **Langfristige Verbindlichkeiten**

Hypothekenschulden
Darlehensschulden

Kurzfristige Verbindlichkeiten

Verbindlichkeiten a. LL
Verbindlichk. gegenüber Finanzbehörden

3

a) Bretter, Spanplatten, Furniere, Leisten usw.
b) Schlösser, Scharniere, Griffe, Metallfüße, -gestelle usw.
c) Leim, Lack, Schrauben, Nägel, Polituren usw.
d) Strom für Sägen, Bohr- und Hobelmaschinen, Trockenanlagen, Beleuchtung, Heizöl, Diesel für Lieferwagen, Benzin für Geschäfts-PKW usw.

4/5

Inventare U. Brandt e. K., Wuppertal

1.	zum 31. Dez. 01	4	zum 31. Dez. 02	5
A. Vermögen				
I. Anlagevermögen				
1. Grundstücke u. Gebäude				
Bebaute Grundstücke	500.000,00		400.000,00	
Betriebsgebäude	3.300.000,00		3.324.000,00	
Verwaltungsgebäude	1.200.000,00	5.000.000,00	1.176.000,00	4.900.000,00
2. TA u. Maschinen lt. Vz. 1		2.654.000,00		3.264.000,00
3. Werkzeuge lt. Verz. 2		336.000,00		285.000,00
4. Fuhrpark				
1 LKW	223.000,00		178.400,00	
3 PKW	127.000,00	350.000,00	101.600,00	280.000,00
5. Betr. u. Gesch.-Ausst. lt. Verz. 3		480.000,00		384.000,00
II. Umlaufvermögen				
1. Rohstoffe lt. Verz. 4		2.052.000,00		2.486.000,00
2. Hilfsstoffe lt. Verz. 5		188.000,00		194.000,00
3. Betriebsstoffe lt. Verz. 6		43.000,00		48.000,00
4. Unfertige Erz. lt. Verz. 7		469.000,00		324.000,00
5. Fertige Erz. lt. Verz. 8		2.081.000,00		2.362.000,00
6. Forderungen a. LL				
F. Schmelz, Tübingen	528.000,00		728.000,00	
R. Tauber, Frankfurt/M.	335.000,00	863.000,00	615.000,00	1.343.000,00
7. Kasse (Barbestand)		28.000,00		26.000,00
8. Postbankguthaben		189.000,00		294.000,00
9. Bankguthaben, Commerzbank, Wuppert.		1.267.000,00		1.310.000,00
Summe des Vermögens		16.000.000,00		17.500.000,00

zu **4/5**

Inventare U. Brandt e. K., Wuppertal

1.	zum 31. Dez. 01	**4**	zum 31. Dez. 02	**5**
B. Schulden				
I. Langfristige Schulden				
1. Hypothekenschulden				
Stadtsparkasse, Wuppert.		2.805.000,00		2.524.500,00
2. Darlehensschulden				
Stadtsparkasse, Wuppert.	1.603.000,00		1.202.250,00	
Handelsbank, Düsseld.	1.207.000,00	2.810.000,00	905.250,00	2.107.500,00
II. Kurzfristige Schulden				
Verbindlichk. a. LL lt. Verz. 9		785.000,00		1.368.000,00
Summe der Schulden		6.400.000,00		6.000.000,00
C. Ermittlung des Eigenkapitals				
Summe des Vermögens		16.000.000,00		17.500.000,00
– Summe der Schulden		6.400.000,00		6.000.000,00
Eigenkapital (Reinvermögen)		9.600.000,00		11.500.000,00

2. Im Anlagevermögen fallen die Neuinvestitionen in den Maschinenpark auf (+ 600 T€).

   Die wertmäßige Verringerung der übrigen Positionen des Anlagevermögens (um 300 T€) ist wohl überwiegend auf Wertminderungen (Erfassung der Inventurwerte zum Zeitwert) zurückzuführen.

   Das Umlaufvermögen zeigt deutliche Steigerungen (insgesamt um 1.207 T€) der Stoffvorräte (+ 445 T€), der Erzeugnisse (+ 136), der Forderungen (+ 480) und der flüssigen Mittel (+ 146).

   Insgesamt ist das Vermögen um 1,5 Mio. € gestiegen.

   Bei den Schulden fällt der starke Rückgang der langfristigen Schulden auf (Hypothekenschulden um 281 T€, Darlehensschulden 703 T€), gleichzeitig sind jedoch die kurzfristigen Lieferantenverbindlichkeiten um 583 T€ relativ stark gestiegen.

   Insgesamt konnten die Schulden jedoch um 400 T€ abgebaut werden, sodass sich in Verbindung mit dem Vermögenszuwachs das Eigenkapital im laufenden Jahr um 1,9 Mio. € erhöhte.

6/7

Inventare W. Pätzold e. K., Köln

1./2.	zum 31. Dez. 01	**6**	zum 31. Dez. 02	**7**
A. Vermögen				
I. Anlagevermögen				
1. Grundstücke u. Gebäude				
Bebaute Grundstücke	350.000,00		300.000,00	
Verwaltungsgebäude	3.150.000,00		3.125.000,00	
Betriebsgebäude	4.900.000,00	8.400.000,00	4.802.000,00	8.227.000,00
2. TA u. Maschinen lt. Vz. 1		2.615.000,00		3.562.000,00
3. Werkzeuge lt. Verz. 2		537.000,00		494.000,00
4. Fuhrpark lt. Verz. 3		375.000,00		314.000,00
5. BGA lt. Verz. 4		366.000,00		445.000,00

zu **6/7**

Inventare W. Pätzold e. K., Köln

1./2.	zum 31. Dez. 01	6	zum 31. Dez. 02	7
II. Umlaufvermögen				
1. Rohstoffe lt. Verz. 5		734.000,00		562.000,00
2. Hilfs- u. Betr.-St. lt. Verz. 6		416.000,00		424.000,00
3. Unfertige Erz. lt. Verz. 7		233.000,00		315.000,00
4. Fertige Erz. lt. Verz. 8		486.000,00		786.000,00
5. Kundenford. lt. Verz. 9		350.000,00		567.000,00
6. Kassenbestand		48.000,00		39.000,00
7. Bankguthaben				
Deutsche Bank, Köln	731.000,00		842.000,00	
Sparkasse KölnBonn	514.000,00	1.245.000,00	423.000,00	1.265.000,00
Summe des Vermögens		15.805.000,00		17.000.000,00
B. Schulden				
I. Langfristige Schulden				
1. Hypothekenschulden		4.140.000,00		3.900.000,00
2. Darlehensschulden				
Deutsche Bank, Köln	920.000,00		864.000,00	
Sparkasse KölnBonn	654.000,00	1.574.000,00	515.000,00	1.379.000,00
II. Kurzfristige Schulden				
Verbindlichk. lt. Verz. 10		486.000,00		671.000,00
Summe der Schulden		6.200.000,00		5.950.000,00
C. Ermittlung des Eigenkapitals				
Summe des Vermögens		15.805.000,00		17.000.000,00
– Summe der Schulden		6.200.000,00		5.950.000,00
= Eigenkapital (Reinvermögen)		9.605.000,00		11.050.000,00

3. Das Vermögen ist insgesamt um ca. 1,2 Mio. € gestiegen; davon entfallen auf das Anlagevermögen ca. 750 T€, auf das Umlaufvermögen ca. 450 T€.

   Im Anlagevermögen fallen insbesondere die Neuinvestitionen in den Maschinenpark (ca. + 950 T€) und die Betriebs- und Geschäftsausstattung (+ 79 T€) auf; die Verringerung der übrigen Posten des Anlagevermögens (um 277 T€) ist wohl überwiegend auf Wertminderungen (Erfassung der Inventurwerte zum Zeitwert!) zurückzuführen.

   Das Umlaufvermögen zeigt deutliche Steigerungen der Erzeugnisse (+ 382 T€) und der Kundenforderungen (+ 217 T€), während die Stoffvorräte um 164 T€ zurückgegangen und die flüssigen Mittel nahezu gleich geblieben sind (+ 11 T€).

   Bei den Schulden fällt der starke Rückgang der langfristigen Schulden auf (– 435 T€), dafür sind jedoch die kurzfristigen Lieferantenverbindlichkeiten um 185 T€ gestiegen.

   Insgesamt konnten die Schulden um 250 T€ abgebaut werden, sodass sich in Verbindung mit dem Vermögenszuwachs von ca. 1,2 Mio. € das Eigenkapital im laufenden Jahr um ca. 1,450 Mio. € erhöhte.

8

a)	Bestand am 1. Okt.	32.800,00	b)	Bestand am 20. Febr.	43.600,00
+	Zugänge vom 1. Okt. – 31. Dez.	58.300,00	–	Zugänge vom 1. Jan. – 20. Febr.	15.200,00
		91.100,00			28.400,00
–	Abgänge vom 1. Okt. – 31. Dez.	76.300,00	+	Abgänge vom 1. Jan. – 20. Febr.	22.800,00
	Bestand am 31. Dez.	14.800,00		Bestand am 31. Dez.	51.200,00

9

1. vgl. Lehrb., S. 10
2. vgl. Lehrb., S. 11
3. vgl. Lehrb., S. 12 + 14
4. vgl. Lehrb., S. 14
5. vgl. Lehrb., S. 12
6. vgl. Lehrb., S. 12
7. vgl. Lehrb., S. 12
8. vgl. Lehrb., S. 11 + 15
9. vgl. Lehrb., S. 13
10. vgl. Lehrb., S. 13
11. vgl. Lehrb., S. 13

10

	Eigenkapital zum 31. Dez. 02	480.000,00
–	Eigenkapital vom 31. Dez. 01	450.000,00
=	Kapitalmehrung	30.000,00
+	Privatentnahmen in 02	72.000,00
	Gewinn in 02	102.000,00

11

		a)	b)
	EK am Ende d. J.	14.850.000,00	13.500.000,00
–	EK am Anfang d. J.	14.000.000,00	14.000.000,00
=	Kapitalmehrung/-minderung	+ 850.000,00	– 500.000,00
+	Privatentnahmen	+ 180.000,00	+ 180.000,00
=	Gewinn / Verlust	+ 1.030.000,00	– 320.000,00

EK-Verzinsung in % $= \frac{1.030.000,00 \cdot 100}{14.000.000,00} = 7,36\ \%$ | $\frac{320.000,00 \cdot 100}{14.000.000,00} = -2,29\ \%$

		12	13
	EK am Ende d. J.	a) 660.000,00	a) 835.000,00
–	EK am Anfang d. J.	590.000,00	680.000,00
=	Kapitalmehrung/-minderung	+ 70.000,00	+ 155.000,00
+	Privatentnahmen	+ 48.000,00	+ 36.000,00
–	Privateinlagen	– 25.000,00	– 20.000,00
=	Gewinn	93.000,00	171.000,00

Rentabilität des EK in %: b) $\frac{93.000,00 \cdot 100}{590.000,00} = 15,76\ \%$ | b) $\frac{171.000,00 \cdot 100}{680.000,00} = 25,15\ \%$

14/15

A Bilanz Rolf Röhrig e. Kfm., Frankfurt, zum 31. Dezember .. P

	14	15		14	15
I. Anlagevermögen			**I. Eigenkapital**	2.100.000,00	1.800.000,00
	1.300.000,00	1.150.000,00			
	380.000,00	350.000,00	**II. Fremdkapital**		
			Darlehenssch.	500.000,00	800.000,00
II. Umlaufvermögen			Verbindl. a. LL	200.000,00	400.000,00
Rohstoffe	450.000,00	550.000,00			
Fertige Erzeugn.	100.000,00	250.000,00			
Ford. a. LL	220.000,00	350.000,00			
Kassenbestand	50.000,00	30.000,00			
Bankguthaben	300.000,00	320.000,00			
	2.800.000,00	3.000.000,00		2.800.000,00	3.000.000,00

Frankfurt, 10. Februar .. Rolf Röhrig

zu **14/15**

	14	15
1. Eigenkapital	2.100.000,00	1.800.000,00
Fremdkapital	700.000,00	1.200.000,00
Gesamtkapital	2.800.000,00	3.000.000,00
2. EK : FK =	3 : 1	3 : 2 bzw. 1,5 : 1
3. EK : AV =	ja (+ 420 T€)	ja (+ 300 T€)

16/17

A Bilanz Gerd Badicke e. Kfm., Leverkusen, zum 31. Dezember .. P

	16	17		16	17
I. Anlagevermögen			**I. Eigenkapital**	5.100.000,00	4.500.000,00
Grundst. u. Gebäude	3.200.000,00	3.000.000,00			
TA u. Maschinen	1.100.000,00	900.000,00	**II. Fremdkapital**		
Fuhrpark	220.000,00	250.000,00	Hypotheken-		
BGA	280.000,00	350.000,00	schulden	1.600.000,00	2.100.000,00
II. Umlaufvermögen			Darlehens-		
Rohstoffe	850.000,00	1.200.000,00	schulden	700.000,00	1.500.000,00
Hilfsstoffe	450.000,00	650.000,00	Verbindlichk. a. LL	500.000,00	900.000,00
Betriebsstoffe	100.000,00	200.000,00			
Fertige Erzeugn.	450.000,00	750.000,00			
Ford. a. LL	400.000,00	700.000,00			
Kassenbestand	50.000,00	40.000,00			
Bankguthaben	800.000,00	960.000,00			
	7.900.000,00	9.000.000,00		7.900.000,00	9.000.000,00

Leverkusen, 18. Februar .. *Gerd Badicke*

	16	17
1. Eigenkapital	5.100.000,00	4.500.000,00
Fremdkapital	2.800.000,00	4.500.000,00
Gesamtkapital	7.900.000,00	9.000.000,00
2. EK : FK =	1,8 : 1	1 : 1
3. EK : AV =	ja (+ 300 T€)	ja, genau (+/– 0)

18

A Bilanz U. Brandt e. K., Wuppertal, zum 31. Dez. 01 und 31. Dez. 02 P

	01	02		01	02
I. Anlagevermögen			**I. Eigenkapital**	9.600.000,00	11.500.000,00
Bebaute Grundst.	500.000,00	400.000,00			
Betriebsgebäude	3.300.000,00	3.324.000,00			
Verw.-Gebäude	1.200.000,00	1.176.000,00			
TA u. Maschinen	2.654.000,00	3.264.000,00	**II. Fremdkapital**		
Werkzeuge	336.000,00	285.000,00	Hypotheken-		
Fuhrpark	350.000,00	280.000,00	schulden	2.805.000,00	2.524.500,00
BGA	480.000,00	384.000,00	Darlehens-		
II. Umlaufvermögen			schulden	2.810.000,00	2.107.500,00
Rohstoffe	2.052.000,00	2.486.000,00	Verbindlichk.		
Hilfsstoffe	188.000,00	194.000,00	a. LL	785.000,00	1.368.000,00
Betriebsstoffe	43.000,00	48.000,00			
Unf. Erzeugn.	469.000,00	324.000,00			
Fertige Erzeugn.	2.081.000,00	2.362.000,00			
Ford. a. LL	863.000,00	1.343.000,00			
Kassenbestand	28.000,00	26.000,00			
Postbankguthaben	189.000,00	294.000,00			
Bankguthaben	1.267.000,00	1.310.000,00			
	16.000.000,00	17.500.000,00		16.000.000,00	17.500.000,00

Wuppertal, 25. Februar .. *U. Brandt*

19

A Bilanz W. Pätzold e. K., Köln, zum 31. Dez. 01 und 31. Dez. 02 P

	01	02		01	02
I. Anlagevermögen			**I. Eigenkapital**	9.605.000,00	11.050.000,00
Bebaute Grundst.	350.000,00	300.000,00			
Verw.-Gebäude	3.150.000,00	3.125.000,00			
Betriebsgebäude	4.900.000,00	4.802.000,00			
TA u. Maschinen	2.615.000,00	3.562.000,00	**II. Fremdkapital**		
Werkzeuge	537.000,00	494.000,00	Hypotheken-		
Fuhrpark	375.000,00	314.000,00	schulden	4.140.000,00	3.900.000,00
BGA	366.000,00	445.000,00	Darlehens-		
II. Umlaufvermögen			schulden	1.574.000,00	1.379.000,00
Rohstoffe	734.000,00	562.000,00	Verbindlichk.		
Hilfs- u. Betriebs-			a. LL	486.000,00	671.000,00
stoffe	416.000,00	424.000,00			
Unf. Erzeugn.	233.000,00	315.000,00			
Fertige Erzeugn.	486.000,00	786.000,00			
Ford. a. LL	350.000,00	567.000,00			
Kasse	48.000,00	39.000,00			
Bank	1.245.000,00	1.265.000,00			
	15.805.000,00	17.000.000,00		15.805.000,00	17.000.000,00

Köln, 26. Februar .. W. Pätzold

20 (Bilanzstruktur zu 14)

1. Aktiva Passiva

Vermögensstruktur	€	%	Kapitalstruktur	€	%
Anlagevermögen	1.680.000,00	60	Eigenkapital	2.100.000,00	75
Umlaufvermögen	1.120.000,00	40	Fremdkapital	700.000,00	25
Gesamtvermögen	2.800.000,00	100	Gesamtkapital	2.800.000,00	100

2. EK : FK = 3 : 1
3. 420.000,00 €

20 (Bilanzstruktur zu 15)

1. Aktiva Passiva

Vermögensstruktur	€	%	Kapitalstruktur	€	%
Anlagevermögen	1.500.000,00	50	Eigenkapital	1.800.000,00	60
Umlaufvermögen	1.500.000,00	50	Fremdkapital	1.200.000,00	40
Gesamtvermögen	3.000.000,00	100	Gesamtkapital	3.000.000,00	100

2. EK : FK = 3 : 2 (bzw. 1,5 : 1)
3. 300.000,00 €

20 (Bilanzstruktur zu 16)

1. Aktiva Passiva

Vermögensstruktur	€	%	Kapitalstruktur	€	%
Anlagevermögen	4.800.000,00	60,8	Eigenkapital	5.100.000,00	64,6
Umlaufvermögen	3.100.000,00	39,2	Fremdkapital	2.800.000,00	35,4
Gesamtvermögen	7.900.000,00	100,0	Gesamtkapital	7.900.000,00	100,0

2. EK : FK = 1,8 : 1
3. 300.000,00 €

20 (Bilanzstruktur zu 17)

1. Aktiva Passiva

Vermögensstruktur	€	%	Kapitalstruktur	€	%
Anlagevermögen	4.500.000,00	50	Eigenkapital	4.500.000,00	50
Umlaufvermögen	4.500.000,00	50	Fremdkapital	4.500.000,00	50
Gesamtvermögen	9.000.000,00	100	Gesamtkapital	9.000.000,00	100

2. EK : FK = 1 : 1
3. +/– 0 €

20 (Bilanzstruktur zu 18/01)

1. Aktiva Passiva

Vermögensstruktur	€	%	Kapitalstruktur	€	%
Anlagevermögen	8.820.000,00	55,1	Eigenkapital	9.600.000,00	60
Umlaufvermögen	7.180.000,00	44,9	Fremdkapital	6.400.000,00	40
Gesamtvermögen	16.000.000,00	100,0	Gesamtkapital	16.000.000,00	100

2. EK : FK = 3 : 2 (bzw. 1,5 : 1)
3. 780.000,00 €

20 (Bilanzstruktur zu 18/02)

1. Aktiva Passiva

Vermögensstruktur	€	%	Kapitalstruktur	€	%
Anlagevermögen	9.113.000,00	52,1	Eigenkapital	11.500.000,00	65,7
Umlaufvermögen	8.387.000,00	47,9	Fremdkapital	6.000.000,00	34,3
Gesamtvermögen	17.500.000,00	100,0	Gesamtkapital	17.500.000,00	100,0

2. EK : FK = 1,9 : 1
3. 2.387.000,00 €

20 (Bilanzstruktur zu 19/01)

1. Aktiva Passiva

Vermögensstruktur	€	%	Kapitalstruktur	€	%
Anlagevermögen	12.293.000,00	77,8	Eigenkapital	9.605.000,00	60,8
Umlaufvermögen	3.512.000,00	22,2	Fremdkapital	6.200.000,00	39,2
Gesamtvermögen	15.805.000,00	100,0	Gesamtkapital	15.805.000,00	100,0

2. EK : FK = 1,55 : 1
3. – 2.688.000,00 €

20 (Bilanzstruktur zu 19/02)

1. Aktiva Passiva

Vermögensstruktur	€	%	Kapitalstruktur	€	%
Anlagevermögen	13.042.000,00	76,7	Eigenkapital	11.050.000,00	65
Umlaufvermögen	3.958.000,00	23,3	Fremdkapital	5.950.000,00	35
Gesamtvermögen	17.000.000,00	100,0	Gesamtkapital	17.000.000,00	100

2. EK : FK = 1,86 : 1
3. – 1.992.000,00 €

21

Aktiva **Bilanzwaage**

	Grundstücke u. Gebäude	TA u. Maschinen	Rohstoffe	Ford. a. LL	Kasse	Bank	Summe d. Aktiva
SB	480.000,00	148.000,00	59.000,00	20.850,00	3.650,00	6.500,00	718.000,00

Passiva

Summe d. Passiva	Eigenkapital	Darlehenssch.	Verbindlichk. a. LL
718.000,00	671.000,00	24.000,00	23.000,00

22

Aktiva	Schlussbilanz		Passiva
I. Anlagevermögen		**I. Eigenkapital**	571.000,00
TA und Maschinen	487.500,00		
Fuhrpark	40.000,00	**II. Fremdkapital**	
II. Umlaufvermögen		Darlehen	22.000,00
Rohstoffe	48.200,00	Verbindlichkeiten a. LL	14.500,00
Forderungen a. LL	11.600,00		
Kasse	8.500,00		
Bank	11.700,00		
	607.500,00		607.500,00

23

S	Kassenkonto		H
AB	2.855,00	Lieferer	380,00
Barzahlung Kunde	220,00	Zeitungsanzeige	120,00
Bankabhebung	2.800,00	Büromaterial	180,00
Miete	1.500,00	Privatentnahme	400,00
		Gehaltsabschläge	1.620,00
		Porto	144,00
		Fracht	65,00
		Fensterputzer	280,00
		Lohnabschläge	2.900,00
		SB	1.286,00
	7.375,00		7.375,00

24

S	Verbindlichkeiten a. LL		H
Rechnungsausgleich (Bank)	2.250,00	AB	16.200,00
Unsere Banküberweisung	980,00	Zieleinkauf von Rohstoffen	11.100,00
Bankscheck an Lieferer	2.300,00	Zieleinkauf von Hilfsstoffen	3.450,00
SB	25.220,00		
	30.750,00		30.750,00

25

1. Aufgabe zur übenden Anwendung
2. Konto „Forderungen a. LL“: Zugänge im Soll, Abgänge im Haben
3. Konto „Darlehensschulden“: Zugänge im Haben, Abgänge im Soll

26

Aktiva	Schlussbilanz		Passiva
I. Anlagevermögen		**I. Eigenkapital**	539.000,00
Grundstücke und Gebäude	310.000,00		
TA und Maschinen	170.000,00	**II. Fremdkapital**	
II. Umlaufvermögen		Darlehensschulden	15.000,00
Rohstoffe	37.200,00	Verbindlichkeiten a. LL	41.900,00
Forderungen a. LL	29.800,00		
Kasse	2.800,00		
Bank	46.100,00		
	595.900,00		595.900,00

27

Aktiva	Schlussbilanz		Passiva
I. Anlagevermögen		**I. Eigenkapital**	347.500,00
TA und Maschinen	244.600,00		
BGA	83.500,00	**II. Fremdkapital**	
II. Umlaufvermögen		Darlehensschulden	19.000,00
Rohstoffe	24.300,00	Verbindlichkeiten a. LL	30.000,00
Forderungen a. LL	15.600,00		
Kasse	4.500,00		
Bank	24.000,00		
	396.500,00		396.500,00

28

1. Vgl. Lehrbuch, S. 29.
2. Vgl. Lehrbuch, S. 26.
3. Vgl. Lehrbuch, S. 27.
4. a)

Soll	Aktivkonto Haben
Anfangsbestand	Abgänge
Zugänge	**Saldo**

b)

Soll	Passivkonto Haben
Abgänge	**Anfangsbestand**
Saldo	Zugänge

29

1. Kunde überweist Rechnungsbetrag auf unser Bankkonto.
2. Wir begleichen Darlehensschuld durch Banküberweisung.
3. Barabhebung für die Geschäftskasse.
4. Verkauf eines BGA-Gegenstandes gegen Bankscheck oder -überweisung.
5. Wir begleichen Liefererrechnung durch Banküberweisung.
6. Aufnahme eines Darlehens bei unserer Bank.

30

1. Wir kaufen Hilfsstoffe auf Ziel.
2. Kauf eines BGA-Gegenstandes auf Ziel.
3. Umwandlung einer Liefererverbindlichkeit in eine Darlehensschuld.
4. Begleichung einer Liefererverbindlichkeit durch Postbanküberweisung.

31

1. Wir kaufen einen BGA-Gegenstand auf Ziel.
2. Der BGA-Gegenstand wird wieder an den Lieferer zurückgeschickt und die Rechnung storniert.

32

Aktiva	Schlussbilanz		Passiva
I. Anlagevermögen		**I. Eigenkapital**	367.900,00
TA und Maschinen	262.000,00		
BGA	80.750,00	**II. Fremdkapital**	
II. Umlaufvermögen		Darlehensschulden	23.000,00
Rohstoffe	31.500,00	Verbindlichkeiten a. LL	46.300,00
Forderungen a. LL	22.100,00		
Kasse	2.350,00		
Postbank	250,00		
Bank	38.250,00		
	437.200,00		437.200,00

33

Grundbuch Werner Peters e. Kfm.					
Nr.	Datum	Beleg	Buchungssatz	Soll	Haben
1.	..-12-12	KB 412	Kasse an Geschäftsausstattung	450,00	 450,00
2.	..-12-12	BA 210	Kasse an Bank	5.800,00	 5.800,00
3.	..-12-12	ER 469	Rohstoffe an Verbindlichkeiten a. LL	14.600,00	 14.600,00
4.	..-12-12	BR 46	Verbindlichkeiten a. LL an Darlehensschulden	13.500,00	 13.500,00
5.	..-12-12	BA 211	Bank an Forderungen a. LL	400,00	 400,00
6.	..-12-12	KB 413	Hilfsstoffe an Kasse	800,00	 800,00
7.	..-12-12	ER 470	Betriebsstoffe an Verbindlichkeiten a. LL	3.600,00	 3.600,00
8.	..-12-12	ER 471	TA und Maschinen an Verbindlichkeiten a. LL	34.700,00	 34.700,00
9.	..-12-12	PA 110	Bank an Postbank	1.900,00	 1.900,00
10.	..-12-12	BA 212	Verbindlichkeiten a. LL an Bank	1.800,00	 1.800,00
11.	..-12-12	BA 213	Bank an Kasse	2.800,00	 2.800,00
12.	..-12-12	BA 214	Bank an Forderungen a. LL	2.400,00	 2.400,00
13.	..-12-12	BA 215	Geschäftsausstattung an Bank	2.850,00	 2.850,00
14.	..-12-12	BA 216	Verbindlichkeiten a. LL an Bank	600,00	 600,00
15.	..-12-12	BA 217	Bank an Hypothekenschulden	14.000,00	 14.000,00
16.	..-12-12	BA 218	Grundstücke an Bank	166.000,00	 166.000,00
17.	..-12-12	KB 414	Kasse an Fuhrpark	4.100,00	 4.100,00
18.	..-12-12	BA 219	Darlehensschulden an Bank	12.000,00	 12.000,00
19.	..-12-12	BA 220	Bank an Forderungen a. LL	12.600,00	 12.600,00

34

1.	Kauf eines Firmenfahrzeugs gegen Bankscheck	30.000,00 €
2.	Wir begleichen eine Liefererrechnung durch Banküberweisung	5.000,00 €
3.	Bareinzahlung auf das Bankkonto	8.500,00 €
4.	Zielkauf von Rohstoffen	11.400,00 €
5.	Barabhebung vom Bankkonto	2.500,00 €
6.	Ein Kunde begleicht eine Rechnung durch Überweisung auf unser Postbankkonto	3.800,00 €
7.	Barverkauf eines gebrauchten BGA-Gegenstandes	1.200,00 €
8.	Wir nehmen bei der Bank ein Darlehen auf	40.000,00 €
9.	Kauf eines Einrichtungsgegenstandes gegen Bankscheck	2.300,00 €
10.	Überweisung vom Postbankkonto auf unser Bankkonto	5.400,00 €
11.	Ein Kunde begleicht unsere Rechnung durch Banküberweisung	6.700,00 €
12.	Begleichung einer Darlehensschuld durch Banküberweisung	3.800,00 €

35

1. Kunde begleicht Rechnung durch Banküberweisung:
   Bank an Forderungen a. LL 4.500,00
2. Barabhebung vom Bankkonto:
   Kasse an Bank 6.000,00
3. Begleichung einer Liefererrechnung durch Banküberweisung:
   Verbindlichk. a. LL an Bank 5.300,00
4. Aufnahme eines Darlehens bei der Bank:
   Bank an Darlehensschulden 50.000,00
5. Tilgung einer Hypothekenschuld durch Banküberweisung:
   Hypothekenschulden an Bank 6.700,00
6. Verkauf eines Einrichtungsgegenstandes gegen Bankscheck:
   Bank an BGA 1.500,00

36

BGA an Kasse 580,00 €

37

a) Vorprodukte/Fremdbauteile	an	Verbindlichkeiten a. LL	12.540,00
b) Verbindlichkeiten a. LL	an	Bank	12.540,00

38

	€	€
1. Rohstoffe	12.000,00	
an Kasse		500,00
an Verbindlichk. a. LL		11.500,00
2. Unbeb. Grundstücke	170.000,00	
an Bank		168.000,00
an Kasse		2.000,00
3. Kasse	2.000,00	
Bank	14.000,00	
an Fuhrpark		16.000,00
4. Bank	12.000,00	
Kasse	500,00	
an Forderungen a. LL		12.500,00
5. Geschäftsausstattung	5.500,00	
an Kasse		1.500,00
an Bank		4.000,00
6. Hypothekenschulden	20.000,00	
an Bank		17.000,00
an Postbank		2.000,00
an Kasse		1.000,00
7. Verbindlichkeiten a. LL	9.500,00	
an Bank		8.000,00
an Postbank		1.000,00
an Kasse		500,00
8. Darlehensschulden	16.000,00	
an Bank		15.000,00
an Postbank		1.000,00
9. Geschäftsausstattung	21.000,00	
an Postbank		3.000,00
an Bank		17.000,00
an Kasse		1.000,00

39

	€	€
1. Verkauf eines gebrauchten Firmenfahrzeugs		
gegen Barzahlung	1.000,00	
durch Banküberweisung	12.000,00	13.000,00
2. Kauf von Hilfsstoffen gegen bar	1.000,00	
gegen Bankscheck	7.000,00	8.000,00

zu **39**

		€	€
3. Kauf von Einrichtungsgegenständen			
	durch Banküberweisung	3.000,00	
	durch Postbanküberweisung	1.000,00	4.000,00
4. Begleichung einer Darlehensschuld			
	durch Barzahlung	1.000,00	
	durch Banküberweisung	6.000,00	7.000,00
5. Ein Kunde begleicht unsere Rechnung			
	durch Banküberweisung	7.000,00	
	durch Postbanküberweisung	1.000,00	
	durch Barzahlung	1.000,00	9.000,00
6. Kauf einer Maschine durch Barzahlung		2.000,00	
	durch Banküberweisung	12.000,00	14.000,00
7. Begleichung einer Liefererrechnung			
	durch Banküberweisung	19.000,00	
	durch Postbanküberweisung	2.000,00	
	durch Barzahlung	1.000,00	22.000,00

40

Eröffnungsbuchungen

Aktivkonten	an	EBK	543.000,00
EBK	an	Passivkonten	543.000,00

Laufende Buchungen

1. Rohstoffe	an	Verbindl. a. LL	12.200,00
2. BGA	an	Kasse	600,00
3. Bank	an	Forderungen a. LL	1.800,00
4. TA u. Maschinen	an	Verbindlichk. a. LL	11.100,00
5. Bank	an	Kasse	1.300,00
6. Verbindl. a. LL	an	Bank	1.700,00
7. Rohstoffe	an	Verbindl. a. LL	4.000,00
8. Bank	an	Forderungen a. LL	2.400,00

Abschlussbuchungen

SBK	an	Aktivkonten	568.600,00
Passivkonten	an	SBK	568.600,00

Aktiva	Eröffnungsbilanz		Passiva
I. Anlagevermögen		**I. Eigenkapital**	495.000,00
TA und Maschinen	270.000,00		
BGA	140.000,00	**II. Fremdkapital**	
II. Umlaufvermögen		Verbindlichkeiten a. LL	48.000,00
Rohstoffe	60.000,00		
Forderungen a. LL	35.000,00		
Kasse	6.000,00		
Bank	32.000,00		
	543.000,00		543.000,00

zu **40**

S	Eröffnungsbilanzkonto		H
Eigenkapital	495.000,00	TA und Maschinen	270.000,00
Verbindlichkeiten a. LL	48.000,00	BGA	140.000,00
		Rohstoffe	60.000,00
		Forderungen a. LL	35.000,00
		Kasse	6.000,00
		Bank	32.000,00
	543.000,00		543.000,00

S	Schlussbilanzkonto		H
TA und Maschinen	281.100,00	Eigenkapital	495.000,00
BGA	140.600,00	Verbindlichkeiten a. LL	73.600,00
Rohstoffe	76.200,00		
Forderungen a. LL	30.800,00		
Kasse	4.100,00		
Bank	35.800,00		
	568.600,00		568.600,00

41

Eröffnungsbuchungen

Aktivkonten	an	EBK	954.400,00
EBK	an	Passivkonten	954.400,00

Laufende Buchungen

1.	Bank an Darlehensschulden	42.600,00
2.	Rohstoffe an Verbindlichkeiten a. LL	4.000,00
3.	Forderungen a. LL an TA u. Maschinen	12.100,00
4.	Rohstoffe an Verbindlichkeiten a. LL	2.950,00
5.	Verbindlichkeiten a. LL an Bank	8.150,00
6.	BGA an Kasse	300,00
7.	Bank an Kasse	1.200,00
8.	Hilfsstoffe an Verbindlichkeiten a. LL	1.200,00
9.	Bank an Postbank	1.400,00
10.	Darlehensschulden an Bank	14.000,00
11.	Bank an Forderungen a. LL	4.400,00

Abschlussbuchungen

SBK	an	Aktivkonten	983.000,00
Passivkonten	an	SBK	983.000,00

Aktiva	Eröffnungsbilanz		Passiva
I. Anlagevermögen		**I. Eigenkapital**	721.400,00
Grundstücke und Gebäude	380.000,00		
TA und Maschinen	290.000,00	**II. Fremdkapital**	
BGA	130.000,00	Darlehensschulden	178.000,00
II. Umlaufvermögen		Verbindlichkeiten a. LL	55.000,00
Rohstoffe	48.000,00		
Hilfsstoffe	14.000,00		
Forderungen a. LL	34.000,00		
Kasse	6.000,00		
Postbank	3.400,00		
Bank	49.000,00		
	954.400,00		954.400,00

zu **41**

S	Eröffnungsbilanzkonto		H
Eigenkapital	721.400,00	Grundstücke und Gebäude	380.000,00
Darlehensschulden	178.000,00	TA und Maschinen	290.000,00
Verbindlichkeiten a. LL	55.000,00	BGA	130.000,00
		Rohstoffe	48.000,00
		Hilfsstoffe	14.000,00
		Forderungen a. LL	34.000,00
		Kasse	6.000,00
		Postbank	3.400,00
		Bank	49.000,00
	954.400,00		954.400,00

S	Schlussbilanzkonto		H
Grundstücke und Gebäude	380.000,00	Eigenkapital	721.400,00
TA und Maschinen	277.900,00	Darlehensschulden	206.600,00
BGA	130.300,00	Verbindlichkeiten a. LL	55.000,00
Rohstoffe	54.950,00		
Hilfsstoffe	15.200,00		
Forderungen a. LL	41.700,00		
Kasse	4.500,00		
Postbank	2.000,00		
Bank	76.450,00		
	983.000,00		983.000,00

42

1. Vgl. Lehrbuch, S. 26.
2. Vgl. Lehrbuch, S. 32/33.
3. Vgl. Lehrbuch, S. 39.
4. Vgl. Lehrbuch, S. 38/39.

43

1. BGA (Mehrung des Vermögens)		an	Verbindlichkeiten a. LL	12.500,00
2. Büromaterial (Minderung des Eigenkapitals)		an	Kasse	450,00
3. Aufwendungen für Rohstoffe (Minderung des Eigenkapitals)		an	Rohstoffe	45.000,00
4. Löhne an Bank (Minderung des Eigenkapitals)				26.800,00
5. Forderungen a. LL (Mehrung des Eigenkapitals)		an	Umsatzerlöse f. eig. Erzeugnisse	67.000,00
6. Bank (Mehrung des Eigenkapitals)		an	Zinserträge	250,00
7. Aufwendungen für Hilfsstoffe (Minderung des Eigenkapitals)		an	Hilfsstoffe	2.800,00
8. Bank (Vermögen bleibt gleich)		an	Forderungen a. LL	8.900,00
9. Rohstoffe	45.600,00			
Hilfsstoffe	5.400,00			
an Verbindlichkeiten a. LL (Mehrung des Vermögens)				51.000,00

zu **43**

10. Bank (Mehrung des Eigenkapitals)	an	Provisionserträge		4.800,00
11. Verbindlichkeiten a. LL (Minderung des Vermögens)	an	Bank		22.950,00
12. Portokosten (Minderung des Eigenkapitals)	an	Kasse		380,00
13. Mietaufwendungen			8.700,00	
Kosten der Telekommunikation			2.860,00	
Gehälter			16.800,00	
an Bank (Minderung des Eigenkapitals)				28.360,00
14. Werbung (Minderung des Eigenkapitals)	an	Verbindlichkeiten a. LL		12.860,00

44

2.

S — Gewinn- und Verlustkonto — H

S			H
Aufwendungen für Rohstoffe	335.000,00	Umsatzerlöse f. eig. Erzeugn.	858.400,00
Aufwendungen für Hilfsstoffe	55.000,00	Mieterträge	42.000,00
Löhne/Gehälter	326.000,00	Zinserträge	4.700,00
Kosten der Telekommunikation	12.800,00		
Büromaterial	5.800,00		
Eigenkapital (Gewinn)	170.500,00		
	905.100,00		905.100,00

S — Eigenkapital — H

S			H
SBK	805.500,00	EBK	635.000,00
		GuV (Gewinn)	170.500,00
	805.500,00		805.500,00

3.

S — Schlussbilanzkonto — H

S			H
Grundstücke und Gebäude	505.000,00	Eigenkapital	805.500,00
TA und Maschinen	165.000,00	Verbindlichkeiten a. LL	278.000,00
BGA	57.500,00		
Rohstoffe	45.000,00		
Hilfsstoffe	23.000,00		
Forderungen a. LL	87.000,00		
Bank	201.000,00		
	1.083.500,00		1.083.500,00

4. EK-Rentabilität in % $= \frac{170.500,00 \cdot 100}{635.000,00} = 26,85\ \%$

45

Beleg 1: Aufwendungen für Rohstoffe	an	Rohstoffe	6.800,00
Beleg 2: Fremdinstandhaltung	an	Kasse	270,00
Beleg 3: Mietaufwendungen	an	Bank	6.500,00

46

1. Materialverbrauch: 600 Stück		
2. Aufwendungen für Hilfsstoffe	15.000,00	
an Hilfsstoffe		15.000,00

47

Laufende Buchungen

1. Rohstoffe	72.000,00	
Hilfsstoffe	2.000,00	
an Verbindlichkeiten a. LL		74.000,00
2. Aufwendungen f. Rohstoffe	80.000,00	
an Rohstoffe		80.000,00
Aufwendungen f. Hilfsstoffe	4.000,00	
an Hilfsstoffe		4.000,00
Aufwendungen f. Betriebsstoffe	2.000,00	
an Betriebsstoffe		2.000,00
3. Löhne	16.000,00	
Gehälter	8.000,00	
Aufwendungen f. Miete	12.000,00	
an Bank		36.000,00
4. Forderungen a. LL	590.000,00	
an Umsatzerlöse für eig. Erzeugn.		590.000,00

Abschlussbuchungen

Abschluss der Erfolgskonten

GuV-Konto	an	Aufwandskonten	1.061.000,00	1.061.000,00
Umsatzerlöse	an	GuV-Konto	1.200.000,00	1.200.000,00
GuV-Konto	an	Eigenkapital	139.000,00	139.000,00

Abschluss der Bestandskonten

SBK	an	Aktivkonten	1.142.000,00	1.142.000,00
Passivkonten	an	SBK	1.142.000,00	1.142.000,00

S — Gewinn- und Verlustkonto — H

S			H
Aufwendg. f. Rohstoffe	300.000,00	Umsatzerlöse für eig. Erzeugn.	1.200.000,00
Aufwendg. f. Hilfsstoffe	49.000,00		
Aufwendg. f. Betriebsstoffe	33.000,00		
Löhne	301.000,00		
Gehälter	206.000,00		
Aufwendungen f. Miete	172.000,00		
Eigenkapital (Gewinn)	139.000,00		
	1.200.000,00		1.200.000,00

S — Eigenkapital — H

S			H
SBK	989.000,00	EBK	850.000,00
		GuV (Gewinn)	139.000,00
	989.000,00		989.000,00

zu **47**

S	Schlussbilanzkonto		H
Rohstoffe	122.000,00	Eigenkapital	989.000,00
Hilfsstoffe	13.000,00	Verbindlichkeiten a. LL	153.000,00
Betriebsstoffe	9.000,00		
Forderungen a. LL	779.000,00		
Bankguthaben	219.000,00		
	1.142.000,00		1.142.000,00

Auswertung: EK-Rentabilität in % = $\frac{139.000,00 \cdot 100}{850.000,00}$ = 16,35 %

48

Eröffnungsbuchungen

Aktivkonten	an	EBK	128.000,00
EBK	an	Passivkonten	128.000,00

Laufende Buchungen

1. Aufw. f. Hilfsstoffe an Hilfsstoffe 1.300,00
2. Aufw. f. Rohstoffe an Rohstoffe 14.000,00
3. Aufw. f. Betriebsstoffe an Betriebsstoffe 1.300,00
4. Betriebssteuern an Bank 1.800,00
5. Löhne an Bank 9.000,00
6. Gehälter an Bank 2.400,00
7. Werbeaufwendungen an Bank 250,00
8. Forderungen a. LL an Umsatzerlöse für eig. Erzeugn. 47.300,00
9. Bank an Zinserträge 400,00

Abschlussbuchungen

Abschluss der Erfolgskonten

GuV-Konto	an	Aufwandskonten	30.050,00
Ertragskonten	an	GuV-Konto	47.700,00
GuV-Konto	an	Eigenkapital	17.650,00

Abschluss der Bestandskonten

SBK	an	Aktivkonten	145.650,00
Passivkonten	an	SBK	145.650,00

S	Gewinn- und Verlustkonto		H
Aufwendungen f. Rohstoffe	14.000,00	Umsatzerlöse für eig. Erzeugn.	47.300,00
Aufwendungen f. Hilfsstoffe	1.300,00	Zinserträge	400,00
Aufwendungen f. Betriebsstoffe	1.300,00		
Löhne	9.000,00		
Gehälter	2.400,00		
Betriebssteuern	1.800,00		
Werbeaufwendungen	250,00		
EK (Gewinn)	17.650,00		
	47.700,00		47.700,00

Auswertung:	Aufwendungen:	30.050,00 €	
	Erträge:	47.700,00 €	
	Gewinn:	17.650,00 €	(EK-Mehrung)

zu **48**

S	Eigenkapital		H
SBK	145.650,00	EBK	128.000,00
		GuV (Gewinn)	17.650,00
	145.650,00		145.650,00

S	Schlussbilanzkonto		H
Rohstoffe	46.000,00	Eigenkapital	145.650,00
Hilfsstoffe	14.700,00		
Betriebsstoffe	6.700,00		
Forderungen a. LL	61.300,00		
Kasse	10.000,00		
Bank	6.950,00		
	145.650,00		145.650,00

49

Eröffnungsbuchungen

Aktivkonten	an	EBK	361.000,00
EBK	an	Passivkonten	361.000,00

Laufende Buchungen

1.	Rohstoffe an Verbindlichkeiten a. LL	13.500,00
2.	Aufw. f. Rohstoffe an Rohstoffe	14.100,00
3.	Löhne an Bank	6.200,00
4.	Forderungen a. LL an Umsatzerlöse für eig. Erzeugn.	12.400,00
5.	Fremdinstandhaltung an Bank	350,00
6.	Büromaterial an Kasse	250,00
7.	Aufw. f. Betriebsstoffe an Betriebsstoffe	1.400,00
8.	Aufw. f. Hilfsstoffe an Hilfsstoffe	1.900,00
9.	Bank an Forderungen a. LL	9.500,00
10.	Forderungen a. LL an Umsatzerlöse für eig. Erzeugn.	35.900,00
11.	Bank an Provisionserträge	3.500,00

Abschlussbuchungen

Abschluss der Erfolgskonten

GuV-Konto	an	Aufwandskonten	24.200,00
Ertragskonten	an	GuV-Konto	51.800,00
GuV-Konto	an	Eigenkapital	27.600,00

Abschluss der Bestandskonten

SBK	an	Aktivkonten	402.100,00
Passivkonten	an	SBK	402.100,00

S	Gewinn- und Verlustkonto		H
Aufw. f. Rohstoffe	14.100,00	Umsatzerlöse für eig. Erzeugn.	48.300,00
Aufw. f. Hilfsstoffe	1.900,00	Provisionserträge	3.500,00
Aufw. f. Betriebsstoffe	1.400,00		
Löhne	6.200,00		
Fremdinstandhaltung	350,00		
Büromaterial	250,00		
EK (Gewinn)	27.600,00		
	51.800,00		51.800,00

zu **49**

S	Eigenkapital		H
SBK	373.600,00	EBK	346.000,00
		GuV (Gewinn)	27.600,00
	373.600,00		373.600,00

S	Schlussbilanzkonto		H
Betriebs- und Geschäftsausst.	200.000,00	Eigenkapital	373.600,00
Rohstoffe	81.400,00	Verbindlichkeiten a. LL	28.500,00
Hilfsstoffe	22.100,00		
Betriebsstoffe	10.600,00		
Forderungen a. LL	51.800,00		
Kasse	6.750,00		
Bank	29.450,00		
	402.100,00		402.100,00

Auswertung: Aufwendungen: 24.200,00 €
Erträge: 51.800,00 €
Gewinn: 27.600,00 € (EK-Mehrung)

50

Eröffnungsbuchungen

Aktivkonten	an	EBK	293.000,00
EBK	an	Passivkonten	293.000,00

Laufende Buchungen	Soll	Haben
1. Rohstoffe	4.500,00	
Vorprodukte/Fremdbauteile	1.500,00	
Betriebsstoffe	1.200,00	
an Verbindlichk. a. LL		7.200,00
2. Büromaterial an Kasse	250,00	250,00
3. Fremdinstandhaltung an Bank	400,00	400,00
4. Forderungen a. LL	19.500,00	
Kasse	700,00	
an Umsatzerlöse für eigene Erzeugn.		20.200,00
5. Löhne	8.700,00	
Gehälter	4.300,00	
an Bank		13.000,00
6. Bank an Forderungen a. LL	9.500,00	9.500,00
7. Mietaufwendungen	1.800,00	
Kosten der Telekommunikation	350,00	
Werbeaufwendungen	780,00	
Verbindlichkeiten a. LL	4.520,00	
an Bank		7.450,00
8. Ford. a. LL an Umsatzerl. für eigene Erzeugn.	38.000,00	38.000,00
9. Bank an Zinserträge	600,00	600,00

Vorbereitende Abschlussbuchungen

Aufw. f. Rohstoffe	an	Rohstoffe	36.500,00	36.500,00
Aufw. f. VP/Fremdbauteile	an	VP/Fremdbauteile	8.800,00	8.800,00
Aufw. f. Betriebsstoffe	an	Betriebsstoffe	4.600,00	4.600,00

zu **50**

Abschlussbuchungen

			Soll	Haben
GuV-Konto	an	Aufwandskonten	66.480,00	66.480,00
Ertragskonten	an	GuV-Konto	58.800,00	58.800,00
Eigenkapital	an	GuV-Konto	7.680,00	7.680,00
SBK	an	Aktivkonten	288.000,00	288.000,00
Passivkonten	an	SBK	288.000,00	288.000,00

S — Gewinn- und Verlustkonto — H

S			H
Aufw. für Rohstoffe	36.500,00	Umsatzerlöse für eigene Erzeugn.	58.200,00
Aufw. Für Vorprodukte/Fremdbauteile	8.800,00	Zinserträge	600,00
Aufw. für Betriebsstoffe	4.600,00	EK (Verlust)	7.680,00
Löhne	8.700,00		
Gehälter	4.300,00		
Büromaterial	250,00		
Mietaufwendungen	1.800,00		
Fremdinstandhaltung	400,00		
Werbeaufwendungen	780,00		
Kosten der Telekommunikation	350,00		
	66.480,00		66.480,00

S — Eigenkapital — H

S			H
GuV (Verlust)	7.680,00	EBK	200.000,00
SBK	192.320,00		
	200.000,00		200.000,00

S — Schlussbilanzkonto — H

S			H
TA und Maschinen	150.000,00	Eigenkapital	192.320,00
Rohstoffe	28.000,00	Darlehensschulden	60.000,00
Vorprodukte/Fremdbauteile	22.700,00	Verbindlichkeiten a. LL	35.680,00
Betriebsstoffe	11.600,00		
Forderungen a. LL	58.000,00		
Kasse	3.450,00		
Bank	14.250,00		
	288.000,00		288.000,00

1. Es ergibt sich ein Verlust, der das Eigenkapital vermindert.
2. Die Aufwendungen des Unternehmens sind höher als die Erträge.
3. **Erfolgsermittlung durch Kapitalvergleich:**

	Eigenkapital zum 31. Dezember	192.320,00
–	Eigenkapital vom 1. Januar	200.000,00
	Verlust	7.680,00

4. Ein hoher Gewinn sichert den Fortbestand eines Unternehmens und ermöglicht Erweiterungsinvestitionen.

51

Eröffnungsbuchungen			Soll	Haben
Aktivkonten	an	EBK	906.000,00	906.000,00
EBK	an	Passivkonten	906.000,00	906.000,00

Laufende Buchungen

	Soll	Haben
1. Rohstoffe	65.000,00	
Hilfsstoffe	12.000,00	
Betriebsstoffe	8.500,00	
an Verbindlichlichkeiten a. LL		85.500,00
2. Forderungen a. LL	123.000,00	
Bank	7.500,00	
an Umsatzerlöse für eigene Erzeugn.		130.500,00
3. Löhne	18.600,00	
Gehälter	12.400,00	
Zinsaufwendungen	6.800,00	
Kosten der Telekommunikation	2.500,00	
Versicherungsbeiträge	2.700,00	
an Bank		43.000,00
4. Aufwendungen für Rohstoffe	72.000,00	
an Rohstoffe		72.000,00
Aufwendungen für Hilfsstoffe	5.800,00	
an Hilfsstoffe		5.800,00
Aufwendungen für Betriebsstoffe	2.300,00	
an Betriebsstoffe		2.300,00
5. Bank	90.900,00	
an Forderungen a. LL		88.600,00
an Provisionserträge		2.300,00
6. Verbindlichkeiten a. LL	82.600,00	
Mietaufwendungen	6.700,00	
an Bank		89.300,00
7. Forderungen a. LL	62.000,00	
an Umsatzerlöse für eigene Erzeugn.		62.000,00

Abschlussbuchungen

			Soll	Haben
GuV-Konto	an	Aufwandkonten	129.800,00	129.800,00
Ertragskonten	an	GuV-Konto	194.800,00	194.800,00
GuV-Konto	an	Eigenkapital	65.000,00	65.000,00
SBK	an	Aktivkonten	973.900,00	973.900,00
Passivkonten	an	SBK	973.900,00	973.900,00

S Gewinn- und Verlustkonto H

S			H
Aufw. für Rohstoffe	72.000,00	Umsatzerlöse für eigene Erzeugn.	192.500,00
Aufw. für Hilfsstoffe	5.800,00	Provisionserträge	2.300,00
Aufw. für Betriebsstoffe	2.300,00		
Löhne	18.600,00		
Gehälter	12.400,00		
Mietaufwendungen	6.700,00		
Kosten der Telekommunikation	2.500,00		
Zinsaufwendungen	6.800,00		
Versicherungsbeiträge	2.700,00		
Eigenkapital (Gewinn)	65.000,00		
	194.800,00		194.800,00

zu **51**

S	Eigenkapital		H
SBK	642.000,00	EBK	577.000,00
		GuV (Gewinn)	65.000,00
	642.000,00		642.000,00

S	Schlussbilanzkonto		H
TA und Maschinen	420.000,00	Eigenkapital	642.000,00
Betriebs- u. Geschäftsausstattung	210.000,00	Darlehensschulden	260.000,00
Rohstoffe	82.000,00	Verbindlichkeiten a. LL	71.900,00
Hilfsstoffe	18.700,00		
Betriebsstoffe	9.000,00		
Forderungen a. LL	142.400,00		
Kasse	700,00		
Bank	91.100,00		
	973.900,00		973.900,00

Auswertung

1. 194.800,00 € Erträge
   129.800,00 € Aufwendungen
2. 577.000,00 € Eigenkapital – 100 %
   65.000,00 € Gewinn – x % = 11,27 % Rendite (Rentabilität des Eigenkapitals)

52

a) 20.000,00 € lineare Abschreibung (10 %)

b) 25 %

c)

	10 % lineare Abschreibung	25 % degressive Abschreibung
Anschaffungskosten	200.000,00	200.000,00
– Abschreibung des 1. Nutzungsjahres	20.000,00	50.000,00
Buchwert zum 31. Dez. 01	180.000,00	150.000,00
– Abschreibung des 2. NJ	20.000,00	37.500,00
Buchwert zum 31. Dez. 02	160.000,00	112.500,00
– Abschreibung des 3. NJ	20.000,00	28.125,00
Buchwert zum 31. Dez. 03	140.000,00	84.375,00
– Abschreibung des 4. NJ	20.000,00	21.093,75
Buchwert zum 31. Dez. 04	120.000,00	63.281,25
– Abschreibung des 5. NJ	20.000,00	15.820,31
Buchwert zum 31. Dez. 05	100.000,00	47.460,94

d)

Abschreibungen auf SA	an	TA u. Maschinen	20.000,00	bzw.	50.000,00
GuV-Konto	an	Abschreibungen auf SA	20.000,00	bzw.	50.000,00
Schlussbilanzkonto	an	TA und Maschinen	180.000,00	bzw.	150.000,00

e) Eine Maschine (bzw. jedes bewegliche Wirtschaftsgut), die im Jahr 2010 angeschafft oder hergestellt wurde, darf **handels- und steuerrechtlich** sowohl linear wie auch degressiv abgeschrieben werden. **Steuerrechtlich** ist ab 2011 und somit auch in 2012 hingegen nur die **lineare AfA** erlaubt (vgl. Lehrbuch, S. 55).

53

a) Abschreibungen auf SA	an	TA u. Maschinen	58.000,00
Abschreibungen auf SA	an	BGA	12.000,00
b) GuV-Konto	an	Abschreibungen auf SA	70.000,00
SBK	an	TA u. Maschinen	232.000,00
SBK	an	BGA	108.000,00

54

Abschreibungen auf SA	an	TA u. Maschinen	24.000,00
Abschreibungen auf SA	an	Fuhrpark	27.000,00
Abschreibungen auf SA	an	BGA	9.000,00
GuV-Konto	an	Abschreibungen auf SA	60.000,00
SBK	an	TA und Maschinen	196.000,00
SBK	an	Fuhrpark	113.000,00
SBK	an	BGA	81.000,00

55

Laufende Buchungen

1. Bank	an	Forderungen a. LL	1.200,00
2. Aufw. f. Rohstoffe	an	Rohstoffe	13.000,00
Aufw. f. Betriebsstoffe	an	Betriebsstoffe	1.600,00
3. Verbindlichkeiten a. LL	an	Bank	3.300,00
4. Rohstoffe	an	Verbindlichkeiten a. LL	2.850,00
5. Betriebssteuern	an	Bank	750,00
6. Löhne	an	Bank	5.100,00
7. Darlehensschulden	an	Bank	3.500,00
8. Forderungen a. LL	an	Umsatzerlöse für eig. Erz	72.700,00

Vorbereitende Abschlussbuchungen

1. a) Abschreibungen auf SA	an	TA u. Maschinen	18.000,00
b) Abschreibungen auf SA	an	Fuhrpark	10.000,00
c) Abschreibungen auf SA	an	BGA	2.500,00

Die Buchungen 1. a) – 1. c) können auch zusammengefasst werden.

2. Nach Buchung des Schlussbestandes an Hilfsstoffen ist der Verbrauch zu buchen:

Aufw. f. Hilfsstoffe	an	Hilfsstoffe	1.800,00

S Gewinn- und Verlustkonto H

S			H
Aufw. f. Rohstoffe	13.000,00	Umsatzerlöse für eig. Erzeugn.	72.700,00
Aufw. f. Hilfsstoffe	1.800,00		
Aufw. f. Betriebsstoffe	1.600,00		
Löhne	5.100,00		
Betriebssteuern	750,00		
Abschreibungen auf SA	30.500,00		
Gewinn (EK)	19.950,00		
	72.700,00		72.700,00

S Eigenkapital H

S			H
SBK	240.950,00	EBK	221.000,00
		GuV (Gewinn)	19.950,00
	240.950,00		240.950,00

zu **55**

S	Schlussbilanzkonto		H
TA u. Maschinen	72.000,00	Eigenkapital	240.950,00
Fuhrpark	40.000,00	Darlehensschulden	6.500,00
Betriebs- und Gesch.-Ausst.	22.500,00	Verbindlichkeiten a. LL	13.550,00
Rohstoffe	20.850,00		
Hilfsstoffe	1.700,00		
Betriebsstoffe	900,00		
Forderungen a. LL	80.500,00		
Kasse	6.000,00		
Bank	16.550,00		
	261.000,00		261.000,00

56

Laufende Buchungen

1.	Aufw. f. Rohstoffe	an	Rohstoffe	3.100,00
	Aufw. f. Hilfsstoffe	an	Hilfsstoffe	800,00
	Aufw. f. Betriebsst.	an	Betriebsstoffe	700,00
2.	TA u. Maschinen	an	Bank	5.000,00
3.	Bank	an	Darlehensschulden	45.000,00
4.	Löhne	an	Bank	4.100,00
5.	Bank	an	Forderungen a. LL	2.950,00
6.	Betriebssteuern	an	Bank	900,00
7.	Hilfsstoffe	an	Verbindlichkeiten a. LL	6.100,00
8.	Rohstoffe	an	Verbindlichkeiten a. LL	13.400,00
9.	Gehälter	an	Bank	2.500,00
10.	Bank			5.500,00
	Forderungen a. LL			48.800,00
	an Umsatzerlöse für eig. Erzeugn.			54.300,00

Vorbereitende Abschlussbuchungen

Abschreibungen auf SA	13.000,00
an TA und Maschinen	5.000,00
an Fuhrpark	6.000,00
an BGA	2.000,00

S	Gewinn- und Verlustkonto		H
Aufw. f. Rohstoffe	3.100,00	Umsatzerlöse für eig. Erzeugn.	54.300,00
Aufw. f. Hilfsstoffe	800,00		
Aufw. f. Betriebsstoffe	700,00		
Löhne	4.100,00		
Gehälter	2.500,00		
Steuern	900,00		
Abschreibungen auf SA	13.000,00		
Gewinn (EK)	29.200,00		
	54.300,00		54.300,00

S	Eigenkapital		H
SBK	251.200,00	EBK	222.000,00
		GuV (Gewinn)	29.200,00
	251.200,00		251.200,00

zu **56**

S	Schlussbilanzkonto		H
TA u. Maschinen	120.000,00	Eigenkapital	251.200,00
Fuhrpark	34.000,00	Darlehensschulden	65.000,00
Betriebs- und Gesch.-Ausst.	28.000,00	Verbindlichkeiten a. LL	37.500,00
Rohstoffe	26.300,00		
Hilfsstoffe	10.300,00		
Betriebsstoffe	2.300,00		
Forderungen a. LL	55.850,00		
Kasse	8.000,00		
Bank	68.950,00		
	353.700,00		353.700,00

57

1. – 5. Wiederholungsfragen: siehe Lehrbuch, S. 54/55.
6. Wiederholungsfrage: siehe Lehrbuch, S. 42.

58

S	Unfertige Erzeugnisse		H
AB	12.000,00	SB	16.000,00
BV	4.000,00		
	16.000,00		16.000,00

S	Fertige Erzeugnisse		H
AB	18.000,00	SB	26.000,00
BV	8.000,00		
	26.000,00		26.000,00

S	Bestandsveränderungen		H
GuV	12.000,00	Unf.Erz.	4.000,00
		Fert.Erz.	8.000,00
	12.000,00		12.000,00

S	Gewinn- und Verlustkonto		H
Aufw.	85.000,00	U.erlöse	120.000,00
Gewinn	47.000,00	BV	12.000,00
	132.000,00		132.000,00

S	SBK		H
UE	16.000,00		
FE	26.000,00		

59

S	Unfertige Erzeugnisse		H
AB	10.200,00	SB	8.000,00
		BV	2.200,00
	10.200,00		10.200,00

S	Fertige Erzeugnisse		H
AB	22.400,00	SB	10.200,00
		BV	12.200,00
	22.400,00		22.400,00

S	Bestandsveränderungen		H
Unf.Erz.	2.200,00	GuV	14.400,00
Fert.Erz.	12.200,00		
	14.400,00		14.400,00

S	Gewinn- und Verlustkonto		H
Aufw.	62.840,00	U.erlöse	96.920,00
BV	14.400,00		
Gewinn	19.680,00		
	96.920,00		96.920,00

S	SBK		H
UE	8.000,00		
FE	10.200,00		

60

S	Unfertige Erzeugnisse		H
AB	20.000,00	SB	5.000,00
		BV	15.000,00
	20.000,00		20.000,00

S	Fertige Erzeugnisse		H
AB	60.000,00	SB	90.000,00
BV	30.000,00		
	90.000,00		90.000,00

zu **60**

S Bestandsveränderungen H

S		H	
Unf.Erz.	15.000,00	Fert.Erz.	30.000,00
GuV	15.000,00		
	30.000,00		30.000,00

S Gewinn- und Verlustkonto H

S		H	
Aufw.	280.000,00	U.erlöse	330.000,00
Gewinn	65.000,00	BV	15.000,00
	345.000,00		345.000,00

S SBK H

S		H	
UE	5.000,00		
FE	90.000,00		

61

1. Das „Betriebsergebnis" lässt sich nur exakt ermitteln, wenn man den Erlösen der verkauften Erzeugnisse auch die entsprechenden Kosten der umgesetzten Erzeugnisse gegenüberstellt; die Kosten der vom Lager verkauften Erzeugnisse aber sind in den (Herstell-)Kosten der lfd. Periode nicht enthalten, sie müssen daher den Produktionskosten hinzugerechnet werden (= Aufwand im GuV-Konto).
2. Der Mehrbestand an Erzeugnissen wird als Kostenkorrektur zur Sollseite des GuV-Kontos auf der Habenseite eingesetzt (siehe auch Begründung zu Frage 1) oder auch als zusätzliche betriebliche Leistung.
3. Erlöse + Mehrbestände > Aufwendungen = Gewinn
   Erlöse < Aufwendungen + Minderbestände = Verlust
4. Umsatzerlöse
   \+ Mehrbestand an Erzeugnissen
   – Minderbestand an Erzeugnissen
   Gesamtleistung des Betriebes

   Zur Gesamtleistung zählen auch alle aktivierten Eigenleistungen (z. B. selbst erstellte Anlagen zur eigenen Nutzung), sog. innerbetriebliche Leistungen.

62

1. – 3. **Buchungssätze nach Buchung der Schlussbestände (Vorbereitende Abschlussbuchungen):**

Aufwendungen für Rohstoffe	an	Rohstoffe	49.800,00
Aufwendungen für Hilfsstoffe	an	Hilfsstoffe	15.300,00
Unfertige Erzeugnisse	an	Bestandsveränderungen	2.900,00
Bestandsveränderungen	an	Fertige Erzeugnisse	11.900,00

S Bestandsveränderungen H

S		H	
Fert. Erz.	11.900,00	Unf. Erz.	2.900,00
		GuV	9.000,00
	11.900,00		11.900,00

S Eigenkapital H

S		H	
SB	279.900,00	AB	255.000,00
		Gewinn	24.900,00
	279.900,00		279.900,00

S Gewinn- und Verlustkonto H

S		H	
Aufw. f. Rohstoffe	49.800,00	Umsatzerlöse für eig. Erzeugn.	235.800,00
Aufw. f. Hilfsstoffe	15.300,00		
Löhne	54.600,00		
Gehälter	36.200,00		
Mietaufwendungen	28.000,00		
Abschreibungen auf SA	16.400,00		
Werbeaufwendungen	1.600,00		
Bestandsveränderungen	9.000,00		
Gewinn (EK)	24.900,00		
	235.800,00		235.800,00

zu **62**

S	Schlussbilanzkonto		H
Rohstoffe	33.700,00	Eigenkapital	279.900,00
Hilfsstoffe	22.300,00		
Unfertige Erzeugnisse	16.000,00		
Fertige Erzeugnisse	10.400,00		

4. Vgl. Lehrbuch, S. 42. Nachträglich durch Inventur (= indirekte Methode).
5. Es ergibt sich ein Minderbestand an Erzeugnissen, der den Gewinn mindert.

63

Laufende Buchungen

1.	Aufw. f. Rohstoffe		an	Rohstoffe	28.600,00
	Aufw. f. Vorprod./Fremdbauteile		an	Vorprod./Fremdbauteile	6.000,00
2.	Forderungen a. LL		an	Umsatzerlöse für eig. Erz.	29.700,00
3.	Kasse		an	Bank	1.900,00
4.	Löhne		an	Bank	6.800,00
5.	Rohstoffe	19.800,00			
	Vorprod./Fremdbauteile	3.400,00	an	Verbindlichkeiten a. LL	23.200,00
6.	Forderungen a. LL		an	Umsatzerlöse für eig. Erz.	25.400,00
7.	Vertriebsprovisionen		an	Bank	950,00
8.	Bank		an	Forderungen a. LL	23.650,00
9.	Gehälter		an	Bank	9.400,00
10.	Fremdinstandhaltung		an	Bank	1.950,00
11.	Reisekosten		an	Kasse	490,00
12.	Forderungen a. LL		an	Umsatzerlöse für eig. Erz.	8.900,00
13.	Ausgangsfrachten		an	Kasse	290,00
14.	Mietaufwendungen		an	Bank	700,00
15.	Bank		an	Zinserträge	800,00

Vorbereitende Abschlussbuchungen

1.	Abschreibungen auf SA	an	TA u. Maschinen	24.400,00
2.	Bestandsveränderungen	an	Unfertige Erzeugnisse	300,00
	Fertige Erzeugnisse	an	Bestandsveränderungen	6.700,00
	Aufw. f. Betriebsstoffe	an	Betriebsstoffe	1.900,00

Abschlussbuchungen

GuV-Konto	an	Aufwandskonten	81.480,00
Ertragskonten	an	GuV-Konto	71.200,00
Eigenkapital	an	GuV-Konto	10.280,00
SBK	an	Aktivkonten	426.920,00
Passivkonten	an	SBK	426.920,00

S	Bestandsveränderungen		H
Unfertige Erzeugnisse	300,00	Fertige Erzeugnisse	6.700,00
Gewinn- und Verlustkonto	6.400,00		
	6.700,00		6.700,00

zu **63**

S	Gewinn- und Verlustkonto		H
Aufw. f. Rohstoffe	28.600,00	Umsatzerlöse für eig. Erzeugn.	64.000,00
Aufw. f. Vorprod./Fremdbauteile	6.000,00	Bestandsveränderungen	6.400,00
Aufw. f. Betriebsstoffe	1.900,00	Zinserträge	800,00
Löhne	6.800,00	Verlust (EK)	10.280,00
Gehälter	9.400,00		
Vertriebsprovisionen	950,00		
Ausgangsfrachten	290,00		
Reisekosten	490,00		
Mietaufwendungen	700,00		
Fremdinstandhaltung	1.950,00		
Abschreibungen auf SA	24.400,00		
	81.480,00		81.480,00

S	Eigenkapital		H
GuV (Verlust)	10.280,00	EBK	300.000,00
SBK	289.720,00		
	300.000,00		300.000,00

S	Schlussbilanzkonto		H
TA u. Maschinen	185.600,00	Eigenkapital	289.720,00
Rohstoffe	44.800,00	Verbindlichkeiten a. LL	137.200,00
Vorprod./Fremdbauteile	15.700,00		
Betriebsstoffe	3.200,00		
Unfertige Erzeugnisse	11.600,00		
Fertige Erzeugnisse	35.300,00		
Forderungen a. LL	84.750,00		
Bank	29.950,00		
Kasse	16.020,00		
	426.920,00		426.920,00

64

1. a) Mehrbestand: Produktion > Verkauf in der Abrechnungsperiode
   b) Minderbestand: Verkauf > Produktion in der Abrechnungsperiode
2. a) Mehrbestand: Bestandsveränderungen an GuV-Konto
   b) Minderbestand: GuV-Konto an Bestandsveränderungen
3. a) Mehrbestände erhöhen den Gewinn der Abrechnungsperiode
   b) Minderbestände verringern den Gewinn der Abrechnungsperiode
4. Vgl. Lehrbuch, S. 42.
5. a) Verlust 20.000,00 €
   b) Kapitaleinlage des Inhabers 60.000,00 €

65

Umsatzstufe	Rg.-Betrag	USt	VSt	Zahllast
Grundstoffindustrie	2.380,00	380,00	–,—	380,00
Weiterverarb. Industrie	7.140,00	1.140,00	380,00	760,00
Großhandel	9.044,00	1.444,00	1.140,00	304,00
Einzelhandel	13.090,00	2.090,00	1.444,00	646,00
Letztverbraucher zahlt		5.054,00	2.964,00	2.090,00

S Vorsteuer H

S		H	
	2.964,00	USt	2.964,00

S Umsatzsteuer H

S		H	
VSt	2.964,00		5.054,00
Zahllast	2.090,00		

66

1. a) Forderungen a. LL 59.500,00
   an Umsatzerlöse für eig. Erzeugn. 50.000,00
   an Umsatzsteuer 9.500,00

   b) Rohstoffe 30.000,00
   Vorsteuer 5.700,00
   an Verbindlichkeiten a. LL 35.700,00

   c) Vorb. Abschlussbuchung: Umsatzsteuer an Vorsteuer 5.700,00

S Vorsteuer H

S		H	
Verb. a. LL	5.700,00	USt	5.700,00

S Umsatzsteuer H

S		H	
VSt	5.700,00	Ford. a. LL	9.500,00
Zahllast	3.800,00		

2. Umsatzsteuer an Bank 3.800,00

   Die Umsatzsteuer ist vierteljährlich oder monatlich bis zum 10. des Folgemonats an das Finanzamt zu zahlen (vgl. auch Lehrbuch, S. 65).

67

1. Ford. a. LL 2.380,00
   an Umsatzerl. f. eig. Erz. 2.000,00
   an Umsatzsteuer 380,00
2. Rohstoffe 2.000,00
   Vorsteuer 380,00
   an Verbindl. a. LL 2.380,00

68

1. Fremdinstandhaltung 570,00
   Vorsteuer 108,30
   an Kasse 678,30
2. Aufwend. für Energie und Treibstoffe 80,69
   Vorsteuer 15,33
   an Kasse 96,02

69

1. a) Rohstoffe 50.000,00
   Vorsteuer 9.500,00
   an Verbindl. a. LL 59.500,00

   b) Forderungen a. LL 83.300,00
   an Umsatzerl. f. eig. Erz. 70.000,00
   an Umsatzsteuer 13.300,00
2. Umsatzsteuer an Vorsteuer 9.500,00
3. Umsatzsteuer an Bank 3.800,00

70

1. Rohstoffe	30.000,00	
Vorsteuer	5.700,00	
an Verbindlichkeiten a. LL		35.700,00
2. Fremdinstandhaltung	2.400,00	
Vorsteuer	456,00	
an Verbindlichkeiten a. LL		2.856,00
3. Forderungen a. LL	53.550,00	
an Umsatzerlöse für eig. Erzeugn.		45.000,00
an Umsatzsteuer		8.550,00
4. Bank	14.280,00	
an Umsatzerlöse für eig. Erzeugn.		12.000,00
an Umsatzsteuer		2.280,00
5. BGA	900,00	
Vorsteuer	171,00	
an Verbindlichkeiten a. LL		1.071,00
6. Fremdinstandhaltung	15.600,00	
Vorsteuer	2.964,00	
an Verbindlichkeiten a. LL		18.564,00
7. Fuhrpark (BGA)	36.500,00	
Vorsteuer	6.935,00	
an Verbindlichkeiten a. LL		43.435,00
8. Hilfsstoffe	450,00	
Vorsteuer	85,50	
an Verbindlichkeiten a. LL		535,50

71

1. 45,60 € Umsatzsteuer
2. 240,00 € Warenwert (Nettowert)

72

1. 40,00 € Warenwert (Nettowert)
2. 2,80 € Umsatzsteuer

73

1. Umsatzsteuer	
an Vorsteuer	30.000,00
2. Umsatzsteuer	
an Schlussbilanzkonto	50.000,00

3. Die Umsatzsteuer-Zahllast muss zum Jahresschluss passiviert werden.

74

1. Umsatzsteuer	
an Vorsteuer	40.000,00
2. Schlussbilanzkonto	
an Vorsteuer	50.000,00

3. Der Vorsteuerüberhang ist zum Bilanzstichtag zu aktivieren.

75

1. Endverbraucher; Unternehmen
2. Inland; Entgelt; Vorsteuer
3. Forderung; Verbindlichkeit
4. vierteljährlich oder monatlich bzw. am Ende des Monats (vgl. auch Lehrbuch, S. 65); 10., Folgemonats
5. passivieren; aktivieren
6. Unterschied; Mehrwert
7. Unternehmen; gesondert; Warenwert bzw. Nettowert; Umsatzsteuer; Rechnungsbetrag
8. 150,00 €; Umsatzsteuersatzes

76

1. Zahllast, Passivierung
2. Vorsteuerüberhang, Aktivierung

77

1./2.	Forderungen a. LL	714.000,00	
	an Umsatzerlöse für eigene Erzeugn.		600.000,00
	an Umsatzsteuer		114.000,00
	Roh-, Hilfs- und Betriebsstoffe	800.000,00	
	Vorsteuer	152.000,00	
	an Verbindlichkeiten a. LL		952.000,00

3. Die Einkäufe waren höher als die Verkäufe (Einkaufsumsatz > Verkaufsumsatz).

4. Der Vorsteuerüberhang wird beim Jahresabschluss als „Sonstige Forderung" in der Schlussbilanz ausgewiesen, also aktiviert.

   Buchungen: 1. Umsatzsteuer an Vorsteuer 114.000,00
   2. SBK an Vorsteuer 38.000,00

5. Die Vorsteuer stellt eine Forderung an das Finanzamt dar, weil die USt-Schuld gegenüber dem Finanzamt erst in dem Augenblick entsteht, wenn die eingekauften Werkstoffe bearbeitet und als eigene Erzeugnisse weiterverkauft werden.

78

Laufende Buchungen

1.	Rohstoffe	9.600,00	
	Vorsteuer	1.824,00	
	an Verbindlichkeiten a. LL		11.424,00
2.	Aufw. für Rohstoffe	32.000,00	
	Aufw. für Betriebsstoffe	2.500,00	
	an Rohstoffe		32.000,00
	an Betriebsstoffe		2.500,00
3.	Büromaterial	280,00	
	Vorsteuer	53,20	
	an Kasse		333,20
4.	Löhne	8.500,00	
	an Bank		8.500,00
5.	Werbeaufwendungen	800,00	
	Vorsteuer	152,00	
	an Bank		952,00
6.	Forderungen a. LL	29.750,00	
	an Umsatzerlöse für eig. Erzeugn.		25.000,00
	an Umsatzsteuer		4.750,00
7.	Fremdinstandhaltung	700,00	
	Vorsteuer	133,00	
	an Kasse		833,00
8.	Aufw. für Hilfsstoffe	6.200,00	
	an Hilfsstoffe		6.200,00
9.	Betriebsstoffe	4.500,00	
	Vorsteuer	855,00	
	an Verbindlichkeiten a. LL		5.355,00
10.	Bank	18.564,00	
	an Forderungen a. LL		18.564,00
11.	Forderungen a. LL	49.980,00	
	an Umsatzerlöse für eig. Erzeugn.		42.000,00
	an Umsatzsteuer		7.980,00
12.	Portokosten	550,00	
	an Kasse		550,00

zu **78**

Vorbereitende Abschlussbuchungen

1. Abschreibungen auf Sachanl.	6.400,00	
an TA u. Maschinen		5.000,00
an Andere Anlagen/BGA		1.400,00
2. Bestandsveränderungen	4.000,00	
an Unfertige Erzeugnisse		4.000,00
Fertige Erzeugnisse	11.000,00	
an Bestandsveränderungen		11.000,00
3. Umsatzsteuer	3.017,20	
an Vorsteuer		3.017,20

S Gewinn- und Verlustkonto H

S			H
Aufw. für Rohstoffe	32.000,00	Umsatzerlöse für eig. Erzeugn.	67.000,00
Aufw. für Hilfsstoffe	6.200,00	Bestandsveränderungen	7.000,00
Aufw. für Betriebsstoffe	2.500,00		
Fremdinstandhaltung	700,00		
Löhne	8.500,00		
Büromaterial	280,00		
Werbeaufwendungen	800,00		
Abschreibungen a. Sachanl.	6.400,00		
Portokosten	550,00		
Gewinn (EK)	16.070,00		
	74.000,00		74.000,00

S Eigenkapital H

S			H
SBK	539.070,00	EBK	523.000,00
		GuV (Gewinn)	16.070,00
	539.070,00		539.070,00

S Schlussbilanzkonto H

S			H
TA u. Maschinen	225.000,00	Eigenkapital	539.070,00
Andere Anlagen/BGA	88.600,00	Verbindlichkeiten a. LL	59.779,00
Rohstoffe	39.600,00	Umsatzsteuer	9.712,80
Hilfsstoffe	35.800,00		
Betriebsstoffe	17.000,00		
Unfertige Erzeugnisse	18.000,00		
Fertige Erzeugnisse	26.000,00		
Forderungen a. LL	105.166,00		
Kasse	4.283,80		
Bank	49.112,00		
	608.561,80		608.561,80

79

Laufende Buchungen

1. Mietaufwendungen	2.400,00	
an Bank		2.400,00
2. Aufw. für Rohstoffe	22.500,00	
Aufw. für Hilfsstoffe	6.400,00	
an Rohstoffe		22.500,00
an Hilfsstoffe		6.400,00

zu **79**

3. Umsatzsteuer	4.500,00	
an Bank		4.500,00
4. Büromaterial	380,00	
Vorsteuer	72,20	
an Kasse		452,20
5. Rohstoffe	19.600,00	
Vorsteuer	3.724,00	
an Verbindlichkeiten a. LL		23.324,00
6. Löhne	15.200,00	
an Bank		15.200,00
7. Fremdinstandhaltung	800,00	
Vorsteuer	152,00	
an Kasse		952,00
8. Betriebsteuern	1.600,00	
an Bank		1.600,00
9. Gehälter	8.400,00	
an Bank		8.400,00
10. Hilfsstoffe	4.600,00	
Vorsteuer	874,00	
an Verbindlichkeiten a. LL		5.474,00
11. Verbindlichkeiten a. LL	6.664,00	
an Bank		6.664,00
12. Forderungen a. LL	106.386,00	
an Umsatzerlöse für eig. Erzeugn.		89.400,00
an Umsatzsteuer		16.986,00

Vorbereitende Abschlussbuchungen

1. Abschreibungen auf SA	7.500,00	
an TA u. Maschinen		6.000,00
an Andere Anlagen / BGA		1.500,00
2. Unfertige Erzeugnisse	2.000,00	
an Bestandsveränderungen		2.000,00
Bestandsveränderungen	3.000,00	
an Fertige Erzeugnisse		3.000,00
3. Umsatzsteuer	4.822,20	
an Vorsteuer		4.822,20

S Gewinn- und Verlustkonto H

S			H
Bestandsveränderungen	1.000,00	Umsatzerlöse für eig. Erzeugn.	89.400,00
Aufw. f. Rohstoffe	22.500,00		
Aufw. f. Hilfsstoffe	6.400,00		
Fremdinstandhaltung	800,00		
Löhne	15.200,00		
Gehälter	8.400,00		
Abschreibungen auf SA	7.500,00		
Mietaufwendungen	2.400,00		
Büromaterial	380,00		
Betriebsteuern	1.600,00		
Gewinn	23.220,00		
	89.400,00		89.400,00

S Eigenkapital H

S			H
SBK	418.020,00	EBK	394.800,00
		GuV (Gewinn)	23.220,00
	418.020,00		418.020,00

zu **79**

S	Schlussbilanzkonto		H
TA u. Maschinen	224.000,00	Eigenkapital	418.020,00
Andere Anlagen/BGA	73.500,00	Verbindlichkeiten a. LL	72.134,00
Rohstoffe	29.100,00	Bankschulden	4.564,00
Hilfsstoffe	13.200,00	Umsatzsteuer	12.163,80
Unfertige Erzeugnisse	16.000,00		
Fertige Erzeugnisse	15.000,00		
Forderungen a. LL	130.386,00		
Kasse	5.695,80		
	506.881,80		506.881,80

80

1. Aufgabe zur übenden Anwendung
2. Vgl. Lehrbuch, S. 65.
3.

S	Vorsteuer		H
	120.000,00	USt	80.000,00
		SBK	40.000,00
	120.000,00		120.000,00

S	Umsatzsteuer		H
VSt	80.000,00		80.000,00

Umsatzsteuer	an	Vorsteuer	80.000,00	80.000,00
SBK	an	Vorsteuer	40.000,00	40.000,00

4. Vgl. Lehrbuch, S. 64 f.

81

1. Bank	20.000,00	
an Privat		20.000,00
2. Privat	2.800,00	
an Bank		2.800,00
3. Privat	2.500,00	
an Bank		2.500,00
4. Privat	640,00	
an Bank		640,00
5. Unbeb. Grundstücke	160.000,00	
an Privat		160.000,00
6. Privat	36.500,00	
an Bank		36.500,00

S	Privat		H
2.	2.800,00	1.	20.000,00
3.	2.500,00	5.	160.000,00
4.	640,00		
6.	36.500,00		
EK	137.560,00		
	180.000,00		180.000,00

S	Bank		H
EBK	200.000,00	2.	2.800,00
1.	20.000,00	3.	2.500,00
		4.	640,00
		6.	36.500,00

S	Eigenkapital		H
SBK	517.560,00	EBK	300.000,00
		GuV	80.000,00
		Privat	137.560,00
	517.560,00		517.560,00

S	Unbebaute Grundstücke		H
EBK	0,00		
5.	160.000,00		

Abschlussbuchung: Privat an Eigenkapital 137.560,00

Die Privateinlagen überwiegen die Privatentnahmen um 137.560,00 €. Zusammen mit dem Gewinn in Höhe von 80.000,00 € erhöht sich das Eigenkapital um insgesamt 217.560,00 €.

82

a) 1. und 2.

S	Privat		H
Entnahmen	120.000,00	Einlagen	40.000,00
		EK	80.000,00
	120.000,00		120.000,00

S	Gewinn- und Verlustkonto		H
Aufwend.	650.000,00	Erträge	790.000,00
EK	140.000,00		
	790.000,00		790.000,00

S	Eigenkapital		H
Privat	80.000,00	AB	500.000,00
SBK	560.000,00	GuV	140.000,00
	640.000,00		640.000,00

3. Der Gewinn überdeckt die Privatentnahmen, sodass kein Substanzverlust, also Minderung des Eigenkapitals, eintritt. Das Eigenkapital erhöht sich unter Einbeziehung der Einlagen um 60.000,00 €.

b) 1. und 2.

S	Privat		H
Entnahmen	60.000,00	Einlagen	50.000,00
		EK	10.000,00
	60.000,00		60.000,00

S	Gewinn- und Verlustkonto		H
Aufwend.	580.000,00	Erträge	540.000,00
		EK	40.000,00
	580.000,00		580.000,00

S	Eigenkapital		H
Privat	10.000,00	AB	400.000,00
GuV	40.000,00		
SBK	350.000,00		
	400.000,00		400.000,00

3. Privatentnahmen und Verlust führen zum Substanzverlust, also zu einer Minderung des Eigenkapitals.

83

1. Eigenkapitalerhöhung
2. Eigenkapitalminderung
3. Eigenkapitalerhöhung
4. Eigenkapitalminderung

84

		Soll	Haben
1. a)	Kosten der Telekommunikation	1.500,00	
	Vorsteuer	285,00	
	an Bank		1.785,00
b)	Privat	297,50	
	an Kosten der Telekommunikation		250,00
	an Vorsteuer		47,50
2.	Privat	714,00	
	an Entnahme v. G. u. s. L.		600,00
	an Umsatzsteuer		114,00
3. a)	Fuhrpark	50.000,00	
	Vorsteuer	9.500,00	
	an Bank		59.500,00
b)	Privatkonto	3.570,00	
	an Entnahme v. G. u. s. L.		3.000,00
	an Umsatzsteuer		570,00
4.	Privat	10.500,00	
	an Bank		10.500,00
5.	Bank	12.800,00	
	an Privat		12.800,00

zu **84**

S	Entnahme v. G. u. s. L.		H
GuV	3.600,00	2.	600,00
		3.	3.000,00
	3.600,00		3.600,00

S	Privat		H
1.	297,50	5.	12.800,00
2.	714,00	EK	2.281,50
3.	3.570,00		
4.	10.500,00		
	15.081,50		15.081,50

85

		Soll	Haben
1.	Privat an Kasse		2.000,00
2.	Privat	476,00	
	an Entnahme v. G. u. s. L.		400,00
	an Umsatzsteuer		76,00
3.	Privat an Bank		650,00
4.	Privat an Bank		450,00
5.	Privat	178,50	
	an Kosten der Telekommunikation		150,00
	an Vorsteuer		28,50

86

Laufende Buchungen

		Soll	Haben
1.	Verbindlichkeiten a. LL	23.800,00	
	an Bank		23.800,00
2.	Forderungen a. LL	176.120,00	
	an Umsatzerlöse für eigene Erz.		148.000,00
	an Umsatzsteuer		28.120,00
3.	Privat	2.500,00	
	an Kasse		2.500,00
4.	Rohstoffe	12.000,00	
	Vorsteuer	2.280,00	
	an Verbindlichkeiten a. LL		14.280,00
5.	Privat	600,00	
	an Bank		600,00
6.	Büromaterial	700,00	
	Vorsteuer	133,00	
	an Kasse		833,00
7.	Gehälter	15.000,00	
	an Bank		15.000,00
8.	Privat	1.200,00	
	an Bank		1.200,00
9.	Bank	1.500,00	
	an Zinserträge		1.500,00
10.	Privat	773,50	
	an Entnahme v. G. u. s. L.		650,00
	an Umsatzsteuer		123,50
11.	Privat	595,00	
	an Bank		595,00
12.	Aufwendungen für Rohstoffe	97.000,00	
	an Rohstoffe		97.000,00

zu **86**

Vorbereitende Abschlussbuchungen

1. Abschreibungen auf SA	16.500,00	
an TA und Maschinen		11.000,00
an Andere Anlagen/BGA		5.500,00
2. Umsatzsteuer an Vorsteuer		2.413,00
3. Eigenkapital an Privat		5.668,50

S	Gewinn- und	Verlustkonto	H
Aufwendungen für Rohstoffe	97.000,00	Umsatzerlöse für eigene Erzeugn.	148.000,00
Gehälter	15.000,00	Entnahme v. G. u. s. L.	650,00
Abschreibungen auf SA	16.500,00	Zinserträge	1.500,00
Büromaterial	700,00		
Eigenkapital (Gewinn)	20.950,00		
	150.150,00		150.150,00

S	Eigen	kapital	H
Privat	5.668,50	EBK	400.000,00
SBK	415.281,50	GuV (Gewinn)	20.950,00
	420.950,00		420.950,00

S	Schlussbi	lanzkonto	H
TA u. Maschinen	271.000,00	Eigenkapital	415.281,50
Andere Anlagen/BGA	132.500,00	Darlehensschulden	286.500,00
Rohstoffe	145.000,00	Verbindlichkeiten a. LL	162.980,00
Forderungen a. LL	291.120,00	Umsatzsteuer	25.830,50
Kasse	8.667,00		
Bank	42.305,00		
	890.592,00		890.592,00

87

1. Fuhrpark	52.000,00	
Vorsteuer	9.880,00	
an Verbindlichkeiten a. LL		61.880,00
Privat	4.760,00	
an Entnahme v. G. u. s. L.		4.000,00
an Umsatzsteuer		760,00

2.	EK zum 31. Dez.	580.000,00 €
–	EK vom 1. Jan.	500.000,00 €
=	Kapitalmehrung	80.000,00 €
+	Privatentnahmen	60.000,00 €
		140.000,00 €
–	Privateinlagen	40.000,00 €
=	Jahreserfolg	100.000,00 €

3. Privatentnahmen stellen vorweggenommenen Gewinn dar.

Privatentnahmen	<	Gewinn	=	EK-Mehrung
Privatentnahmen	>	Gewinn	=	EK-Minderung (Substanzverlust)

88

a) Umsatzsteuer 164.350,00
b) Vorsteuer 101.289,00
c) Zahllast 63.061,00

89

S	Privat		H
Bank	44.000,00	Fuhrpark	15.000,00
Entn., USt	2.380,00	Eigenkap.	33.165,00
Entn., USt	1.785,00		
	48.165,00		48.165,00

S	Umsatzsteuer		H
		Privat	380,00
		Privat	285,00

S	Entnahme v. G. u. s. L.		H
GuV	3.500,00	Privat	2.000,00
		Privat	1.500,00
	3.500,00		3.500,00

S	Gewinn- und Verlustkonto		H
Aufwendungen	160.000,00	Umsatzerlöse für eigene Erzeugn.	220.000,00
EK (Gewinn)	63.500,00	Entnahme v. G. u. s. L.	3.500,00
	223.500,00		223.500,00

S	Eigenkapital		H
Privat	33.165,00	EBK	150.000,00
SBK	180.335,00	GuV (Gewinn)	63.500,00
	213.500,00		213.500,00

90

Laufende Buchungen	Soll	Haben
1. Mietaufwendungen	1.200,00	
Privat	300,00	
an Bank		1.500,00
2. Verbindlichkeiten a. LL	14.875,00	
an Bank		14.875,00
3. Privat	350,00	
an Kasse		350,00
4. Forderungen a. LL	65.212,00	
an Umsatzerlöse für eig. Erzeugn.		54.800,00
an Umsatzsteuer		10.412,00
5. Privat	700,00	
an Kasse		700,00
6. Umsatzsteuer	6.000,00	
an Bank		6.000,00
7. Rohstoffe	9.500,00	
Vorsteuer	1.805,00	
an Verbindlichkeiten a. LL		11.305,00
8. Privat	1.200,00	
an Kasse		1.200,00
9. Löhne	4.200,00	
an Bank		4.200,00

zu **90**

Laufende Buchungen	**Soll**	**Haben**
10. Büromaterial	260,00	
Vorsteuer	49,40	
an Kasse		309,40
11. Fremdinstandhaltung	400,00	
Vorsteuer	76,00	
an Kasse		476,00
12. Privat	1.499,40	
an Entnahme v. G. u. s. L.		1.260,00
an Umsatzsteuer		239,40
13. Privat	595,00	
an Entnahme v. G. u. s. L.		500,00
an Umsatzsteuer		95,00
14. Bank	20.000,00	
an Privat		20.000,00
15. Aufwendungen für Rohstoffe	72.000,00	
an Rohstoffe		72.000,00

Vorbereitende Abschlussbuchungen

1. Abschreibungen auf SA	9.800,00	
an TA und Maschinen		6.800,00
an Andere Anlagen/BGA		3.000,00
2. Umsatzsteuer an Vorsteuer		1.930,40
3. Privat an Eigenkapital		15.355,60

S Gewinn- und Verlustkonto H

S			H
Aufwendungen für Rohstoffe	72.000,00	Umsatzerlöse für eig. Erzeugn.	54.800,00
Löhne	4.200,00	Entnahme v. G. u. s. L.	1.760,00
Fremdinstandhaltung	400,00	Eigenkapital (Verlust)	31.300,00
Abschreibungen auf SA	9.800,00		
Mietaufwendungen	1.200,00		
Büromaterial	260,00		
	87.860,00		87.860,00

S Eigenkapital H

S			H
GuV (Verlust)	31.300,00	EBK	343.000,00
SBK	327.055,60	Privat	15.355,60
	358.355,60		358.355,60

S Schlussbilanzkonto H

S			H
TA u. Maschinen	145.200,00	Eigenkapital	327.055,60
Andere Anlagen/BGA	70.000,00	Verbindlichkeiten a. LL	44.430,00
Rohstoffe	24.500,00	Umsatzsteuer	8.816,00
Forderungen a. LL	109.212,00		
Bank	26.425,00		
Kasse	4.964,60		
	380.301,60		380.301,60

91

Laufende Buchungen	Soll	Haben
1. Gehälter	66.000,00	
Privat	1.600,00	
an Bank		67.600,00
2. Privat	714,00	
an Entnahme v. G. u. s. L.		600,00
an Umsatzsteuer		114,00
3. Forderungen a. LL	29.750,00	
an Umsatzerlöse für eig. Erzeugn.		25.000,00
an Umsatzsteuer		4.750,00
4. Mietaufwendungen	8.500,00	
Privat	1.500,00	
an Bank		10.000,00
5. Rohstoffe	32.000,00	
Vorsteuer	6.080,00	
an Verbindlichkeiten a. LL		38.080,00
6. Privat	999,60	
an Entnahme v. G. u. s. L.		840,00
an Umsatzsteuer		159,60
7. Aufwendungen für Rohstoffe	152.000,00	
an Rohstoffe		152.000,00
8. Abschreibungen auf SA	8.800,00	
an TA und Maschinen		5.600,00
an Andere Anlagen/BGA		3.200,00

Vorbereitende Abschlussbuchungen

1. Umsatzsteuer an Vorsteuer	25.424,00
2. Eigenkapital an Privat	72.188,60

S	Gewinn- und Verlustkonto		H
Aufwendungen für Rohstoffe	572.000,00	Umsatzerlöse für eig. Erzeugn.	935.000,00
Gehälter	206.000,00	Entnahme v. G. u. s. L.	3.940,00
Abschreibungen auf SA	8.800,00		
Mietaufwendungen	76.500,00		
Werbung	5.600,00		
Büromaterial	860,00		
Eigenkapital (Gewinn)	69.180,00		
	938.940,00		938.940,00

S	Eigenkapital		H
Privat	72.188,60	EBK	300.000,00
SBK	296.991,40	GuV (Gewinn)	69.180,00
	369.180,00		369.180,00

S	Schlussbilanzkonto		H
TA u. Maschinen	136.900,00	Eigenkapital	296.991,40
Andere Anlagen/BGA	68.360,00	Verbindlichkeiten a. LL	314.080,00
Rohstoffe	130.000,00	Umsatzsteuer	71.849,60
Forderungen a. LL	194.750,00		
Bank	152.911,00		
	682.921,00		682.921,00

92

1. Umsatzsteuer
3. Endverbraucher
4. Entnahmen v. G. u. s. L.

2. a) Betriebsgegenständen
   b) eigenen Erzeugnissen oder Waren
   c) Leistungen (Dienstleistungen)

93

Kontenbezeichnungen	Geschäftsfälle
1. Büromöbel/sonst. Geschäftsausst. u. Vorsteuer an Bankguthaben	Kauf von Büromöbeln gegen Banküberweisung
2. Rohstoffe und Vorsteuer an Verbindlichkeiten a. LL	Kauf von Rohstoffen auf Ziel
3. Forderungen a. LL an Umsatzerlöse für eig. Erzeugn. und USt	Verkauf von eigenen Erzeugnissen auf Ziel
4. Gehälter an Bankguthaben	Banküberweisung der Gehälter
5. Abschreibungen auf Sachanlagen an Betriebs- u. Geschäftsausstattung	Abschreibungen auf BGA
6. Werbung und Vorsteuer an Kasse	Barzahlung einer Werbeanzeige
7. Verbindlichkeiten a. LL an Bankguthaben	Begleichung einer Liefererrechnung durch Banküberweisung
8. Privat an Entnahme v. G. u. s. L. und USt	Entnahme von eigenen Erzeugnissen für private Zwecke durch den Inhaber oder private Nutzung von Betriebsgegenständen oder private Inanspruchnahme betrieblicher Leistungen
9. Bank an Forderungen a. LL	Kunde begleicht Rechnung durch Banküberweisung

94

1. Anfangsbestand
2. Bareinzahlung
3. Aufnahme eines Darlehens
4. Kunde begleicht Rechnung
5. Wir begleichen Liefererrechnung
6. Überweisung der Zahllast a. d. Finanzamt
7. Zahlung der Gehälter
8. Schlussbestand

95

Laufende Buchungen

	Konto	Soll	Haben
1.	6700	3.800,00	
	an 2800		3.800,00
2.	2400	31.773,00	
	an 5000		26.700,00
	an 4800		5.073,00
3.	6140	1.400,00	
	2600	266,00	
	an 2880		1.666,00
4.	2000	15.000,00	
	2600	2.850,00	
	an 4400		17.850,00
5.	6030	1.600,00	
	an 2030		1.600,00
6.	2800	12.852,00	
	an 2400		12.852,00

zu **95**

7.	6000	14.800,00	
	an 2000		14.800,00
8.	7510	2.200,00	
	an 2800		2.200,00
9.	3001	1.400,00	
	an 2880		1.400,00
10.	2400	22.134,00	
	an 5000		18.600,00
	an 4800		3.534,00
11.	6200	11.700,00	
	an 2800		11.700,00
12.	7700	2.100,00	
	an 2800		2.100,00
13.	2020	3.500,00	
	2600	665,00	
	an 4400		4.165,00
14.	6160	600,00	
	2600	114,00	
	an 2800		714,00
15.	3001	1.904,00	
	an 5420		1.600,00
	an 4800		304,00

Vorbereitende Abschlussbuchungen

1.	6020	8.500,00	
	an 2020		8.500,00
2.	5200	2.000,00	
	an 2100		2.000,00
	2200	16.000,00	
	an 5200		16.000,00
3.	6520	5.000,00	
	an 0700		5.000,00
4.	4800	3.895,00	
	an 2600		3.895,00
5.	3000	3.304,00	
	an 3001		3.304,00

S	8020 Gewinn- und Verlustkonto		H
6000	14.800,00	5000	45.300,00
6020	8.500,00	5200	14.000,00
6030	1.600,00	5420	1.600,00
6140	1.400,00		
6160	600,00		
6200	11.700,00		
6520	5.000,00		
6700	3.800,00		
7510	2.200,00		
7700	2.100,00		
3000	9.200,00		
	60.900,00		60.900,00

S	3000 Eigenkapital		H
3001	3.304,00	8000	280.000,00
8010	285.896,00	GuV(8020)	9.200,00
	289.200,00		289.200,00

S	8010 Schlussbilanzkonto		H
0700	245.000,00	3000	285.896,00
2000	40.200,00	4250	83.000,00
2020	7.000,00	4400	47.015,00
2030	6.400,00	4800	5.016,00
2100	13.000,00		
2200	28.000,00		
2400	58.055,00		
2800	20.338,00		
2880	2.934,00		
	420.927,00		420.927,00

96

Laufende Buchungen

1.	4800	13.400,00	
	an 2800		13.400,00
2.	4250	22.000,00	
	an 2800		22.000,00
3.	6700	16.500,00	
	3001	1.200,00	
	an 2800		17.700,00
4.	2000	24.500,00	
	2600	4.655,00	
	an 4400		29.155,00
5.	6160	500,00	
	2600	95,00	
	an 2880		595,00
6.	2400	232.050,00	
	an 5000		195.000,00
	an 4800		37.050,00
7.	6300	11.400,00	
	an 2800		11.400,00
8.	3001	800,00	
	an 2880		800,00
9.	6870	1.750,00	
	2600	332,50	
	an 2800		2.082,50
10.	6820	1.200,00	
	an 2880		1.200,00
11.	2800	14.161,00	
	an 2400		14.161,00

zu **96**

12. 7510	2.400,00	
an 2800		2.400,00
13. 3001	2.975,00	
an 5420		2.500,00
an 4800		475,00
14. 2800	2.300,00	
an 5710		2.300,00
15. 3001	1.785,00	
an 5420		1.500,00
an 4800		285,00
16. 2800	20.000,00	
an 3001		20.000,00
17. 6000	72.300,00	
an 2000		72.300,00
6020	12.200,00	
an 2020		12.200,00

Vorbereitende Abschlussbuchungen

1. 6520	17.000,00	
an 0700		11.000,00
an 0800		6.000,00
2. 4800	5.082,50	
an 2600		5.082,50
3. 3001	13.240,00	
an 3000		13.240,00

Auswertung

$$\text{EK-Rentabilität in \%} = \frac{66.050{,}00 \cdot 100}{479.800{,}00} = \underline{\underline{13{,}8\ \%}}$$

S	8020 Gewinn- und Verlustkonto		H
6000	72.300,00	5000	195.000,00
6020	12.200,00	5420	4.000,00
6160	500,00	5710	2.300,00
6300	11.400,00		
6520	17.000,00		
6700	16.500,00		
6820	1.200,00		
6870	1.750,00		
7510	2.400,00		
3000	66.050,00		
	201.300,00		201.300,00

S	3000 Eigenkapital		H
8010	559.090,00	8000	479.800,00
		3001	13.240,00
		8020	66.050,00
	559.090,00		559.090,00

S	8010 Schlussbilanzkonto		H
0700	231.000,00	3000	559.090,00
0800	82.000,00	4250	128.000,00
2000	112.200,00	4400	141.755,00
2020	7.800,00	4800	32.727,50
2400	315.889,00		
2800	109.478,50		
2880	3.205,00		
	861.572,50		861.572,50

97

Siehe Lehrbuch, S. 83–86.

98

1. 2800	Bank	23.800,00	
an 2400	Forderungen a. LL		23.800,00
10001	Kundenkonto Hein e. K.: Haben: AR 407: 23.800,00 BA		
2. 2400	Forderungen a. LL	59.500,00	
an 5000	Umsatzerlöse für eig. Erzeugn.		50.000,00
an 4800	Umsatzsteuer		9.500,00
10002	Kundenkonto Möbelcenter MC: Soll: AR 411: 59.500,00		
3. 2800	Bank	35.700,00	
an 2400	Forderungen a. LL		35.700,00
10002	Kundenkonto Möbelcenter MC: Haben: AR 408: 35.700,00 BA		
4. 2400	Forderungen a. LL	17.850,00	
an 5000	Umsatzerlöse für eig. Erzeugn.		15.000,00
an 4800	Umsatzsteuer		2.850,00
10001	Kundenkonto Hein e. K.: Soll: AR 412: 17.850,00		

zu **98**

S	2400 Forderungen a. LL		H
EBK	77.350,00	1. 2800	23.800,00
2. 5000/4800	59.500,00	3. 2800	35.700,00
4. 5000/4800	17.850,00	Saldo	95.200,00
	154.700,00		154.700,00

S	2800 Bank		H
EBK	109.500,00		
1. 2400	23.800,00		
3. 2400	35.700,00		

S	5000 Umsatzerlöse für eig. Erzeugn.		H
		2.	50.000,00
		4.	15.000,00

S	4800 Umsatzsteuer		H
		2.	9.500,00
		4.	2.850,00

S	10001 Möbelgroßhandel Hein e. K.		H
AR 407	23.800,00	1. AR 407 BA	23.800,00
AR 409	11.900,00	Saldo	29.750,00
AR 412	17.850,00		
	53.550,00		53.550,00

S	10002 Möbelcenter MC		H
AR 408	35.700,00	3. AR 408 BA	35.700,00
AR 410	5.950,00	Saldo	65.450,00
2. AR 411	59.500,00		
	101.150,00		101.150,00

Konto-Nr.	Kunden (Debitoren)	Salden
10001	Möbelgroßh. Hein e. K.	29.750,00
10002	Möbelcenter MC	65.450,00
	Summe	95.200,00

Die Summe der Kundenkontensalden entspricht dem Saldo des Sachkontos 2400 Forderungen a. LL.

99

1. 4400	Verbindlichkeiten a. LL	29.750,00	
an 2800	Bank		29.750,00
60001	Liefererkonto Holzwerke GmbH: Soll: ER 580: 29.750,00 BA		
2. 2000	Rohstoffe	44.000,00	
2600	Vorsteuer	8.360,00	
an 4400	Verbindlichkeiten a. LL		52.360,00
60002	Liefererkonto Furnierwerke AG: Haben: ER 584: 52.360,00		
3. 4400	Verbindlichkeiten a. LL	47.600,00	
an 2800	Bank		47.600,00
60002	Liefererkonto Furnierwerke AG: Soll: ER 581: 47.600,00 BA		
4. 2000	Rohstoffe	8.500,00	
2600	Vorsteuer	1.615,00	
an 4400	Verbindlichkeiten a. LL		10.115,00
60001	Liefererkonto Holzwerke GmbH: Haben: ER 585: 10.115,00		

S	4400 Verbindlichkeiten a. LL		H
1. 2800	29.750,00	EBK	111.860,00
3. 2800	47.600,00	2. 2000/2600	52.360,00
Saldo	96.985,00	4. 2000/2600	10.115,00
	174.335,00		174.335,00

S	2800 Bank		H
EBK	167.000,00	1. 4400	29.750,00
		3. 4400	47.600,00

S	2000 Rohstoffe		H
2.	44.000,00		
4.	8.500,00		

zu **99**

S	2600 Vorsteuer	H
2.	8.360,00	
4.	1.615,00	

Konto-Nr.	Lieferer (Kreditoren)	Salden
60001	Holzwerke GmbH	24.395,00
60002	Furnierwerke AG	72.590,00
	Summe	96.985,00

Die Summe der Liefererkontensalden entspricht dem Saldo des Sachkontos 4400 Verbindlichkeiten a. LL.

S	60001 Holzwerke GmbH		H
1. ER 580		ER 580	29.750,00
BA	29.750,00	ER 582	14.280,00
Saldo	24.395,00	4. ER 585	10.115,00
	54.145,00		54.145,00

S	60002 Furnierwerke AG		H
3. ER 581		ER 581	47.600,00
BA	47.600,00	ER 583	20.230,00
Saldo	72.590,00	2. ER 584	52.360,00
	120.190,00		120.190,00

100

Siehe Lehrbuch, S. 11, S. 89–94.

101

Laufende Buchungen

18. Dez.	AR 949 Walter		
	2400/10000	10.472,00	
	an 5000		8.800,00
	an 4800		1.672,00
19. Dez.	ER 468 Blau		
	2000	12.300,00	
	2600	2.337,00	
	an 4400/60000		14.637,00
20. Dez.	BA 91 Kühn/Schneider		
	2800 an 2400/10001	13.685,00	13.685,00
	4400/60001 an 2800	23.205,00	23.205,00
21. Dez.	KB 248		
	6800 an 2880	650,00	650,00
	PE 35		
	3001	892,50	
	an 5420		750,00
	an 4800		142,50
23. Dez.	ER 469 Weber		
	2000	11.800,00	
	2600	2.242,00	
	an 4400/60002		14.042,00
27. Dez.	KB 249		
	3001 an 2880	800,00	800,00
28. Dez.	AR 950 Schulze		
	2400/10002	18.564,00	
	an 5000		15.600,00
	an 4800		2.964,00
29. Dez.	PA 93 Schulze		
	2850 an 2400/10002	28.560,00	28.560,00
	6800	1.200,00	
	2600	228,00	
	an 2850		1.428,00

zu **101**

		Soll	Haben
30. Dez.	KB 250		
	6800	450,00	
	2600	85,50	
	an 2880		535,50
31. Dez.	KB 251		
	2880	6.664,00	
	an 5000		5.600,00
	an 4800		1.064,00
31. Dez.	ME 310		
	6000	45.100,00	
	an 2000		45.100,00
31. Dez.	SB 116		
	6520	7.600,00	
	an 0700		5.200,00
	an 0800		2.400,00

Vorbereitende Abschlussbuchungen

31. Dez.	3000 an 3001	41.692,50	41.692,50
31. Dez.	4800 an 2600	20.839,00	20.839,00

S 8020 Gewinn- und Verlustkonto H

S		H	
6000	505.100,00	5000	810.150,00
62-64	102.000,00	5420	14.850,00
6520	7.600,00		
6700	45.070,00		
6800	37.620,00		
3000	127.610,00		
	825.000,00		825.000,00

S 8010 Schlussbilanzkonto H

S		H	
0700	142.300,00	3000	514.917,50
0800	55.100,00	4400	**105.354,00**
2000	168.000,00	4800	44.863,00
2400	**78.161,00**		
2800	126.630,00		
2850	82.475,00		
2880	12.468,50		
	665.134,50		665.134,50

S 3000 Eigenkapital H

S		H	
3001	41.692,50	EBK	429.000,00
8010	514.917,50	8020	127.610,00
	556.610,00		556.610,00

Personenkonten und Saldenlisten

Kundenkonten der Maschinenfabrik Werner Stark e. K., Köln, zum 31. Dez. ..

	Soll	Haben	Salden
10000 F. Walter e. Kffr., Leverkusen	354.972,00	322.400,00	32.572,00
10001 Kühn KG, Köln	241.250,00	235.085,00	6.165,00
10002 R. Schulze e. Kfm., Bergheim	243.564,00	204.140,00	39.424,00
	839.786,00	761.625,00	78.161,00

Liefererkonten der Maschinenfabrik Werner Stark e. K., Köln, zum 31. Dez. ..

	Soll	Haben	Salden
60000 M. Blau e. K., Rheine	189.400,00	239.237,00	49.837,00
60001 S. Schneider e. K., Emsdetten	203.405,00	215.800,00	12.395,00
60002 Weber GmbH, Soest	155.400,00	198.522,00	43.122,00
	548.205,00	653.559,00	105.354,00

102

Hinweise zum Einsatz der Finanzbuchhaltungssoftware:

Die Aufgabe eignet sich zum ersten Kennenlernen eines kommerziellen Finanzbuchhaltungsprogramms.

S	2600 Vorsteuer		H
60000	760,00		1.681,50
2880	9,50		
60000	285,00		
60000	627,00		
	1.681,50		1.681,50

S	4800 Umsatzsteuer		H
VSt	1.681,50	10000	2.090,00
SBK	408,50		
	2.090,00		2.090,00

Kontierungsbogen bei Einsatz der Lexware-financial-office-Software

Datum	Beleg-Nr.	Buchungstext	Betrag	Soll-konto	Haben-konto	USt Text	OP-Nr.
10. Nov.	101	Ausgangsrechnung	13.090,00	10000	5000	USt19	
10. Nov.	102	Eingangsrechnung	4.760,00	2000	60000	VoSt19	
15. Nov.	103	Privateinlage	2.000,00	2880	3001		
15. Nov.	104	Zahlungseingang	13.090,00	2800	10000		101
15. Nov.	105	Reparatur bar	59,50	6160	2880	VoSt19	
15. Nov.	106	Rohstoffverbrauch	3.500,00	6000	2000		
15. Nov.	107	Zahlungsausgang	4.760,00	60000	2800		102
15. Nov.	108	Eingangsrechnung	1.785,00	2020	60000	VoSt19	
17. Nov.	109	Eingangsrechnung	3.927,00	2000	60000	VoSt19	
20. Nov.	110	Löhne	1.120,00	6200	2800		
20. Nov.	111	Privatentnahme	500,00	3001	2880		
20. Nov.	112	Abbuchung Zinsen	250,00	7510	2800		

zu **102**

Kontierungsbogen bei Einsatz von Sage New Classic

Hinweis: Bei den Belegen 103, 106, 110, 111, 112, bei denen keine Umsatzsteuer zu buchen ist, muss die Steuerart „0" ausgewählt werden.

Soll-konto	Beleg-Nr.	Beleg-datum	Haben-konto	Betrag	SA	SC	Buchungstext	OP-Nr.
D10000	101	10. Nov.	S5000	13.090,00	M	1	Ausgangsrechnung	101
S2000	102	10. Nov.	K60000	4.760,00	V	1	Eingangsrechnung	102
S2880	103	15. Nov.	S3001	2.000,00	0		Privateinlage	
S2800	104	15. Nov.	D10000	13.090,00	0		Zahlungseingang	101
S6160	105	15. Nov.	S2880	59,50	V	1	Reparatur	
S6000	106	15. Nov.	S2000	3.500,00	0		Rohstoffverbrauch	
K60000	107	15. Nov.	S2800	4.760,00	0		Zahlungsausgang	102
S2020	108	15. Nov.	K60000	1.785,00	V	1	Eingangsrechnung	108
S2000	109	17. Nov.	K60000	3.927,00	V	1	Eingangsrechnung	109
S6200	110	20. Nov.	S2800	1.120,00	0		Löhne	
S3001	111	20. Nov.	S2880	500,00	0		Privatentnahme	
S7510	112	20. Nov.	S2800	250,00	0		Abbuchung Zinsen	

103

1. Damit die Umsatzsteuer auf Eingangsrechnungen oder Quittungen für Büromaterial automatisch gebucht werden kann.
2. Die Saldenliste enthält alle Konten, also auch die Erfolgskonten. Für die Erstellung der Saldenliste werden keine Konten abgeschlossen.
3. In der OP-Liste werden alle offenen Rechnungen aufgeführt, die Saldenliste enthält nur den gesamten Betrag, der beim Lieferer offen ist.
4. Forderungen: Summe der offenen Posten aller Debitoren
   Verbindlichkeiten: Summe der offenen Posten aller Kreditoren
5. Umsatzerlöse, darauf entfallende Umsatzsteuer, Vorsteuer

104

Grundbuch (Journal)

Beleggeschäftsgang 1

AR (Ausgangsrechnung)
BA (Bankauszug)
KB (Kassenbeleg)
ME (Materialentnahmeschein)

ER (Eingangsrechnung)
PA (Postbankauszug)
PE (Privatentnahmebeleg)
SB (Sonstiger Beleg)

Laufende Buchungen

Beleg 1	(ME)	6000	3.400,00	
		an 2000		3.400,00
Beleg 2	(ME)	6020	5.625,00	
		an 2020		5.625,00
Beleg 3	(ER)	2000	27.250,00	
		2600	5.177,50	
		an 4400/60000		32.427,50
Beleg 4	(KB)	6850	280,00	
		an 2880		280,00
Beleg 5	(AR)	2400/10000	31.356,50	
		an 5000		26.350,00
		an 4800		5.006,50
Beleg 6	(KB)	3001	500,00	
		an 2880		500,00

zu **104**

Beleg 7	(KB)	6820	340,00	
		an 2880		340,00
Beleg 8	(BA)	2800	5.236,00	
		an 2400/10000		5.236,00
Beleg 9	(BA)	4400/60001	3.094,00	
		an 2800		3.094,00
Beleg 10	(BA)	2800	6.500,00	
		an 2880		6.500,00
Beleg 11	(ER)	2030	3.660,00	
		2600	695,40	
		an 4400/60003		4.355,40
Beleg 12	(PA)	6830	523,42	
		2600	99,45	
		an 2850		622,87
Beleg 13	(ER)	2000	7.200,00	
		2600	1.368,00	
		an 4400/60001		8.568,00
Beleg 14	(ER)	0800	1.610,00	
		2600	305,90	
		an 4400/60004		1.915,90
Beleg 15	(PE)	3001	535,50	
		an 5420		450,00
		an 4800		85,50
Beleg 16	(KB)	6160	370,00	
		2600	70,30	
		an 2880		440,30
Beleg 17	(PA)	4400/60002	6.842,50	
		an 2850		6.842,50
Beleg 18	(PA)	2850	4.998,00	
		an 2400/10003		4.998,00
Beleg 19	(PA)	2850	8.151,50	
		an 2400/10001		8.151,50
Beleg 20	(AR)	2400/10002	33.915,00	
		an 5000		28.500,00
		an 4800		5.415,00
Beleg 21	(BA)	2800	2.201,50	
		an 2400/10001		2.201,50
Beleg 22	(BA)	2800	2.142,00	
		an 2400/10003		2.142,00
Beleg 23	(BA)	2800	892,50	
		an 2400/10002		892,50
Beleg 24	(BA)	3001	860,00	
		an 2800		860,00
Vorbereitende Abschlussbuchungen				
Beleg 25	(SB)	6520	140.000,00	
		an 0700		110.000,00
		an 0800		30.000,00
Beleg 26	(SB)	5200	13.000,00	
		an 2100		13.000,00
		2200	26.000,00	
		an 5200		26.000,00
Beleg 27	(SB)	6030	29.660,00	
		an 2030		29.660,00
		2880	160,30	
		an 5430		160,30
		4800	68.916,55	
		an 2600		68.916,55
		3000	85.895,50	
		an 3001		85.895,50

zu **104**

Saldenliste – Debitoren (Kunden)

S	10000 Hartmann KG		H
	17.850,00	8)	5.236,00
5)	31.356,50	SB	43.970,50
	49.206,50		49.206,50

S	10001 Kaufring GmbH		H
	12.197,50	19)	8.151,50
		21)	2.201,50
		SB	1.844,50
	12.197,50		12.197,50

S	10002 Holzmann OHG		H
	35.700,00	23)	892,50
20)	33.915,00	SB	68.722,50
	69.615,00		69.615,00

S	10003 Wolfgang Kunde e. Kfm.		H
	8.270,50	18)	4.998,00
		22)	2.142,00
		SB	1.130,50
	8.270,50		8.270,50

Saldenliste – Kreditoren (Lieferanten)

S	60000 Velox GmbH		H
SB	76.338,50		43.911,00
		3)	32.427,50
	76.338,50		76.338,50

S	60001 Schneider KG		H
9)	3.094,00		29.512,00
SB	34.986,00	13)	8.568,00
	38.080,00		38.080,00

S	60002 Garne GmbH		H
17)	6.842,50		30.940,00
SB	24.097,50		
	30.940,00		30.940,00

S	60003 Offermann OHG		H
SB	4.355,40	11)	4.355,40

S	60004 Walter Schreiber e. K.		H
SB	1.915,90	14)	1.915,90

Saldenliste

10000	Hartmann KG	43.970,50
10001	Kaufring GmbH	1.844,50
10002	Holzmann OHG	68.722,50
10003	Wolfgang Kunde e. Kfm.	1.130,50
		115.668,00

Saldenliste

60000	Velox GmbH	76.338,50
60001	Schneider KG	34.986,00
60002	Garne GmbH	24.097,50
60003	Offermann OHG	4.355,40
60004	Walter Schreiber e. K.	1.915,90
		141.693,30

S	8020 Gewinn- und Verlustkonto		H
6000	543.400,00	5000	1.454.850,00
6020	65.625,00	5200	13.000,00
6030	44.660,00	5420	10.450,00
6160	88.370,00	5430	18.160,30
6200	186.000,00	5710	42.000,00
6300	145.000,00		
6520	140.000,00		
6820	3.940,00		
6830	6.923,42		
6850	2.280,00		
7510	22.000,00		
3000	290.261,88		
	1.538.460,30		1.538.460,30

S	8010 Schlussbilanzkonto		H
0700	776.900,00	3000	1.126.366,38
0800	249.610,00	4250	342.930,00
2000	151.050,00	4400	141.693,30
2020	22.375,00	4800	209.490,45
2030	22.000,00		
2100	15.000,00		
2200	95.000,00		
2400	115.668,00		
2800	325.993,00		
2850	33.784,13		
2880	13.100,00		
	1.820.480,13		1.820.480,13

S	3000 Eigenkapital		H
3001	85.895,50	8000	922.000,00
8010	1.126.366,38	8020	290.261,88
	1.212.261,88		1.212.261,88

105

6000 an 2000 71.400,00

106

1. 2000	40.000,00	
2600	7.600,00	
an 4400		47.600,00
2. 2020	2.400,00	
2600	456,00	
an 4400		2.856,00
3. 6000	9.600,00	
an 2000		9.600,00
4. 2010	4.500,00	
2600	855,00	
an 4400		5.355,00
5. 6020	600,00	
an 2020		600,00
6. 2030	5.400,00	
2600	1.026,00	
an 4400		6.426,00
7. 6010	1.250,00	
an 2010		1.250,00
8. 6030	600,00	
an 2030		600,00

S 8020 Gewinn- und Verlustkonto H

6000	349.600,00	
6010	51.450,00	
6020	46.000,00	
6030	43.700,00	
	490.750,00	= gesamter Werkstoffaufwand

107

1.	8010	an	2000	78.700,00
	8010	an	2010	54.600,00
	8010	an	2020	12.400,00
2.	6000	an	2000	907.700,00
	6010	an	2010	191.100,00
	6020	an	2020	75.500,00
3.	8020	an	6000	907.700,00
	8020	an	6010	191.100,00
	8020	an	6020	75.500,00

108

1.	8010	an	2000	145.600,00
	8010	an	2010	26.870,00
	8010	an	2020	14.800,00
	8010	an	2030	15.680,00
2.	6000	an	2000	710.400,00
	6010	an	2010	18.830,00
	6020	an	2020	20.880,00
	6030	an	2030	7.880,00

3. Gesamter Werkstoffverbrauch: 757.990,00 €

109

1. Mögliche Ursachen: Schwund, Diebstahl, Buchungsfehler, Rechenfehler, die in die Fertigung gegebene Menge stimmt nicht mit der auf dem Materialentnahmeschein angegebenen Menge überein u. a.
2. 8010 an 2000 241.400,00
3. 6000 an 2000 4.200,00

110

1.

S 2280 Waren H

Wareneinkäufe	120.000,00	8010	20.000,00
		6080	100.000,00
	120.000,00		120.000,00

S 5100 Umsatzerlöse für Waren H

8020	150.000,00	Warenverkäufe	150.000,00

S 6080 Aufwendungen für Waren H

2280	100.000,00	8020	100.000,00

S 8020 Gewinn- und Verlustkonto H

6080	100.000,00	5100	150.000,00
Warengewinn	50.000,00		

S 8010 Schlussbilanzkonto H

2280	20.000,00		

2.	8010	an	2280	20.000,00
	6080	an	2280	100.000,00
	5100	an	8020	150.000,00
	8020	an	6080	100.000,00

111

1\. 1. 2000 85.000,00
2020 15.000,00
2600 19.000,00
an 4400 119.000,00
2\. 6000 188.500,00
an 2000 188.500,00
3\. 6200 34.400,00
an 2800 34.400,00
4\. 2280 18.500,00
2600 3.515,00
an 4400 22.015,00
5\. 2400 63.070,00
an 5000 40.600,00
an 5100 12.400,00
an 4800 10.070,00

2\. a) 6520 70.000,00
an 0700 48.000,00
an 0800 22.000,00
b) 8010 an 2280 20.900,00
8010 an 2020 8.200,00
8010 an 2100 32.000,00
8010 an 2200 32.000,00

Vorbereitende Abschlussbuchungen

6020 an 2020 22.400,00
5200 an 2100 62.600,00
2200 an 5200 8.600,00
6080 an 2280 50.200,00
4800 an 2600 208.839,00

S	8020 Gewinn- und Verlustkonto		H
5200	54.000,00	5000	1.170.600,00
6000	608.500,00	5100	73.200,00
6020	22.400,00		
6080	50.200,00		
6200	314.800,00		
6520	70.000,00		
3000	123.900,00		
	1.243.800,00		1.243.800,00

S	3000 Eigenkapital		H
8010	723.900,00	8000	600.000,00
		8020	123.900,00
	723.900,00		723.900,00

S	8010 Schlussbilanzkonto		H
0700	322.000,00	3000	723.900,00
0800	158.000,00	4400	465.815,00
2000	185.028,00	4800	27.483,00
2020	8.200,00		
2100	32.000,00		
2200	32.000,00		
2280	20.900,00		
2400	237.070,00		
2800	222.000,00		
	1.217.198,00		1.217.198,00

3\. EK-Rentabilität in %

$$= \frac{123.900,00 \cdot 100}{600.000,00} = 20,65\ \%$$

112

1\. a) 2000 13.500,00
2600 2.565,00
an 4400 16.065,00

b) 2001 2.000,00
2600 380,00
an 4400 2.380,00

2\. Umbuchung der Bezugskosten:

2000 2.000,00
an 2001 2.000,00

Anschaffungskosten
der Stahlträger: 15.500,00 €

3\. Prozentualer Anteil der Bezugskosten an den Anschaffungskosten:

$$\frac{2.000,00 \cdot 100}{13.500,00} = 14,81\ \%$$

113

1\. a) 2010 28.000,00
2011 930,00
2600 5.496,70
an 4400 34.426,70

b) 2280 4.000,00
2281 400,00
2600 836,00
an 4400 5.236,00

2\. a) Anschaffungskosten insgesamt: 28.930,00 €
Anschaffungskosten je Schloss: 14,47 €
b) Anschaffungskosten insgesamt: 4.400,00 €
Anschaffungskosten je Flasche: 5,50 €

114

Stornobuchung zu ER 1234:	2600 Vorsteuer	855,00	
	an 4800 Umsatzsteuer		855,00

115

1. a) Buchung der Geschäftsfälle:

1.	2000	65.000,00	
	2001	1.500,00	
	2600	12.635,00	
	an 4400		79.135,00
2.	2001	250,00	
	2600	47,50	
	an 2800		297,50
3.	2020	2.500,00	
	2021	200,00	
	2600	513,00	
	an 4400		3.213,00

b) Buchung der Schlussbestände:

8010 an 2000 140.000,00
8010 an 2020 10.000,00

c) Erfassung des Werkstoffverbrauchs:

6000 an 2000 651.750,00
6020 an 2020 50.500,00

d) Abschluss der Werkstoffaufwandskonten über GuV:

8020 an 6000 651.750,00
8020 an 6020 50.500,00

2. Anschaffungskosten der Rohstoffe: 66.750,00 €
   Anschaffungskosten der Hilfsstoffe: 2.700,00 €

3. Prozentanteil der Bezugskosten an den Anschaffungskosten:

   Rohstoffe $= \frac{1.750,00 \cdot 100}{65.000,00} = 2,69\ \%$ Hilfsstoffe $= \frac{200,00 \cdot 100}{2.500,00} = 8\ \%$

4. Im vorliegenden Fall ergibt sich ein Vorsteuerüberhang in Höhe von 25.595,50 € (also eine Forderung gegenüber dem Finanzamt), der beim Jahresabschluss zu aktivieren ist.

5. Der Unternehmer kann die Vorsteuer von der vereinnahmten Umsatzsteuer abziehen, sie belastet ihn also nicht.

116

1. Buchung:

0860 Büromaschinen	3.150,00	
2600 Vorsteuer	598,50	
an 4400 Verbindlichkeiten a. LL		3.748,50

2. Gegenstände des Anlagevermögens sind direkt mit ihren Anschaffungskosten zu aktivieren. Ein Unterkonto „Bezugskosten" erübrigt sich.

3. Die Anschaffungskosten betragen 3.150,00 €, sofern die Rechnung nicht noch unter Skontoabzug beglichen wird. Der Nettoskonto wäre dann im Haben des Kontos 0860 zu buchen.

   Ermittlung der Anschaffungskosten bei Skontoinanspruchnahme:

Anschaffungspreis	3.000,00 €
+ Anschaffungsnebenkosten (Fracht)	150,00 €
	3.150,00 €
– Anschaffungskostenminderung (1 % Skonto)	31,50 €
= Anschaffungskosten	3.118,50 €

Buchung (Exkurs):

4400	3.748,50	
an 0860		31,50
an 2600		5,99
an 2800		3.711,01

117

1. Der Prozentanteil der Bezugskosten am Bezugspreis beträgt bei

   Feinblech: $\frac{1.140,00 \cdot 100}{7.140,00} = 15,97\ \%$

   Walzblech: $\frac{915,00 \cdot 100}{5.415,00} = 16,9\ \%$

   Weißblech: $\frac{792,00 \cdot 100}{4.392,00} = 18,03\ \%$

zu **117**

2. Bezugskostenzuschlag in Prozent des Einkaufspreises bei

Walzblech: $\frac{915,00 \cdot 100}{4.500,00} = 20,33\ \%$

Feinblech: $\frac{1.140,00 \cdot 100}{6.000,00} = 19\ \%$

Weißblech: $\frac{792,00 \cdot 100}{3.600,00} = 22\ \%$

118

1.

	Listeneinkaufspreis	2 000 Stück je 25,20 €	50.400,00 €
–	Liefererrabatt	12,5 %	6.300,00 €
	Zieleinkaufspreis		44.100,00 €
–	Liefererskonto	1,5 %	661,50 €
	Bareinkaufspreis		43.438,50 €
+	Bezugskosten	Frachtkosten	1.040,00 €
	Bezugspreis	2 000 Stück	**44.478,50 €**
	Bezugspreis für 1 Platine		**22,24 €**

2.

	Listeneinkaufspreis	2 000 Stück je 28,40 €	56.800,00 €
–	Liefererrabatt	15 %	8.520,00 €
	Zieleinkaufspreis		48.280,00 €
–	Liefererskonto	2 %	965,60 €
	Bareinkaufspreis		47.314,40 €
+	Bezugskosten	Frachtkosten	1.080,00 €
	Bezugspreis	2 000 Stück	**48.394,40 €**
	Bezugspreis für 1 Platine		**24,20 €**

Ergebnis: Das Angebot 1 der Schneider GmbH ist um 3.915,90 € bzw. 1,96 € je Stück bedeutend günstiger.

119

	Listeneinkaufspreis	4 000 Sack je 8,25 €	33.000,00 €
–	Liefererrabatt	25 %	8.250,00 €
	Zieleinkaufspreis		24.750,00 €
–	Liefererskonto	2 %	495,00 €
	Bareinkaufspreis		24.255,00 €
+	Bezugskosten	Frachtkosten des Spediteurs	350,00 €
	Bezugspreis (Anschaffungskosten)		**24.605,00 €**

Bezugspreis bzw. Anschaffungskosten für 1 Sack Zement: 24.605,00 € : 4 000 = 6,15 €

120

1,50 € Frachtkosten je Stück (1.200,00 € : 800)

Sorten	Stück	Frachtkosten €/Stück	Frachtkosten je Sorte
Eiche-Furnierplatten	500	1,50	750,00 €
Nussbaum-Furnierplatten	300	1,50	450,00 €
	800		1.200,00 €

1.050,00 € Versicherungs- und Verpackungskosten werden als Wertspesen nach dem Einkaufswert der Sorten verteilt: Wertspesen : Gesamteinkaufswert
1.050 : 52.200 = 0,0201 € je 1,00 € Einkaufswert

zu **120**

Ermittlung der Einkaufspreise

Sorten	Stück	€/Stück	Listenpreis	10 % Rabatt	Einkaufspreis
Eiche	500	80,00	40.000,00	4.000,00	36.000,00 €
Nussbaum	300	60,00	18.000,00	1.800,00	16.200,00 €
					52.200,00 €

Ermittlung der Wertspesen je Sorte

Sorten	Einkaufspreis	Wertspesen je 1,00 €	Wertspesen je Sorte
Eiche	36.000,00 €	0,0201	724,00 €
Nussbaum	16.200,00 €	0,0201	326,00 €
	52.200,00 €		1.050,00 €

Ermittlung des Bezugspreises (= Anschaffungskosten)	**Eiche**	**Nussbaum**
Listeneinkaufspreis	40.000,00 €	18.000,00 €
– 10 % Rabatt	4.000,00 €	1.800,00 €
Einkaufspreis	36.000,00 €	16.200,00 €
+ Frachtkosten	750,00 €	450,00 €
+ Verpackungs-/Versicherungskosten	724,00 €	326,00 €
Zielbezugspreis	37.474,00 €	16.976,00 €
– 2 % Skonto[1]	749,48 €	339,52 €
Barbezugspreis je Sorte	36.724,52 €	16.636,48 €
Stückzahl	500 Stück	300 Stück
Bezugspreis je Stück (Anschaffungskosten)	**73,45 €**	**55,45 €**

1 Lt. Aufgabe ist der Skonto in diesem Fall vom Nettowert der Rechnung (= Zielbezugspreis) zu berechnen.

121

Die Frachtkosten (Gewichtsspesen) in Höhe von 860,00 € werden nach der Anzahl der Gebinde verteilt:
860,00 € : 300 = 2,866 €/Stück

Sorten	Stück	Frachtkosten €/Stück	Frachtkosten je Sorte
XS 400 Lack	100	2,866	287,00 €
XS 200 Lack	200	2,866	573,00 €
	300		860,00 €

Die Versicherungskosten (Wertspesen) in Höhe von 480,00 € werden nach den Einkaufspreisen verteilt:

Ermittlung der Einkaufspreise

Sorten	Stück	€/Stück	Listenpreis	10 % Rabatt	Einkaufspreis
XS 400 Lack	100	78,00	7.800,00	780,00	7.020,00 €
XS 200 Lack	200	82,00	16.400,00	1.640,00	14.760,00 €
					21.780,00 €

480,00 € Wertspesen (Versicherungskosten) : 21.780 = 0,02204 je 1,00 € Einkaufspreis

Sorten	Einkaufspreis	Wertspesen je 1,00 €	Wertspesen je Sorte
XS 400 Lack	7.020,00 €	0,02204	155,00 €
XS 200 Lack	14.760,00 €	0,02204	325,00 €
	52.200,00 €		480,00 €

zu **121**

Ermittlung des Bezugspreises (= Anschaffungskosten)	XS 400 Lack	XS 200 Lack
Listeneinkaufspreis	7.800,00 €	16.400,00 €
– 10 % Rabatt	780,00 €	1.640,00 €
Einkaufspreis	7.020,00 €	14.760,00 €
+ Frachtkosten	287,00 €	573,00 €
+ Verpackungs-/Versicherungskosten	155,00 €	325,00 €
Zielbezugspreis	7.462,00 €	15.658,00 €
– 2 % Skonto[1]	149,24 €	313,16 €
Bezugspreis je Sorte	7.312,76 €	15.344,84 €
Stückzahl	100 Stück	200 Stück
Bezugspreis je Stück	**73,13 €**	**76,72 €**

1 Lt. Aufgabe wird der Skonto vom Nettorechnungsbetrag (= Zielbezugspreis) berechnet.

122

Siehe Lehrbuch, S. 128/129.

123

1. Vom Listenpreis ist zunächst der Mengenrabatt abzusetzen. Das Ergebnis ist dann der Zieleinkaufspreis, von dem der Skontoabzug vorzunehmen ist, um den Bareinkaufspreis zu erhalten.
2. Nein.
   Wegen der multiplikativen Verknüpfung der beiden Abzüge für Skonto und Rabatt ist die Reihenfolge – mathematisch gesehen – beliebig: $940 \cdot 0{,}975 \cdot 0{,}9 = 824{,}85$
   $940 \cdot 0{,}9 \cdot 0{,}975 = 824{,}85$

124

Die Bezugskosten werden nach der Stückzahl im Verhältnis 2 : 1 verteilt. Von 450,00 € entfallen somit 300,00 € auf Zement und 150,00 € auf Putzkalk.

	Zement	Putzkalk
Einkaufspreis	2.475,00 €	1.200,00 €
+ Bezugskosten	300,00 €	150,00 €
Zielbezugskosten	2.775,00 €	1.350,00 €
– 1,5 % Skonto	41,63 €	20,25 €
Bezugs- bzw. Anschaffungspreis (bar)	2.733,37 €	1.329,75 €
Menge	400 Sack	200 Sack
Bezugspreis je Sack (Anschaffungskosten)	**6,83 €**	**6,65 €**

125

Bezugsmenge	200 Pakete	Fliesen
– 2 % Mengenabzug	4 Pakete	
Berechnete Menge	196 Pakete	

zu **125**

	Listenpreis für 196 Pakete je 31,50 €	6.174,00 €
–	5 % Mengenrabatt	308,70 €
	Einkaufspreis	5.865,30 €
+	Fracht	820,00 €
+	Versicherung	64,50 €
	Zielbezugspreis lt. Rechnung	6.749,80 €
–	1 % Skonto	67,50 €
	Bezugspreis für 200 Pakete	6.682,30 €
	Bezugspreis für 1 Paket (Anschaffungskosten)	**33,41 €**

126

1.	2280	14.400,00	
	2600	2.736,00	
	an 4400		17.136,00
2.	2281	800,00	
	2600	152,00	
	an 4400		952,00
3.	4400	2.975,00	
	an 2280		2.500,00
	an 2600		475,00

127

1. Rechnung:	4 t Stahlprofil S 2003, Listenpreis 1.500,00 € /t	6.000,00 €
	– 10 % Mengenrabatt	600,00 €
	netto	5.400,00 €
	+ 19 % Umsatzsteuer	1.026,00 €
		6.426,00 €

2. Buchung:	2000	5.400,00	
	2600	1.026,00	
	an 4400		6.426,00

128

1. Gutschriftsanzeige für Rücksendung:

Stahlprofil S 2003, 1 t, Nettoeinkaufspreis	1.350,00 €
+ 19 % Umsatzsteuer	256,50 €
Gutschrift	1.606,50 €

2. Buchung:	4400	1.606,50	
	an 2000		1.350,00
	an 2600		256,50

129

1.	2020	2.600,00	
	2600	494,00	
	an 4400		3.094,00
2.	4400	892,50	
	an 2020		750,00
	an 2600		142,50
3.	4400	9.210,60	
	an 2010		7.740,00
	an 2600		1.470,60
4.	2000	12.640,00	
	2001	350,00	
	2600	2.468,10	
	an 4400		15.458,10

130

1. Gutschrift netto:

2.500,00 € – 20 % Rabatt	2.000,00 €
+ 19 % Umsatzsteuer	380,00 €
Gutschrift	2.380,00 €

2. Buchung:

4400	2.380,00	
an 2000		2.000,00
an 2600		380,00

131

1.

2030	3.000,00	
2031	800,00	
2600	722,00	
an 4400		4.522,00

2.

4400	238,00	
an 2031		200,00
an 2600		38,00

132

1. Gutschriftsanzeige:

20 % von 2.700,00 €	=	540,00 €
+ 19 % Umsatzsteuer		102,60 €
		642,60 €

2. Buchung der Eingangsrechnung:

2000	10.800,00	
2600	2.052,00	
an 4400		12.852,00

Buchung der Gutschriftsanzeige:

4400	642,60	
an 2002		540,00
an 2600		102,60

133

1.	2000	50.000,00	
	2600	9.500,00	
	an 4400		59.500,00
2.	4400	1.011,50	
	an 2002		850,00
	an 2600		161,50
3.	2400	53.550,00	
	an 5000		45.000,00
	an 4800		8.550,00
4.	6020	15.600,00	
	an 2020		15.600,00
5.	4400	2.915,50	
	an 2002		2.450,00
	an 2600		465,50
6.	4400	1.428,00	
	an 2020		1.200,00
	an 2600		228,00

134

1.

	Listeneinkaufspreis	18.000,00 €
–	8 % Rabatt	1.440,00 €
		16.560,00 €
+	Fracht und Verpackung	300,00 €
		16.860,00 €
+	19 % Umsatzsteuer	3.203,40 €
		20.063,40 €

2020	16.560,00	
2021	300,00	
2600	3.203,40	
an 4400		20.063,40
2020 an 2021		300,00

2. Gutschrift für Rücksendung,

netto	2.500,00 €
+ 19 % Umsatzsteuer	475,00 €
	2.975,00 €

4400	2.975,00	
an 2020		2.500,00
an 2600		475,00

zu **134**

3.

	Nettowert lt. Rechnung 1	16.560,00 €
–	Rücksendung, netto	2.500,00 €
	Restbetrag, netto	14.060,00 €
–	10 % Rabatt	1.406,00 €
		12.654,00 €
+	Bezugskosten	300,00 €
		12.954,00 €
+	19 % Umsatzsteuer	2.461,26 €
	Überweisungsbetrag	15.415,26 €

Gutschriftsanzeige des Lieferers:

	Nachlass, netto	1.406,00 €
+	19 % Umsatzsteuer	267,14 €
	Nachlass, brutto	1.673,14 €

Buchung:

4400	1.673,14	
an 2022		1.406,00
an 2600		267,14

135

1./2. Umbuchungen der Bezugskosten und Nachlässe:

a) 2000 an 2001 23.800,00
   2002 an 2000 5.000,00
b) 2020 an 2021 2.200,00
   2022 an 2020 580,00

3. Buchung der Schlussbestände lt. Inventur:

8010 an 2000 78.800,00
8010 an 2020 22.600,00

4. Buchung des Werkstoffverbrauchs aufgrund der Inventur:

6000 an 2000 371.000,00
6020 an 2020 46.020,00

S	2000 Rohstoffe		H
...	456.000,00	...	25.000,00
2001	23.800,00	2002	5.000,00
		8010	78.800,00
		6000	371.000,00
	479.800,00		479.800,00

S	2020 Hilfsstoffe		H
...	67.800,00	...	800,00
2021	2.200,00	2022	580,00
		8010	22.600,00
		6020	46.020,00
	70.000,00		70.000,00

136

Laufende Buchungen

		Soll	Haben
1.	2000	52.820,00	
	2001	880,00	
	2600	10.203,00	
	an 4400		63.903,00
2.	6160	1.800,00	
	2600	342,00	
	an 4400		2.142,00
3.	6800	450,00	
	2600	85,50	
	an 2880		535,50
4.	3001	1.500,00	
	an 2880		1.500,00
5.	2400	148.750,00	
	an 5000		125.000,00
	an 4800		23.750,00
6.	4400	6.545,00	
	an 2002		5.500,00
	an 2600		1.045,00
7.	2020	6.200,00	
	2021	300,00	
	2600	1.235,00	
	an 4400		7.735,00
8.	2800	89.250,00	
	an 2400		89.250,00
9.	4400	1.785,00	
	an 2020		1.500,00
	an 2600		285,00
10.	6000	28.000,00	
	an 2000		28.000,00
11.	3001	2.142,00	
	an 5420		1.800,00
	an 4800		342,00
12.	6300	12.800,00	
	6200	15.200,00	
	7510	6.000,00	
	4250	5.000,00	
	an 2800		39.000,00
13.	0800	8.500,00	
	2600	1.615,00	
	an 4400		10.115,00

zu **136**

Vorbereitende Abschlussbuchungen

1.	6520	21.000,00	
	an 0700		15.000,00
	an 0800		6.000,00
2.	4800	12.150,50	
	an 2600		12.150,50
3.	3000	3.642,00	
	an 3001		3.642,00
4.	2000	880,00	
	an 2001		880,00
5.	2002	5.500,00	
	an 2000		5.500,00
6.	2020	300,00	
	an 2021		300,00

7. Nach Buchung des Schlussbestandes von 52.000,00 € (8010 an 2020):

6020	20.800,00	
an 2020		20.800,00

8.

8020	20.750,00	
an 3000		20.750,00 (Gewinn)

S — 8020 Gewinn- und Verlustkonto — H

S		H	
6000 Aufwendungen f. Rohstoffe	28.000,00	5000 Umsatzerlöse f. eig. Erzeugn.	125.000,00
6020 Aufwendungen f. Hilfsstoffe	20.800,00	5420 Entnahme v. G. u. s. L.	1.800,00
6160 Fremdinstandhaltung	1.800,00		
6200 Löhne	15.200,00		
6300 Gehälter	12.800,00		
6520 Abschreibungen auf SA	21.000,00		
6800 Büromaterial	450,00		
7510 Zinsaufwendungen	6.000,00		
3000 Eigenkapital (Gewinn)	20.750,00		
	126.800,00		126.800,00

S — 3000 Eigenkapital — H

S		H	
3001 Privatentnahmen	3.642,00	8000 EBK	600.000,00
8010 SBK	617.108,00	8020 GuV (Gewinn)	20.750,00
	620.750,00		620.750,00

S — 8010 Schlussbilanzkonto — H

S		H	
0700 TA und Maschinen	435.000,00	3000 Eigenkapital	617.108,00
0800 Andere Anlagen/BGA	223.500,00	4250 Darlehensschulden	378.250,00
2000 Rohstoffe	254.200,00	4400 Verbindlichkeiten a. LL	248.065,00
2020 Hilfsstoffe	52.000,00	4800 Umsatzsteuer	11.941,50
2400 Forderungen a. LL	99.750,00		
2800 Bankguthaben	180.150,00		
2880 Kasse	10.764,50		
	1.255.364,50		1.255.364,50

137

1.	2000	2.500,00	
	2600	475,00	
	an 4400		2.975,00
2. a)	4400	2.975,00	
	an 2800		2.915,50
	an 2002		50,00
	an 2600		9,50
b)	4400	2.975,00	
	an 2800		2.915,50
	an 2002		59,50
	2002	9,50	
	an 2600		9,50

138

1. 2002 an 2600 608,00
2. 4800 an 2600 3.542,00
   Zahllast: 7.758,00 €

139

1. 6000	60.000,00	
2600	11.400,00	
an 4400		71.400,00
2. 6001	3.000,00	
2600	570,00	
an 4400		3.570,00
3. 4400	5.950,00	
an 6002		5.000,00
an 2600		950,00
4. 4400	1.785,00	
an 6000		1.500,00
an 2600		285,00
5. 8010 an 2000		180.000,00

Vorbereitende Abschlussbuchungen

a) 2000 an 6000 (Mehrbestand) 30.000,00
b) 6000 an 6001 10.000,00
c) 6002 an 6000 17.000,00

Abschlussbuchung (Rohstoffverbrauch)

8020 an 6000 301.500,00

S	6000 Aufwendungen f. Rohstoffe		H
...	280.000,00	4400	1.500,00
4400	60.000,00	2000	30.000,00
6001	10.000,00	6002	17.000,00
		8020	301.500,00
	350.000,00		350.000,00

140

1. a) 6010	25.000,00	
2600	4.750,00	
an 4400		29.750,00
b) 4400	2.975,00	
an 6012		2.500,00
an 2600		475,00
c) 4400	5.950,00	
an 6000		5.000,00
an 2600		950,00

d) Buchung der Inventurbestände der Rohstoffe und Fremdbauteile:

8010 an 2000 150.000,00
8010 an 2010 100.000,00

e) Umbuchungen:

ea) 6000 an 2000 300.000,00
eb) 2010 an 6010 20.000,00
ec) 6000 an 600 115.000,00
ed) 6002 an 6000 12.000,00
ee) 6010 an 6011 4.000,00
ef) 6012 an 6010 7.500,00

f) Werkstoffverbrauch:
8020 an 6000 618.000,00
8020 an 6010 96.500,00

S	6000 Aufwendungen f. Rohstoffe		H
...	320.000,00	4400	5.000,00
6001	15.000,00	6002	12.000,00
2000	300.000,00	8020	618.000,00
	635.000,00		635.000,00

S	6010 Aufwendungen f. Fremdbauteile		H
...	95.000,00	6012	7.500,00
4400	25.000,00	2010	20.000,00
6011	4.000,00	8020	96.500,00
	124.000,00		124.000,00

2. Einsparung aller Lagerkosten einschließlich Kapitalverzinsung u. a.

3. a) Werkstoffverbrauch = Werkstoffeinkauf – Mehrbestand an Werkstoffen
b) Werkstoffverbrauch = Werkstoffeinkauf + Minderbestand an Werkstoffen

141

1. 750.000,00 € Rohstoffeinkäufe
2. 500.000,00 € Rohstoffeinkäufe

142

1. Der Schlussbestand an Rohstoffen entspricht dem Anfangsbestand: keine Bestandsveränderung.
2. Der Schlussbestand ist größer als der Anfangsbestand: Bestandsmehrung.
3. Der Schlussbestand ist kleiner als der Anfangsbestand: Bestandsminderung.

143

Buchungssätze nach der **Bestands**methode und in ( ) **Aufwands**methode:

1. 2000 (6000)	20.000,00	
2600	3.800,00	
an 4400		23.800,00
2. 2001 (6001)	800,00	
2600	152,00	
an 2880		952,00
3. 4400	833,00	
an 2000 (6000)		700,00
an 2600		133,00
4. 4400	714,00	
an 2002 (6002)		600,00
an 2600		114,00
5. 2010 (6010)	60.000,00	
2600	11.400,00	
an 4400		71.400,00
6. 2011 (6011)	200,00	
2600	38,00	
an 2880		238,00
7. 4400	1.785,00	
an 2010 (6010)		1.500,00
an 2600		285,00
8. 4400	357,00	
an 2012 (6012)		300,00
an 2600		57,00

144

a) Buchungssätze nach der **Bestands**methode:

1. 2000	20.000,00	
2600	3.800,00	
an 4400		23.800,00
2. 2001	500,00	
2600	95,00	
an 2800		595,00
3. 4400	1.547,00	
an 2002		600,00
an 2012		700,00
an 2600		247,00
4. 2010	15.000,00	
2600	2.850,00	
an 4400		17.850,00
5. 4400	952,00	
an 2010		800,00
an 2600		152,00
6. 2400	77.350,00	
an 5000		65.000,00
an 4800		12.350,00

Buchung der Schlussbestände an Rohstoffen und Fremdbauteilen:

8010 an 2000	180.000,00
8010 an 2010	140.000,00

Umbuchung des durch Inventur ermittelten Werkstoffverbrauchs:

6000 an 2000	39.900,00
6010 an 2010	3.500,00

b) Buchungssätze nach der **Aufwands**methode:

1. 6000	20.000,00	
2600	3.800,00	
an 4400		23.800,00
2. 6001	500,00	
2600	95,00	
an 2800		595,00
3. 4400	1.547,00	
an 6002		600,00
an 6012		700,00
an 2600		247,00
4. 6010	15.000,00	
2600	2.850,00	
an 4400		17.850,00
5. 4400	952,00	
an 6010		800,00
an 2600		152,00
6. 2400	77.350,00	
an 5000		65.000,00
an 4800		12.350,00

Buchung der Schlussbestände an Rohstoffen und Fremdbauteilen:

8010 an 2000	180.000,00
8010 an 2010	140.000,00

Umbuchung der Bestandsveränderungen:

6000 an 2000	20.000,00
2010 an 6010	10.000,00

S — 8020 Gewinn- und Verlustkonto — H

S		H	
6000	39.900,00	5000	65.000,00
6010	3.500,00		
3000	21.600,00		
	65.000,00		65.000,00

S — 8010 Schlussbilanzkonto — H

S		H	
2000	180.000,00	3000	381.600,00
2010	140.000,00	4400	79.151,00
2400	102.350,00	4800	6.004,00
2800	44.405,00		
	466.755,00		466.755,00

145

1.	2400	17.850,00	
	an 5000		15.000,00
	an 4800		2.850,00
2.	6040	7.500,00	
	2600	1.425,00	
	an 4400		8.925,00
3.	6150	4.500,00	
	2600	855,00	
	an 4400		5.355,00
4.	6140	650,00	
	2600	123,50	
	an 4400		773,50

146

1. a)	6140	350,00	
	2600	66,50	
	an 2880		416,50
b)	2400	9.936,50	
	an 5000		8.350,00
	an 4800		1.586,50

2. Umsatzerlöse: 8.350,00 €

147

1. a)	6000	7.650,00	
	6001	700,00	
	2600	1.586,50	
	an 4400		9.936,00
b)	6001	250,00	
	2600	47,50	
	an 2880		297,50

2. Anschaffungskosten: 8.600,00 €

148

1.	2400	2.737,00	
	an 5000		2.300,00
	an 4800		437,00
2.	6020	2.000,00	
	6021	300,00	
	2600	437,00	
	an 4400		2.737,00

149

Aus dem Grundsatz „Warenschulden sind Holschulden" ergibt sich für den Verkäufer die Berechtigung, den Käufer mit Fracht-, Verpackungs- und Versicherungskosten zu belasten. Beim Verkäufer sind diese in Rechnung gestellten Kosten als Umsatzerlöse auszuweisen, beim Käufer dagegen als Bezugskosten.

150

1.	6000	16.000,00	
	2600	3.040,00	
	an 4400		19.040,00
2.	6001	800,00	
	2600	152,00	
	an 4400		952,00
3.	4400	5.950,00	
	an 6000		5.000,00
	an 2600		950,00
4.	2400	35.700,00	
	an 5000		30.000,00
	an 4800		5.700,00
5.	5000	4.000,00	
	4800	760,00	
	an 2400		4.760,00
6.	6080	14.600,00	
	6081	400,00	
	2600	2.850,00	
	an 4400		17.850,00
7.	2400	2.677,50	
	an 5100		2.250,00
	an 4800		427,50
8.	5100	1.300,00	
	4800	247,00	
	an 2400		1.547,00

151

1.	6000	3.000,00	
	2600	570,00	
	an 4400		3.570,00
2. a)	4400	3.570,00	
	an 2800		3.498,60
	an 6002 (netto)		60,00
	an 2600		11,40
b)	4400	3.570,00	
	an 2800		3.498,60
	an 6002 (brutto)		71,40
3.	6002	11,40	
	an 2600		11,40
4.1	2400	3.570,00	
	an 5000		3.000,00
	an 4800		570,00
4.2 a)	2800	3.498,60	
	5001	60,00	
	4800	11,40	
	an 2400		3.570,00
b)	2800	3.498,60	
	5001	71,40	
	an 2400		3.570,00
4.3	4800	11,40	
	an 5001		11,40

152

1.	2400	17.850,00	
	an 5000		15.000,00
	an 4800		2.850,00
2. a)	2850	17.493,00	
	5001	300,00	
	4800	57,00	
	an 2400		17.850,00
b)	2850	17.493,00	
	5001	357,00	
	an 2400		17.850,00
3.	4800	57,00	
	an 5001		57,00

4.1	6000	15.000,00	
	2600	2.850,00	
	an 4400		17.850,00
4.2 a)	4400	17.850,00	
	an 2850		17.493,00
	an 6002		300,00
	an 2600		57,00
b)	4400	17.850,00	
	an 2850		17.493,00
	an 6002		357,00
4.3	6002	57,00	
	an 2600		57,00

153

S — 2600 Vorsteuer — H

S		H	
	52.500,00		48.350,00
		6002	608,00
		4800	3.542,00
	52.500,00		52.500,00

S — 4800 Umsatzsteuer — H

S		H	
	72.150,00		83.450,00
5001	475,00		
2600	3.542,00		
Zahllast	7.283,00		
	83.450,00		83.450,00

S — 5001 Erlösberichtigungen — H

S		H	
	2.975,00	4800	475,00

S — 6002 Nachlässe — H

S		H	
2600	608,00		3.808,00

Zahllast: 7.283,00 €

154

1.	3 % Bonus auf 350.000,00 € Umsatz	10.500,00 €
	+ 19 % Umsatzsteuer	1.995,00 €
	Gutschrift	12.495,00 €

2. a) **Lieferer:**

5101	10.500,00	
4800	1.995,00	
an 2400		12.495,00

2. b) **Kunde:**

4400	12.495,00	
an 6082		10.500,00
an 2600		1.995,00

3. Boni im Einkaufsbereich mindern nachträglich die Anschaffungspreise der eingekauften Waren, die Vorsteuer und die Verbindlichkeiten a. LL.

   Boni im Verkaufsbereich schmälern die Umsatzerlöse, die Umsatzsteuer und die Forderungen a. LL.

155

a) **netto:**

4400	1.190,00	
an 6002		1.000,00
an 2600		190,00

brutto:

4400 an 6002	1.190,00	1.190,00

Berichtigung der Vorsteuer am Monatsende:

6002 an 2600	190,00	190,00

zu **155**

b) **netto:**

5001	3.000,00	
4800	570,00	
an 2400		3.570,00

brutto:

5001 an 2400	3.570,00	3.570,00

Berichtigung der Umsatzsteuer am Monatsende:

4800 an 5001	570,00	570,00

156

Laufende Buchungen

1.	2280	25.700,00	
	2600	4.883,00	
	an 4400		30.583,00
2.	2281	400,00	
	2600	76,00	
	an 2880		476,00
3.	2400	18.326,00	
	an 5100		15.400,00
	an 4800		2.926,00
4.	6200	5.250,00	
	an 2800		5.250,00
5.	6160	600,00	
	2600	114,00	
	an 2880		714,00
6.	6000	12.500,00	
	an 2000		12.500,00
	6020	4.000,00	
	an 2020		4.000,00
7.	2400	76.993,00	
	an 5000		64.700,00
	an 4800		12.293,00
8.	6140	700,00	
	2600	133,00	
	an 2880		833,00
9.	4400	595,00	
	an 2000		500,00
	an 2600		95,00
10.	4400	1.190,00	
	an 2002		1.000,00
	an 2600		190,00
11.	5000	2.000,00	
	4800	380,00	
	an 2400		2.380,00
12.	5101	1.200,00	
	4800	228,00	
	an 2400		1.428,00
13.	6700	2.800,00	
	an 2800		2.800,00
14.	3001	2.435,00	
	an 2880		650,00
	an 5420		1.500,00
	an 4800		285,00

Vorbereitende Abschlussbuchungen

1. Abschreibungen

6520	11.900,00	
an 0700		9.600,00
an 0800		2.300,00

2. **Abschluss der Unterkonten**

a)	Vorsteuer:		
	4800 an 2600	4.921,00	4.921,00
b)	Privat: 3000 an 3001	2.435,00	2.435,00
c)	Nachlässe:		
	2002 an 2000	1.000,00	1.000,00
d)	Bezugskosten:		
	2280 an 2281	400,00	400,00
e)	Erlösberichtigungen:		
	5100 an 5101	1.200,00	1.200,00

3. **Bestandsveränderungen**

a)	Unfert. Erzeugn.:		
	5200 an 2100	2.000,00	2.000,00
b)	Fertige Erzeugn.:		
	2200 an 5200	7.500,00	7.500,00
c)	Handelswaren:		
	6080 an 2280	12.100,00	12.100,00

S — 8020 Gewinn- und Verlustkonto — H

S			H
6000	12.500,00	5000	62.700,00
6020	4.000,00	5100	14.200,00
6080	12.100,00	5200	5.500,00
6140	700,00	5420	1.500,00
6160	600,00		
6200	5.250,00		
6520	11.900,00		
6700	2.800,00		
3000	34.050,00		
	83.900,00		83.900,00

S — 3000 Eigenkapital — H

S			H
3001	2.435,00	8000	564.000,00
8010	595.615,00	8020	34.050,00
	598.050,00		598.050,00

S — 8010 Schlussbilanzkonto — H

S			H
0700	275.400,00	3000	595.615,00
0800	136.200,00	4400	72.798,00
2000	28.000,00	4800	9.975,00
2020	9.000,00		
2100	16.000,00		
2200	29.000,00		
2280	20.000,00		
2400	124.111,00		
2800	30.550,00		
2880	10.127,00		
	678.388,00		678.388,00

zu **156**

	Umsatzerlöse für Waren	14.200,00 €
+	Entnahme von Waren	1.500,00 €
		15.700,00 €
–	Aufwendungen für Waren	12.100,00 €
=	Rohgewinn	3.600,00 €

157

Laufende Buchungen

		Soll	Haben
1.	2800	32.653,60	
	5001	560,00	
	4800	106,40	
	an 2400		33.320,00
2.	5001	12.000,00	
	4800	2.280,00	
	an 2400		14.280,00
3.	5000	22.500,00	
	4800	4.275,00	
	an 2400		26.775,00
4.	6000	22.500,00	
	2600	4.275,00	
	an 4400		26.775,00
5.	2400	97.580,00	
	an 5000		82.000,00
	an 4800		15.580,00

zu **157**

		Soll	Haben
6.	4400	29.750,00	
	an 2800		29.155,00
	an 6002		500,00
	an 2600		95,00
7.	5001	500,00	
	4800	95,00	
	an 2400		595,00
8.	4400	24.276,00	
	an 6002		20.400,00
	an 2600		3.876,00
9.	4400	4.165,00	
	an 6000		3.500,00
	an 2600		665,00

Buchung der Schlussbestände lt. Inventur

1. 8010 an 2000 60.000,00
2. 8010 an 2200 35.000,00

Vorbereitende Abschlussbuchungen

1.	6520	an	0700	14.000,00	
	6520	an	0800	6.000,00	
2.	3000	an	3001	76.000,00	
3.	5000	an	5001	85.460,00	
4.	6000	an	6001	18.800,00	
5.	6002	an	6000	52.100,00	
6.	6000	an	2000	20.000,00	
7.	2200	an	5200	15.000,00	
8.	4800	an	2600	179.537,00	
9.	8020	an	3000	198.740,00	(Gewinn)

S 8020 Gewinn- und Verlustkonto H

S		H	
6000 Aufwendungen f. Rohstoffe	924.900,00	5000 Umsatzerlöse f. eig. Erz.	1.509.040,00
6520 Abschreibungen auf SA	20.000,00	5200 Bestandsveränderungen	15.000,00
7800 Diverse Aufwendungen	380.400,00		
3000 Eigenkapital (Gewinn)	198.740,00		
	1.524.040,00		1.524.040,00

S 3000 Eigenkapital H

S		H	
3001 Privat	76.000,00	8000 EBK	300.000,00
8010 SBK	422.740,00	8020 GuV (Gewinn)	198.740,00
	498.740,00		498.740,00

S 8010 Schlussbilanzkonto H

S		H	
0700 TA und Maschinen	109.000,00	3000 Eigenkapital	422.740,00
0800 Andere Anlagen/BGA	59.000,00	4400 Verbindlichkeiten a. LL	72.994,00
2000 Rohstoffe	60.000,00	4800 Umsatzsteuer	107.180,60
2200 Fertige Erzeugnisse	35.000,00		
2400 Forderungen a. LL	178.036,00		
2800 Bankguthaben	161.878,60		
	602.914,60		602.914,60

zu **157**

Auswertung:

1. | | |
|---|---|
| Unternehmungsgewinn | 198.740,00 € |
| – Unternehmerlohn | 100.000,00 € |
| Unternehmergewinn | 98.740,00 € |

   Eigenkapitalrendite bei 300.000,00 € EK: 32,9 %

2. EK : FK = 2,4 : 1. Sehr gute Kapitalausstattung (Finanzierung) des Unternehmens.
3. Das Eigenkapital deckt (finanziert) nicht nur das Anlagevermögen, sondern auch den größten Teil des Umlaufvermögens (fast einschließlich der Forderungen a. LL).

158

1.	6000	5.800,00	
	2600	1.102,00	
	an 4400		6.902,00
2.	4400	2.142,00	
	an 6000		1.800,00
	an 2600		342,00
3.	4400	952,00	
	an 6002		800,00
	an 2600		152,00
4.	2400	7.140,00	
	an 5000		6.000,00
	an 4800		1.140,00
5.	5000	2.000,00	
	4800	380,00	
	an 2400		2.380,00
6.	5001	200,00	
	4800	38,00	
	an 2400		238,00

159

5001	1.000,00	
4800	190,00	
an 2400		1.190,00

160

4400	714,00	
an 6002		600,00
an 2600		114,00

161

zu 159:

4400	1.190,00	
an 6002		1.000,00
an 2600		190,00

zu 160:

5001	600,00	
4800	114,00	
an 2400		714,00

162

Laufende Buchungen

1.	6000	30.000,00	
	6020	10.000,00	
	2600	7.600,00	
	an 4400		47.600,00
2.	6001	1.200,00	
	6021	800,00	
	2600	380,00	
	an 2880		2.380,00
3.	2800	5.831,00	
	5001	100,00	
	4800	19,00	
	an 2400		5.950,00
4.	4400	952,00	
	an 6000		800,00
	an 2600		152,00
5.	4400	11.900,00	
	an 6002		200,00
	an 2600		38,00
	an 2800		11.662,00
6.	4400	1.785,00	
	an 6022		1.500,00
	an 2600		285,00

zu **162**

7.	3001	833,00	
	an 5420		700,00
	an 4800		133,00
8.	2800 an 5710	600,00	600,00
9.	6200 an 2800	6.300,00	6.300,00
10.	2400	77.350,00	
	an 5000		65.000,00
	an 4800		12.350,00
11.	4400	1.190,00	
	an 6002		1.000,00
	an 2600		190,00
12.	6700 an 2800	8.000,00	8.000,00
13.	4250 an 2800	4.000,00	4.000,00

Buchung der Schlussbestände lt. Inventur

8010 an 2000	60.000,00
8010 an 2020	8.000,00
8010 an 2100	15.000,00
8010 an 2200	22.000,00

Vorbereitende Abschlussbuchungen

a)	6520 an 0700	10.000,00
	6520 an 0800	5.000,00
b)	2000 an 6000	10.000,00
c)	6020 an 2020	12.000,00
d)	2100 an 5200	5.000,00
e)	5200 an 2200	8.000,00
f)	3000 an 3001	833,00
g)	6000 an 6001	1.200,00
h)	6020 an 6021	800,00
i)	6002 an 6000	1.200,00
j)	6022 an 6020	1.500,00
k)	5000 an 5001	100,00
l)	4800 an 2600	7.315,00

S 8020 Gewinn- und Verlustkonto H

S		H	
5200 Bestandsveränderungen	3.000,00	5000 Umsatzerlöse f. eig. Erz.	64.900,00
6000 Aufwendungen f. Rohstoffe	19.200,00	5420 Entnahme v. G. u. s. L.	700,00
6020 Aufwendungen f. Hilfsstoffe	21.300,00	5710 Zinserträge	600,00
6200 Löhne	6.300,00	3000 Eigenkapital (Verlust)	6.600,00
6520 Abschreibungen auf SA	15.000,00		
6700 Mieten	8.000,00		
	72.800,00		72.800,00

S 3000 Eigenkapital H

S		H	
3001 Privat	833,00	8000 EBK	470.000,00
8020 GuV (Verlust)	6.600,00		
8010 SBK	462.567,00		
	470.000,00		470.000,00

S 8010 Schlussbilanzkonto H

S		H	
0700 TA und Maschinen	390.000,00	3000 Eigenkapital	462.567,00
0800 Andere Anlagen/BGA	55.000,00	4250 Darlehensschulden	141.000,00
2000 Rohstoffe	60.000,00	4400 Verbindlichkeiten a. LL	86.773,00
2020 Hilfsstoffe	8.000,00	4800 Umsatzsteuer	5.149,00
2100 Unfertige Erzeugnisse	15.000,00		
2200 Fertige Erzeugnisse	22.000,00		
2400 Forderungen a. LL	100.400,00		
2800 Bankguthaben	44.469,00		
2880 Kasse	620,00		
	695.489,00		695.489,00

163

1. Rücksendungen und Nachlässe mindern nachträglich die Bemessungsgrundlage für die Berechnung der Umsatzsteuer bzw. der Vorsteuer und damit die Umsatzsteuerforderung an das bzw. die Umsatzsteuerverbindlichkeit gegenüber dem Finanzamt.
2. a) im Beschaffungsbereich Minderung der Anschaffungskosten,
   b) im Absatzbereich Minderung der Umsatzerlöse.

zu **163**

3. Das Buchen auf Unterkonten dient der besseren Übersicht und für Zwecke der Kalkulation und Umsatzsteuerverprobung.
4. a) Anschaffungskostenminderung: Rücksendungen an Lieferer, Preisnachlässe von Lieferern, Liefererboni und Liefererskonti;
   b) Gewinnminderung: Rücksendungen von Kunden, Preisnachlässe an Kunden, Kundenboni und Kundenskonti.
5. a) Nettoverfahren: Die Umsatzsteuer wird beim Buchen des Skontoabzugs sofort berichtigt.
   b) Bruttoverfahren: Der Skontoabzug wird zunächst einschließlich des Umsatzsteueranteils gebucht und die Umsatzsteuer erst später (am Monatsende) berichtigt.
6. In der EDV-Buchführung braucht lediglich der Bruttoskontobetrag eingegeben zu werden, das Programm errechnet und bucht die Umsatzsteuerberichtigung automatisch.

164

Bestandsorientierte Buchungen

1. 2280	46.000,00	
an 8000		46.000,00
2. 2280	25.000,00	
2600	4.750,00	
an 4400		29.750,00
3. 2281	450,00	
2600	85,50	
an 4400		535,50
4. 2400	58.310,00	
an 5100		49.000,00
an 4800		9.310,00
5. 4400	1.011,50	
an 2280		850,00
an 2600		161,50
6. 4400	952,00	
an 2282		800,00
an 2600		152,00
7. 5100	1.500,00	
4800	285,00	
an 2400		1.785,00
8. 5101	750,00	
4800	142,50	
an 2400		892,50
9. 8010	27.800,00	
an 2280		27.800,00

Umbuchungen

1. 2280 an 2281	450,00
2. 2282 an 2280	800,00
3. 6080 an 2280	42.000,00
4. 5100 an 5101	750,00

S	2280 Waren		H
EBK	46.000,00	4400	850,00
4400	25.000,00	2282	800,00
2281	450,00	SBK	27.800,00
		6080	**42.000,00**
	71.450,00		71.450,00

S	6080 Aufwendungen für Waren		H
2280	**42.000,00**	GuV	42.000,00

S	5100 Umsatzerlöse für Waren		H
2400	1.500,00	2400	49.000,00
5101	750,00		
GuV	46.750,00		
	49.000,00		49.000,00

S	8020 Gewinn- und Verlustkonto		H
6080	42.000,00	5100	46.750,00

S	8010 Schlussbilanzkonto		H
2280	27.800,00		

165

Aufwandsorientierte Buchungen

1. 2280	46.000,00	
an 8000		46.000,00
2. 6080	25.000,00	
2600	4.750,00	
an 4400		29.750,00
3. 6081	450,00	
2600	85,50	
an 4400		535,50
4. 2400	58.310,00	
an 5100		49.000,00
an 4800		9.310,00
5. 4400	1.011,50	
an 6080		850,00
an 2600		161,50
6. 4400	952,00	
an 6082		800,00
an 2600		152,00

zu **165**

7. 5100	1.500,00	
4800	285,00	
an 2400		1.785,00
8. 5101	750,00	
4800	142,50	
an 2400		892,50
9. 8010	27.800,00	
an 2280		27.800,00

Umbuchungen

1. 6080 an 6081	450,00
2. 6082 an 6080	800,00
3. 6080 an 2280	18.200,00
4. 5100 an 5101	750,00

S 6080 Aufwendungen für Waren H

S			H
4400	25.000,00	4400	850,00
6081	450,00	6082	800,00
2280	18.200,00	**GuV**	**42.000,00**
	43.650,00		43.650,00

S 2280 Waren H

S			H
EBK	46.000,00	SBK	27.800,00
		6080	18.200,00
	46.000,00		46.000,00

S 5100 Umsatzerlöse für Waren H

S			H
2400	1.500,00	2400	49.000,00
5101	750,00		
GuV	46.750,00		
	49.000,00		49.000,00

S 8020 Gewinn- und Verlustkonto H

S			H
6080	42.000,00	5100	46.750,00

S 8010 Schlussbilanzkonto H

S			H
2280	27.800,00		

166

1.

	Bezugspreis	230,00 €
+	30 % Handlungskosten	69,00 €
	Selbstkostenpreis	299,00 €
+	2 % Gewinn	5,98 €
	Barverkaufspreis	304,98 €
+	3 % Kundenskonto	9,43 €
	Zielverkaufspreis	314,41 €
+	15 % Kundenrabatt	55,48 €
a)	Angebotspreis (Verkaufspreis)	369,89 €

b) Kalkulationszuschlag in %

$$= \frac{(369{,}89\ € - 230{,}00) \cdot 100}{230{,}00\ €} = \underline{\underline{60{,}82\ \%}}$$

2. Der Kalkulationszuschlag vereinfacht die Preiskalkulation, weil zur Ermittlung des Listenverkaufspreises die Gesamtsumme der einzelnen Zuschläge, wie Handlungskosten, Gewinn, Kundenskonto, Vertriebsprovision und Kundenrabatt, in einer Rechnung – ausgehend vom Bezugspreis – ermittelt werden kann.

167

	Listeneinkaufspreis	120,00 €
–	20 % Liefererrabatt	24,00 €
	Zieleinkaufspreis	96,00 €
–	Liefererskonto 2 %	1,92 €
	Bareinkaufspreis	94,08 €
+	Bezugskosten	12,00 €
	Bezugspreis	106,08 €
+	25 % Handlungskosten	26,52 €
	Selbstkostenpreis	132,60 €
+	15 % Gewinn	19,89 €
	Barverkaufspreis	152,49 €
+	3 % Kundenskonto	4,72 €
	Zielverkaufspreis	157,21 €
+	20 % Kundenrabatt	39,30 €
	Angebots- bzw. Verkaufspreis	196,51 €

Kalkulationszuschlag in %

$$= \frac{(196{,}51\ € - 106{,}08\ €) \cdot 100}{106{,}08\ €} = \underline{\underline{85{,}25\ \%}}$$

168

1.

	Bezugspreis	100,00 €
+	34 % Handlungskosten	34,00 €
	Selbstkosten	134,00 €
+	8 % Gewinn	10,72 €
	Barverkaufspreis	144,72 €
+	2 % Kundenskonto	2,95 €
	Zielverkaufspreis	147,67 €
+	15 % Kundenrabatt	26,06 €
	Listenverkaufspreis	173,73 €

Kalkulationszuschlag in %

$$= \frac{(173{,}73\ € - 100{,}00\ €) \cdot 100}{100{,}00\ €} = \underline{\underline{73{,}73\ \%}}$$

2.

	Listeneinkaufspreis	345,00 €
–	12 % Liefererrabatt	41,40 €
	Zieleinkaufspreis	303,60 €
–	3 % Liefererskonto	9,11 €
	Bareinkaufspreis	294,49 €
+	Bezugskosten	21,50 €
	Bezugspreis	315,99 €
+	73,73 % Kalkulationszuschlag	232,98 €
	Angebotspreis	548,97 €

169

1. Aufteilung der Gewichtsspesen (Fracht) in Höhe von 1.200,00 €

Materialien	Gewicht	Gewichtsspesen je t	Frachtkostenanteile
Rohstoffe (Stahlblech)	10 t	80,00 €	800,00 €
Hilfsstoffe (Nieten)	5 t	80,00 €	400,00 €
	15 t		1.200,00 €

Aufteilung der Wertspesen (Versicherung) in Höhe von 600,00 € im Verhältnis der Einkaufspreise:
10.000,00 € Rohstoffe : 2.000,00 € Hilfsstoffe = 5 : 1
Von den 600,00 € Versicherung entfallen somit auf Rohstoffe 500,00 € und auf Hilfsstoffe 100,00 €.

2. **Buchung der Eingangsrechnung**

2000 Rohstoffe	10.000,00	
2001 Bezugskosten f. R.	1.300,00	
2020 Hilfsstoffe	2.000,00	
2021 Bezugskosten f. H.	500,00	
2600 Vorsteuer	2.622,00	
an 4400 Verbindlichk. a. LL		16.422,00

Umbuchung der Bezugskosten

2000 an 2001		1.300,00
2020 an 2021		500,00

170

4400	10.472,00	
an 2000 (6000)		8.800,00
an 2600		1.672,00

171

Laufende Buchungen

1.	6000	40.000,00	
	6001	2.000,00	
	2600	7.980,00	
	an 4400		49.980,00
2.	6080	15.000,00	
	2600	2.850,00	
	an 4400		17.850,00
3.	6700	18.000,00	
	6200	12.000,00	
	an 2800		30.000,00
4.	2400	47.600,00	
	an 5000		40.000,00
	an 4800		7.600,00
5.	4400	952,00	
	an 6080		800,00
	an 2600		152,00
6.	2400	30.345,00	
	an 5100		25.500,00
	an 4800		4.845,00

zu **171**

7. 5001	750,00	
4800	142,50	
an 2400		892,50
8. 4400	23.800,00	
an 2800		23.800,00
9. 4400	2.975,00	
an 6002		2.500,00
an 2600		475,00

Buchung der Schlussbestände lt. Inventur

1. 8010 an 2000	75.000,00
2. 8010 an 2100	30.000,00
3. 8010 an 2200	110.000,00
4. 8010 an 2280	44.800,00

Vorbereitende Abschlussbuchungen

1. 6520	22.000,00	
an 0700		15.000,00
an 0800		7.000,00
2. 4800 an 2600		140.541,00
3. 5000 an 5001		16.650,00
4. 6000 an 6001		18.600,00
5. 6002 an 6000		15.400,00
6. 6000 an 2000		22.500,00
7. 5200 an 2100		5.900,00
8. 2200 an 5200		19.400,00
9. 2280 an 6080		10.000,00
10. 8020 an 3000 (Gewinn)		68.450,00

S — 8020 Gewinn- und Verlustkonto — H

S		H	
6000 Aufwendungen f. Rohstoffe	643.700,00	5000 Umsatzerlöse f. eig. Erz.	1.020.350,00
6080 Aufwendungen f. Waren	78.200,00	5100 Umsatzerlöse für Waren	110.500,00
6200 Löhne	218.000,00	5200 Bestandsveränderungen	13.500,00
6520 Abschreibungen auf SA	22.000,00		
6700 Mietaufwendungen	114.000,00		
3000 Eigenkapital (Gewinn)	68.450,00		
	1.144.350,00		1.144.350,00

S — 3000 Eigenkapital — H

S		H	
8010 SBK	768.450,00	8000 EBK	700.000,00
		8020 GuV (Gewinn)	68.450,00
	768.450,00		768.450,00

S — 8010 Schlussbilanzkonto — H

S		H	
0700 TA und Maschinen	185.000,00	3000 Eigenkapital	768.450,00
0800 Andere Anlagen/BGA	103.000,00	4400 Verbindlichkeiten a. LL	240.443,00
2000 Rohstoffe	75.000,00	4800 Umsatzsteuer	74.320,50
2100 Unfertige Erzeugnisse	30.000,00		
2200 Fertige Erzeugnisse	110.000,00		
2280 Handelswaren	44.800,00		
2400 Forderungen a. LL	306.213,50		
2800 Bankguthaben	229.200,00		
	1.083.213,50		1.083.213,50

EK-Rentabilität in %: $\frac{68.450,00\ € \cdot 100}{700.000,00\ €} = 9,78\ \%$

172

1. a) Die innergemeinschaftliche (gewerbliche) Lieferung unterliegt nicht der Umsatzsteuer, wohl aber
   b) der innergemeinschaftliche (gewerbliche) **Erwerb** von Waren.

2. 2500 Innergemeinschaftl. Erwerb	an	4400 Verbindlichk. a. LL	45.000,00
2602 Vorsteuer für i. E.	an	4802 Umsatzsteuer für i. E.	8.550,00
3. Forderungen a. LL	an	Erlöse aus i. L.	45.000,00

173

1. 2400 Forderungen a. LL an 5060 Erlöse aus i. L. 150.000,00
2. Gewerbliche innergemeinschaftliche Lieferungen sind von der Umsatzsteuer befreit.
3. Innergemeinschaftl. Erwerb an Verbindlichkeiten a. LL 150.000,00
   Vorsteuer für i. E. 29.400,00 an Umsatzsteuer für i. E. 29.400,00

174

a) 2500 Innergemeinschaftl. Erwerb	an	4400 Verbindlichkeiten a. LL	250.000,00
2602 Vorsteuer für i. E.	an	4802 Umsatzsteuer für i. E.	47.500,00
b) Forderungen a. LL	an	Erlöse aus i. L.	250.000,00

175

Privatpersonen werden mit der Umsatzsteuer des jeweiligen Einkaufslandes belastet. In den Niederlanden 19,0 % USt: 4.500,00 € + 855,00 € USt = 5.355,00 €

176

Es handelt sich um einen gewerblichen innergemeinschaftlichen Erwerb, der im Bestimmungsland „Deutschland" der Umsatzsteuer unterliegt.

Buchungen

2500 Innergemeinschaftl. Erwerb	an	4400 Verbindlichkeiten a. LL	120.000,00
2602 Vorsteuer für i. E.	an	4802 Umsatzsteuer für i. E.	22.800,00

177

1. Siehe Lehrbuch, S. 159.
2. a) Inland: Niedersachsen, Stuttgart
   b) Gemeinschaftsgebiet: Italien, Paris
   c) Drittlandsgebiet: Schweiz, Kanada

178

1. ab 1993 – Erwerb – Gemeinschaftsgebiet – Entgelt
2. a) Der Gegenstand gelangt bei seiner Lieferung an den Erwerber aus dem Gebiet eines EU-Staates in das Gebiet eines anderen EU-Staates.
   b) Die Lieferung muss von einem Unternehmer im Rahmen seines Unternehmens gegen Entgelt erfolgen.
   c) Der Erwerber muss den Gegenstand für sein Unternehmen erwerben.
3. Besteuerung erfolgt im Bestimmungsland.
4. Das geschieht zum einen wegen der unterschiedlichen Umsatzsteuersätze in den EU-Staaten (siehe Lehrbuch, S. 159). Außerdem kompensiert die Besteuerung des innergemeinschaftlichen Erwerbs den Steuerausfall, der in jedem EU-Staat durch Wegfall der Einfuhrumsatzsteuer entsteht.

179

1. a) Erwerb b) steuerfrei, steuerpflichtig c) Vorsteuer
2. Die Umsatzsteuer-Identifikationsnummern dienen der notwendigen Kontrolle des Umsatzsteueraufkommens in den einzelnen EU-Staaten (siehe Lehrbuch, S. 160).

180

1\.

Rohstoffwert 45.000,00 US-$, Devisenkassamittelkurs 1,3863 US-$/€	=	32.460,51 €
Frachtkosten 3.000,00 US-$, Devisenkassamittelkurs 1,3863 US-$/€	=	2.164,03 €
Rechnungsbetrag (= Zollwert, da keine Inlandsfracht)	=	34.624,54 €
+ 10 % Zoll		3.462,45 €
Bemessungswert für EUSt		38.086,99 €
+ 19 % EUSt		7.236,53 €
		45.323,52 €

2\.

a)	2510	32.460,51	
	2511	2.164,03	
	an 4400		34.624,54
b)	2510 an 2511		2.164,03
c)	2511	3.462,45	
	2604	7.236,53	
	an 4820		10.698,98
d)	2510 an 2511		3.462,45
e)	2000 an 2510		38.086,99
f)	4400	34.624,54	
	6750	85,00	
	an 2800		34.709,54
g)	4820	10.698,98	
	an 2800		10.698,98

Die Buchungen f) und g) können auch zusammengefasst werden:

4400	34.624,54	
4820	10.698,98	
6750	85,00	
an 2800		45.408,52

181

1\.

48.000,00 US-$, Devisenkassamittelkurs 1,3582 US-$/€	=	35.340,89 €
+ Abwicklungsgebühren der Bank		78,00 €
Banklastschrift		35.418,89 €
Eingangsrechnung		34.624,54 €
Zahlung der Eingangsrechnung		35.340,89 €
Kurs**verlust**		716,35 €

Buchung:

4400	34.624,54	
6940	716,35	
6750	78,00	
an 2800		35.418,89

2\.

48.000,00 US-$, Devisenkassamittelkurs 1,3982 US-$/€	=	34.329,85 €
+ Abwicklungsgebühren der Bank		78,00 €
Banklastschrift		34.407,85 €
Eingangsrechnung		34.624,54 €
Zahlung der Eingangsrechnung		34.329,85 €
Kurs**gewinn**		294,69 €

Buchung:

4400	34.624,54	
6750	78,00	
an 5430		294,69
an 2800		34.407,85

182

1\.

8.500.000 Yen, Devisenkassamittelkurs 133,755 Yen/€	=	63.549,03 €
Zollwert	=	63.549,03 €
+ 15 % Zoll		9.532,35 €
Bemessungswert für EUSt		73.081,38 €
+ 19 % EUSt		13.885,46 €
		86.966,84 €

zu **182**

Zollwert	63.549,03 €
+ Zoll	9.532,35 €
+ Inlandsfracht	2.800,00 €
= Anschaffungskosten	75.881,38 €

2. a)	2510	63.549,03	
	an 4400		63.549,03
b)	2511	2.800,00	
	2600	532,00	
	an 4400		3.332,00
c)	2510 an 2511		2.800,00
d)	2511	9.532,35	
	2604	13.885,46	
	an 4820		23.417,81
e)	2510 an 2511		9.532,35
f)	2280 an 2510		75.881,38
g)	4400	66.881,03	
	an 2800		66.881,03
h)	4820	23.417,81	
	an 2800		23.417,81

183

1. 75.000,00 sfr zum Devisenkassamittelkurs von 1,5750 sfr/€
   = 47.619,05 € Rechnungswert bei Lieferung

   2400 an 5070 47.619,05

2. 75.000,00 sfr zum Devisenkassamittelkurs von 1,5625 sfr/€
   = 48.000,00 € Rechnungswert bei Zahlung
   Kursgewinn: 380,95 €

2800	47.935,00	
6750	65,00	
an 2400		47.619,05
an 5430		380,95

184

75.000,00 sfr zum Devisenkassamittelkurs von 1,5825 sfr/€ = 47.393,36 € Rechnungswert bei Zahlung
Kursverlust: 225,69 €

2800	47.328,36	
6750	65,00	
6940	225,69	
an 2400		47.619,05

185

1. Salden der Konten 2600, 2604, 4800

		Soll	Haben
2600	Vorsteuer	205.000,00	
2604	Einfuhrumsatzsteuer	25.000,00	
4800	Umsatzsteuer		130.000,00
	Vorsteuerüberhang		**100.000,00**
		230.000,00	230.000,00

2. Buchung: 15. Mai .. 2800 an 2600 100.000,00

186

1. Die Umsatzsteuerbefreiung dient der Exportförderung.
2. Nachweis der Ausfuhrlieferung
3. wegen der USt-Befreiung der Exporte
4. Der Zollwert ist die Bemessungsgrundlage für den Zoll:

	Warenwert
+	Verpackungskosten
+	Transportkosten (Auslandsfracht)
–	möglicher Skonto
=	Zollwert (= Bezugspreis)

187

1. bis 4.: Siehe Lehrbuch, S. 165.

5. Dem Stundenlohn (Zeitlohn) liegt die durch Arbeitsstudien ermittelte Normalleistung zugrunde. Jede Mehrleistung je Arbeitsstunde bewirkt somit eine Senkung der Lohnstückkosten.

188

	46 Stunden je 19,60 € Tariflohn	901,60 €
+	6 Mehrarbeitsstunden mit 25 %-Zuschlag (4,90 €)	29,40 €
+	3 Mehrarbeitsstunden mit 50 %-Zuschlag (9,80 €)	29,40 €
	Wochenbruttolohn	960,40 €

189

Frank Heider:		148 Stunden je 18,80 € Tariflohn	2.782,40 €
Horst Hein:		160 Stunden je 21,20 € Tariflohn	3.392,00 €
	+	25 % Mehrarbeitszuschlag für 12 Stunden	63,60 €
		Bruttolohn	3.455,60 €
Dieter Körner:		166 Stunden je 20,80 € Tariflohn	3.452,80 €
	+	0,25 € Schmutzzulage für 166 Stunden	41,50 €
	+	25 % Mehrarbeitszuschlag für 10 Stunden	52,00 €
	+	50 % Mehrarbeitszuschlag für 8 Stunden	83,20 €
		Bruttolohn	3.629,50 €
Rolf Göbel:		168 Stunden je 20,80 €	3.494,40 €
	+	10 % Leistungsprämie	349,44 €
	+	25 % Mehrarbeitszuschlag für 12 Stunden	62,40 €
	+	50 % Mehrarbeitszuschlag für 8 Stunden	83,20 €
		Bruttolohn	3.989,44 €

190

Siehe Lehrbuch, S. 166 – 169.

191

a) Stückgeld = 15,60 : 8 = 1,95 € Stück
b) Bruttolohn = 1 280 · 1,95 = 2.496,00 €

192

1. Vorgabezeit = 60 : 8 = 7,5 Zeitminuten/Stck.
2. Zeitminutenfaktor = 15,60 : 60 = 0,26 €/Zeitmin.
3. Bruttoverdienst bei Zeitakkord = 1 280 · 7,5 · 0,26 = 2.496,00 €
   Bruttoverdienst bei Stück- bzw. Geldakkord = 1 280 · 1,95 = 2.496,00 €
4. Vorgabezeit je Stück in Dezimalminuten = 100 : 8 = 12,5 Dezimalminuten/Stck.
   Dezimalminutenfaktor = 15,60 : 100 = 0,156 €/Dezimalminute
   Bruttolohn = 1 280 · 12,5 · 0,156 = 2.496,00 €

193

1. 14,80 € Tariflohn + 20 % Akkordzuschlag (2,96 €) = 17,76 €
2. Vorgabezeit = 60 : 6 = 10 Zeitminuten/Stck.
3. Zeitminutenfaktor = 17,76 : 60 = 0,296 € je Zeitminute
4. Bruttoverdienst = 850 · 10 · 0,296 = 2.516,00 €
5. Stückgeld = 17,76 € : 6 = 2,96 €/Stck.
   Bruttoverdienst bei Stückakkord = 850 · 2,96 = 2.516,00 €
6. Stückgeld bei Tariflohnbasis = 14,80 : 6 = 2,467 €/Stck.
   Bruttoverdienst = 850 · 2,467 = 2.096,95 €

194

1. 5 % Tariflohnerhöhung: 14,80 € + 5 % (0,74 €) = 15,54 €
   Akkordrichtsatz = 15,54 € + 20 % Akkordzuschlag (3,11 €) = 18,65 €
   18,65 – 17,76 (Aufgabe 193) = 0,89 € Steigerung
   Folge: Stückgeld, Zeitminutenfaktor und Bruttoverdienst erhöhen sich entsprechend.
2. Stückgeldakkord kann schneller errechnet werden.
3. 1. 15,54 € + 20 % = 18,65 € Akkordrichtsatz
   2. Vorgabezeit = 60 : 6 = 10 Zeitminuten/Stck.
   3. Zeitminutenfaktor = 18,65 : 60 = 0,3108 €/Zeitm.
   4. Bruttoverdienst = 850 · 10 · 0,3108 = 2.641,80 €
   5. Stückgeld = 18,65 : 6 = 3,108 €/Stck.
      Bruttoverdienst = 850 · 3,108 = 2.641,80 €
   6. 15,54 : 6 = 2,59 €/Stck.
      Bruttoverdienst = 850 · 2,59 = 2.201,50 €

195

1. Vorgabezeit je Stück = 60 : 3 = 20 Zeitm./Stck.
2. Stückgeld = 19,40 : 3 = 6,467 €/Stck.
3. Zeitminutenfaktor = 19,40 : 60 = 0,3233

Bader:	Zeitakkord: Bruttolohn	=	30 · 20 · 0,3233 =	193,98 €	
	Geldakkord: Bruttolohn	=	30 · 6,467 =	194,01 €	
Becker:	Zeitakkord: Bruttolohn	=	26 · 20 · 0,3233 =	168,12 €	
	Geldakkord: Bruttolohn	=	26 · 6,467 =	168,14 €	
Christ:	Zeitakkord: Bruttolohn	=	22 · 20 · 0,3233 =	142,25 €	(Mindestlohn beachten!)
	Geldakkord: Bruttolohn	=	22 · 6,467 =	142,27 €	

4. Normalleistung je Stunde: 3 Stück
   Normalleistung bei 8 Stunden: 24 Stück

196

Gruppenmitglieder	Verteilungsschlüssel	Gruppenakkordanteile
A	9	3.060,00 €
B	10	3.400,00 €
C	8,5	2.890,00 €
	27,5	9.350,00 €

Stückgeld = Gesamtstundenlohn : Stückzahl/Std. = 55 : 2 = 27,50 €/Stck.
Gesamtakkordlohn = Stückzahl · Stückgeld = 340 · 27,50 = 9.350,00 €
18 : 20 : 17 = 9 : 10 : 8,5 = 27,5 Teile
9.350,00 € : 27,5 = 340,00 €/Teil

197

Leistungsgrad in % = 18 · 100 : 16 = 112,5 %

198

	Bruttolohn = 126 · 21,50 =	2.709,00 €
+	0,50 € Prämie/Glas für 62 Gläser	31,00 €
	Gesamtbruttoverdienst	2.740,00 €

	Normalausschuss: 15 % von 780 Gläsern =	117 Stück
–	Istausschuss:	55 Gläser
	Prämienausschussminderung:	62 Gläser

199

Name	Gehalt	Steuer-klasse	Lohnsteuer	SolZ	KiSt[1]
1. Beyer	2.990,00	III/1,0	228,50	0,00	7,52
2. Fellner	2.970,00	I	455,83	25,07	36,46
3. Hübner	2.985,00	II/0,5	428,25	18,72	27,24
4. Lamper	3.000,00	IV	463,91	25,51	37,11
5. Schmidt	2.975,00	I	457,16	25,14	36,57
6. Steiner	2.995,00	III	227,66	12,52	18,21
7. Winter	2.980,00	I	458,50	25,21	36,68

1 Sitz des Unternehmens Matthias Hein e. Kfm. ist Stuttgart. Die Kirchensteuer in Baden-Württemberg beträgt 8 % (siehe Lehrbuch, S. 173).

200

		W. Beyer		A. Fellner
1. Tarifgehalt		2.990,00 €		2.970,00 €
– Abzüge:				
AN-SV-Anteil		603,24 €		606,63 €
davon KV	245,18 €		243,54 €	
PV	30,65 €		37,87 €	
RV	282,56 €		280,67 €	
AV	44,85 €		44,55 €	
Lohnsteuer		228,50 €		455,83 €
Solidaritätszuschlag		0,00 €		25,07 €
Kirchensteuer (8 %)		7,52 €		36,46 €
Nettogehalt (Auszahlung)		2.150,74 €		1.846,01 €
2. Gesamtabzüge		839,26 €		1.123,99 €
		= **28,07 %**		= **37,84 %**

201

Tarifgehalt		2.975,00 €
+ Treueprämie		30,00 €
Gehalt, brutto		3.005,00 €
1. – Lohnsteuer (III/1,0)		231,66 €
– Solidaritätszuschlag		0,00 €
– Kirchensteuer (9 %)		8,69 €
2. – Arbeitnehmeranteil SV		606,26 €
davon KV	246,41 €	
PV	30,80 €	
RV	283,97€	
AV	45,08 €	
4. Gehalt, netto (Ausz.)		**2.158,39 €**
3. Gesamtabzüge		846,61 €

$$\% = \frac{846{,}61 \cdot 100}{3.005{,}00} = \underline{\underline{28{,}17\ \%}}$$

202

	Tarifgehalt		4.255,00 €
+	Bekleidungszuschuss (stpfl.)		50,00 €
+	Sachbezug Werkswohnung (stpfl.)		195,00 €
1.	steuerpflichtiges Bruttogehalt		4.500,00 €
–	Lohnsteuer (I)		935,16 €
–	Solidaritätszuschlag		51,43 €
–	Kirchensteuer (9 %)		84,16 €
–	Sozialversicherungsanteil gesamt		865,43 €
	davon KV[1]	322,88 €	
	PV[1]	50,20 €	
	RV	425,25 €	
	AV	67,50 €	
2.	Gehalt, netto		2.563,42 €
–	Sachbezug		195,00 €
	Auszahlung		2.368,42 €

1 KV und PV werden hier auf der Grundlage der Beitragsbemessungsgrenze von 3.937,50 € berechnet.

203

1. Manteltarifvertrag, Gehaltstarifvertrag
2. – Vereinbartes Arbeitsentgelt (Lohn/Gehalt)
   – Überstundenvergütungen
   – Urlaubsgeld, Weihnachtsgeld, Gratifikationen
   – Sachbezüge (z. B. Kfz-Überlassung, Kost, Wohnung)
   – Beihilfen (z. B. Geburts-, Heiratsbeihilfen)
3. Zulagen: z. B. Gefahrenzulage, Schichtzulage, Zulage für doppelte Haushaltsführung
   Zuschläge: z. B. für Mehrarbeit, Sonntags-, Feiertags- und Nachtarbeit; für Erschwernisse usw.
4. Grundfreibetrag (Existenzminimum), Arbeitnehmer-Pauschbetrag, Sonderausgaben-Pauschbetrag, Vorsorgepauschale, Haushaltsfreibetrag, Kinderfreibetrag.
5. Arbeitnehmer der Steuerklasse IV, wenn ein Ehegatte auf gemeinsamen Antrag in Steuerklasse V eingestuft wird. Verheiratete Arbeitnehmer, die nicht dauernd getrennt leben und deren Ehe-partner keinen Arbeitslohn beziehen.
6. Als Beitragsbemessungsgrenze wird die maximale Gehaltsgrenze festgelegt, auf welcher der jeweils durch Gesetz festgelegte Prozentsatz für KV, PV, RV und AV angerechnet wird; der die Beitragsbemessungsgrenze übersteigende Lohn-/Gehaltsanteil wird für diese Abzüge nicht angerechnet. Die Grenze wird in der Regel jährlich neu festgelegt.
7.

Beitrag zur gesetzlichen Krankenkasse	Zusatzbeitrag zur gesetzlichen Krankenkasse
– Einheitlicher Beitragssatz von 15,5 %, – Beitrag wird vom Arbeitnehmer (8,2 %) und vom Arbeitgeber (7,3 %) getragen, – Beitrag wird vom Lohn/Gehalt einbehalten.	– Höhe des Zusatzbeitrags abhängig von finanzieller Lage der Krankenkasse, – Zusatzbeitrag wir nur vom Arbeitnehmer getragen, – Beitrag wir vom Arbeitnehmer direkt an Krankenkasse gezahlt.

204

1. 2640	3.796,50	
an 2800		3.796,50
2. 6300	9.606,00	
an 2800		6.271,16
an 4830		1.389,91
an 2640		1.944,93
3. 6400	1.851,56	
an 2640		1.851,56
4. 4830	1.389,91	
an 2800		1.389,91

Bruttogehälter	9.606,00
+ Arbeitgeberanteil	1.851,56
Gesamte Personalkosten	11.457,56

205

1. 2650 an 2800	4.000,00	4.000,00
2. 2640 an 2800	3.200,00	3.200,00
3. 6200	7.800,00	
an 2800		5.060,00
an 2650		250,00
an 4830		860,00
an 2640		1.630,00
6400 an 2640	1.570,00	1.570,00
4. 4830	860,00	
an 2800		860,00

206

1.	2640	23.010,00	
	an 2800		23.010,00
	6300	55.800,00	
	an 4830		10.050,00
	an 2640		11.765,00
	an 2650		2.500,00
	an 2800		31.485,00
	6400	11.245,00	
	an 2640		11.245,00
	8020	55.800,00	
	an 6300		55.800,00
	8020	11.245,00	
	an 6400		11.245,00
	4830	10.050,00	
	an 8010		10.050,00
2. a)	8000	10.050,00	
	an 4830		10.050,00
b)	4830	10.050,00	
	an 2800		10.050,00

3. Personalkosten: 67.045,00 €
(55.800,00 € + 11.245,00 €)

207

a) 8010	16.000,00	
an 2650		16.000,00
b) 4830	12.600,00	
an 8010		12.600,00

208

1. 2640	24.550,00	
an 2800		24.550,00
2. 6300	66.300,00	
an 4830		11.300,00
an 2640		12.600,00
an 5400		3.600,00
an 2800		38.800,00
3. 6400	11.950,00	
an 2640		11.950,00
4. 4830	11.300,00	
an 2800		11.300,00

209

1./2.	Bruttogehälter	28.730,00 €
	+ Arbeitgeberanteil SV	5.430,00 €
	= gesamte Personalkosten	34.160,00 €
	SV-Bankeinzug = 11.110,00 €	

	2640	11.110,00	
	an 2800		11.110,00
3./4.	6300	28.730,00	
	an 4830		4.310,00
	an 2640		5.680,00
	an 2650		1.800,00
	an 5400		1.750,00
	an 4890		1.450,00
	an 2800		13.740,00
	6400	5.430,00	
	an 2640		5.430,00
5.	4830	4.310,00	
	an 8010		4.310,00

210

1. 6420 an 2800	1.200,00	1.200,00
2. 2650 an 2800	2.000,00	2.000,00
3. 6300 an 2800	300,00	300,00[1]
4. 6200 an 2800	200,00	200,00[1]

1 Diese vorab gezahlten Beihilfen erhöhen bei der nächsten Lohn- oder Gehaltsabrechnung den steuerpflichtigen Lohn bzw. das Gehalt.

211

1. Geldwerter Vorteil durch private Nutzung des Dienstfahrzeugs = 238,00 €.

2.

	Bruttogehalt	2.850,00 €
+	Sachbezug (PKW-Nutzung)	238,00 €
	steuerpflichtiges Gehalt	3.088,00 €
–	Steuerabzüge	283,38 €
–	SV-Abzüge (AN-Anteil)	630,73 €
	Nettogehalt	2.173,89 €
–	Sachbezug	238,00 €
	Auszahlung (Bank)	1.935,89 €

a)	2640	1.225,94	
	an 2800		1.225,94
b)	6300	3.088,00	
	an 4830		283,38
	an 2640		630,73
	an 5430		200,00
	an 4800		38,00
	an 2800		1.935,89
c)	6400	595,21	
	an 2640		595,21
d)	4830	283,38	
	an 2800		283,38

212

1.	Bruttogehalt			2.780,00 €
	Abzüge:			
	Steuern		203,22 €	
	Sozialversicherungen		567,82 €	
	Warenwert		150,00 €	
	Umsatzsteuer		28,50 €	949,54 €
	Nettogehalt			1.830,46 €
	SV-Bankeinzug =	1.103,67 €		

2.	a)	2640	1.103,67 €	
		an 2800		1.103,67 €
	b)	6300	2.780,00	
		an 4830		203,22
		an 2640		567,82
		an 5000		150,00
		an 4800		28,50
		an 2800		1.830,46
3.		6400	535,85	
		an 2640		535,85

4. Personalkosten: 3.315,85 € (2.780,00 € + 535,85 €)

213

1.

	Bruttogehalt	2.980,00 €
+	Sachbezug (PKW-Nutzung)	238,00 €
	steuerpflichtiges Gehalt	3.218,00 €
–	Steuerabzüge	315,24 €
–	SV-Abzüge (AN-Anteil)	657,28 €
	Nettogehalt	2.245,48 €
–	Sachbezug	238,00 €
–	Erzeugniswert	300,00 €
–	Umsatzsteuer	57,00 €
	Auszahlung (Bank)	1.650,48 €
	SV-Bankeinzug =	1.277,54 €

2./3.

a)	2640	1.277,54	
	an 2800		1.277,54
b)	6300	3.218,00	
	an 4830		315,24
	an 2640		657,28
	an 5430		200,00
	an 5000		300,00
	an 4800		95,00
	an 2800		1.650,48
c)	6400	620,26	
	an 2640		620,26
d)	4830	315,24	
	an 2800		315,24

214

Beleg 1:	4830	28.829,00	
	an 2800		28.829,00
Beleg 2:	6900	9.600,00	
	an 2800		9.600,00

215

Laufende Buchungen

1.	2650	2.000,00	
	an 2800		2.000,00
2.	6420	850,00	
	an 2800		850,00
3.	4830	6.920,00	
	4800	12.000,00	
	an 2800		18.920,00
4.	3001	952,00	
	an 5420		800,00
	an 4800		152,00
5.	2640	5.265,00	
	an 2800		5.265,00
6.	6200	5.400,00	
	an 4830		760,00
	an 2640		1.100,00
	an 2800		3.540,00
	6400	1.045,00	
	an 2640		1.045,00
7.	6000	45.000,00	
	2600	8.550,00	
	an 4400		53.550,00
8.	2800	1.200,00	
	an 5710		1.200,00
9.	2400	80,00	
	an 5710		80,00
10.	6300	7.800,00	
	an 4830		1.050,00
	an 2640		1.600,00
	an 2650		500,00
	an 2800		4.650,00
	6400	1.520,00	
	an 2640		1.520,00
11.	2400	152.320,00	
	an 5000		128.000,00
	an 4800		24.320,00
12.	7510 an 2800		7.200,00
13.	3001 an 2800		1.500,00
14.	7510 an 4400		40,00

Buchung der Schlussbestände lt. Inventur

1.	8010 an 2000	225.000,00
2.	8010 an 2200	15.000,00

Vorbereitende Abschlussbuchungen

1.	6520	31.000,00	
	an 0530		10.000,00
	an 0700		14.000,00
	an 0800		7.000,00
2.	3000 an 3001		2.452,00
3.	2000 an 6000		25.000,00
4.	2200 an 5200		5.000,00
5.	4800 an 2600		8.550,00
6.	8020 an 3000		60.225,00 (Gewinn)

$$\text{EK-Rentabilität in \%} = \frac{60.225,00\ € \cdot 100}{721.000,00\ €} = \underline{\underline{8,35\ \%}}$$

S	8020 Gewinn- und Verlustkonto		H
6000 Aufwendungen f. Rohstoffe	20.000,00	5000 Umsatzerlöse f. eig. Erz.	128.000,00
6200 Löhne	5.400,00	5200 Bestandsveränderungen	5.000,00
6300 Gehälter	7.800,00	5420 Entnahme v. G. u. s. L.	800,00
6400 Arbeitgeberanteil zur SV	2.565,00	5710 Zinserträge	1.280,00
6420 Beiträge z. Berufsgenossensch.	850,00		
6520 Abschreibungen auf SA	31.000,00		
7510 Zinsaufwendungen	7.240,00		
3000 Eigenkapital (Gewinn)	60.225,00		
	135.080,00		135.080,00

S	3000 Eigenkapital		H
3001 Privat	2.452,00	8000 EBK	721.000,00
8010 SBK	778.773,00	8020 GuV	60.225,00
	781.225,00		781.225,00

zu **215**

S	8010 Schlussbilanzkonto		H
0510 Beb. Grundstücke	180.000,00	3000 Eigenkapital	778.773,00
0530 Betriebsgebäude	410.000,00	4250 Darlehensschulden	380.000,00
0700 TA und Maschinen	146.000,00	4400 Verbindlichkeiten a. LL	184.670,00
0800 Andere Anlagen/BGA	80.000,00	4800 Umsatzsteuer	15.922,00
2000 Rohstoffe	225.000,00	4830 FA-Verbindlichkeiten	1.810,00
2200 Fertige Erzeugnisse	15.000,00		
2400 Forderungen a. LL	239.400,00		
2650 Ford. an Mitarbeiter	13.500,00		
2800 Bankguthaben	52.275,00		
	1.361.175,00		1.361.175,00

216

Laufende Buchungen

1.	6000	15.600,00	
	6020	8.400,00	
	2600	4.560,00	
	an 4400		28.560,00
2.	4800	4.000,00	
	an 2800		4.000,00
3.	2800	5.831,00	
	5001	100,00	
	4800	19,00	
	an 2400		5.950,00
4.	2400	50,00	
	an 5710		50,00
5.	2650	1.500,00	
	an 2880		1.500,00
6.	7020	350,00	
	an 2800		350,00
7.	2800	600,00	
	an 5710		600,00
8.	2640	6.315,00	
	an 2800		6.315,00
9.	6200	12.400,00	
	an 4830		1.100,00
	an 2640		2.400,00
	an 2800		8.900,00
	6400	2.280,00	
	an 2640		2.280,00
10.	4400	595,00	
	an 6002		500,00
	an 2600		95,00
11.	2800	1.800,00	
	an 5400		1.800,00
12.	2400	104.482,00	
	an 5000		87.800,00
	an 4800		16.682,00
13.	6300	4.200,00	
	an 4830		330,00
	an 2640		840,00
	an 2650		500,00
	an 2800		2.530,00
	6400	795,00	
	an 2640		795,00
14.	6930	2.500,00	
	an 2000		2.500,00
15.	6800	450,00	
	2600	85,50	
	an 2880		535,50
16.	4830	1.430,00	
	an 2800		1.430,00

Buchung der Schlussbestände lt. Inventur

a)	8010 an 2000	28.600,00
b)	8010 an 2020	3.900,00
c)	8010 an 2100	7.000,00
d)	8010 an 2200	10.000,00

Vorbereitende Abschlussbuchungen

1. **Abschreibungen**

6520	8.300,00
an 0530	2.200,00
an 0700	4.300,00
an 0800	1.800,00

2. **Abschluss der Unterkonten**

a)	Vorsteuer	4800 an 2600	4.550,50	4.550,50
b)	Nachlässe:	6002 an 6000	500,00	500,00
c)	Erlösberichtig.	5000 an 5001	100,00	100,00

3. **Bestandsveränderungen**

a)	Rohstoffe:	6000 an 2000	15.900,00	15.900,00
b)	Hilfsstoffe:	2020 an 6020	3.900,00	3.900,00
c)	Unf. Erz.:	2100 an 5200	2.000,00	2.000,00
d)	Fert. Erz.:	2200 an 5200	4.000,00	4.000,00

zu 216

S	8020 Gewinn- und Verlustkonto		H
6000	31.000,00	5000	87.700,00
6020	4.500,00	5200	6.000,00
6200	12.400,00	5400	1.800,00
6300	4.200,00	5710	650,00
6400	3.075,00		
6520	8.300,00		
6800	450,00		
6930	2.500,00		
7020	350,00		
3000	29.375,00		
	96.150,00		96.150,00

S	8010 Schlussbilanzkonto		H
0510	100.000,00	3000	769.375,00
0530	317.800,00	4250	150.000,00
0700	255.700,00	4400	73.965,00
0800	118.200,00	4800	12.112,50
2000	28.600,00		
2020	3.900,00		
2100	7.000,00		
2200	10.000,00		
2400	120.582,00		
2650	1.000,00		
2800	29.706,00		
2880	12.964,50		
	1.005.452,50		1.005.452,50

S	3000 Eigenkapital		H
8010	769.375,00	8000	740.000,00
		8020	29.375,00
	769.375,00		769.375,00

217

Laufende Buchungen

Nr.	Konto	Soll	Haben
1.	2650	12.000,00	
	an 2800		12.000,00
2.	6700	12.000,00	
	3001	1.500,00	
	an 2800		13.500,00
3.	6150	2.800,00	
	2600	532,00	
	an 2800		3.332,00
4.	5001	800,00	
	4800	152,00	
	an 2400		952,00
5.	6200	300,00	
	an 2800		300,00
6.	4400	2.975,00	
	an 6020		2.500,00
	an 2600		475,00
7.	6420	15.800,00	
	an 2800		15.800,00
8.	4400	2.737,00	
	an 6002		2.300,00
	an 2600		437,00
9.	3001	240,00	
	an 2800		240,00
10.	3001	3.332,00	
	an 5420		2.800,00
	an 4800		532,00
11.	2400	70,00	
	an 5710		70,00
12.	4400	1.785,00	
	an 6002		1.500,00
	an 2600		285,00
13.	2800	70,00	
	an 2400		70,00
14.	2640	5.160,00	
	an 2800		5.160,00
15.	6200	5.400,00	
	an 4830		680,00
	an 2640		1.080,00
	an 2800		3.640,00
	6400	1.030,00	
	an 2640		1.030,00
16.	6300	7.800,00	
	an 2650		500,00
	an 4830		760,00
	an 2640		1.560,00
	an 2800		4.980,00
	6400	1.490,00	
	an 2640		1.490,00

Buchung der Schlussbestände lt. Inventur

a) 8010 an 2000 135.000,00
b) 8010 an 2020 22.000,00
c) 8010 an 2100 24.000,00
d) 8010 an 2200 15.000,00

Vorbereitende Abschlussbuchungen

Nr.	Konto	Soll	Haben
1.	6520	100.000,00	
	an 0700		88.000,00
	an 0800		12.000,00
2.	4800	285,00	
	an 5001		285,00
3.	6002	760,00	
	an 2600		760,00

zu **217**

4. **Bestandsveränderungen**

a) Rohstoffe:	2000	17.000,00	
	an 6000		17.000,00
b) Hilfsstoffe:	2020	5.000,00	
	an 6020		5.000,00
c) Unfert. Erz.:	2100	9.000,00	
	an 5200		9.000,00
d) Fertige Erz.:	5200	19.000,00	
	an 2200		19.000,00

5. **Umbuchungen**

a) 4800	356.687,00	
an 2600		356.687,00
b) 3000	70.072,00	
an 3001		70.072,00
c) 5000	26.215,00	
an 5001		26.215,00
d) 6000	24.600,00	
an 6001		24.600,00
e) 6002	18.740,00	
an 6000		18.740,00

S 8020 Gewinn- und Verlustkonto H

5200	10.000,00	5000	1.857.885,00
6000	878.860,00	5420	21.200,00
6020	91.000,00	5710	6.870,00
6150	27.600,00		
6200	186.400,00		
6300	132.500,00		
6400	45.120,00		
6420	40.700,00		
6520	100.000,00		
6700	102.000,00		
7510	26.300,00		
3000	245.475,00		
	1.885.955,00		1.885.955,00

S 3000 Eigenkapital H

3001	70.072,00	8000	1.100.000,00
8010	1.275.403,00	8020	245.475,00
	1.345.475,00		1.345.475,00

S 8010 Schlussbilanzkonto H

0700	762.000,00	3000	1.275.403,00
0800	228.000,00	4250	310.500,00
2000	135.000,00	4400	152.903,00
2020	22.000,00	4830	1.440,00
2100	24.000,00		
2200	15.000,00		
2400	284.048,00		
2600	2.580,00		
2650	14.000,00		
2800	253.618,00		
	1.740.246,00		1.740.246,00

218

$$\text{Lohnquote in \%} = \frac{\text{Personalkosten} \cdot 100}{\text{Umsatzerlöse}}$$

$$A = \frac{630 \cdot 100}{3.500} = 18\ \%$$

$$B = \frac{1.056 \cdot 100}{4.800} = 22\ \%$$

$$C = \frac{684 \cdot 100}{3.600} = 19\ \%$$

$$D = \frac{1.196 \cdot 100}{5.200} = 23{,}0\ \%$$

$$E = \frac{703 \cdot 100}{3.800} = 18{,}5\ \%$$

$$F = \frac{943 \cdot 100}{4.600} = 20{,}5\ \%$$

219

1. Die Einstufung erfolgt nach der persönlichen Situation des Arbeitnehmers (Familienstand, Anzahl der Kinder, Allein- oder Doppelverdiener).
2. Krankenversicherung – Pflegeversicherung – Rentenversicherung – Arbeitslosenversicherung – Unfallversicherung.

zu **219**

3. Weil sie – wie Lohn und Gehalt – der Lohnsteuer unterliegen.
4. a) Steuerpflichtige: Jahresprämie, Gratifikation, Weihnachtsgeld, vermögenswirksame Leistungen, Urlaubsgeld, Erholungsbeihilfe, Erfindervergütung, sonstige Beihilfen.
   b) Steuerfrei: Aufwendungen für Firmenjubiläum, für betriebliche Weiter- und Fortbildungsmaßnahmen, für Belegschaftsveranstaltungen.
5. Die Steuerabzüge werden in der Regel bis zum 10. des folgenden Monats an das Finanzamt abgeführt.
6. Gehälter + Löhne + Soziale Aufwendungen des Arbeitgebers + Sonstige Personalkosten = Gesamte Personalkosten.

220

1.	Bruttogehalt	2.650,00 €
+	vermögenswirksame Leistung d. Arbeitgebers	30,00 €
	steuerpflichtiges Bruttogehalt	2.680,00 €
–	LSt (III/1,0), KiSt (kein SolZ)	164,80 €
–	AN-Anteil an der Sozialversicherung	540,69 €
–	Abzuführende Sparleistung des Arbeitgebers	30,00 €
	des Arbeitnehmers	39,00 €
	Nettoauszahlung (Bank)	1.905,51 €
	Arbeitgeberanteil	516,57 €

2.1	2640	1.057,26	
	an 2800		1.057,26
2.2	6300	2.650,00	
	6320	30,00	
	an 4830		164,80
	an 2640		540,69
	an 4860		69,00
	an 2800		1.905,51
2.3	6400	516,57	
	an 2640		516,57

221

1.	Tarifgehalt	2.580,00 €
+	vermögenswirks. Leistung d. Arbeitgebers	19,50 €
	steuerpflichtiges Bruttogehalt	2.599,50 €
–	LSt (I), SolZ, KiSt	410,85 €
–	AN-Anteil an der Sozialversicherung	530,94 €
–	abzuführender Sparbetrag	39,00 €
	Nettoauszahlung (Bank)	1.618,71 €
	Arbeitgeberanteil	501,04 €

2.1	2640	1.031,98	
	an 2800		1.031,98
2.2	6300	2.580,00	
	6320	19,50	
	an 4830		410,85
	an 2640		530,94
	an 4860		39,00
	an 2800		1.618,71
2.3	6400	501,04	
	an 2640		501,04

222

1.

	Tariflohn	2.466,00 €
+	vermögenswirks. Leistung d. Arbeitgebers	33,00 €
	steuerpflichtiger Bruttolohn	2.499,00 €
–	LSt (I), SolZ, KiSt	381,85 €
–	AN-Anteil an der Sozialversicherung	510,43 €
–	abzuführender Sparbetrag	33,00 €
	Nettoauszahlung (Bank)	1.573,72 €
	Arbeitgeberanteil	481,69 €

2.1	2640	992,12	
	an 2800		992,12
2.3	6400	481,69	
	an 2640		481,69

2.2	6200	2.466,00	
	6220	33,00	
	an 4830		381,85
	an 2640		510,43
	an 4860		33,00
	an 2800		1.573,72

223

1. a) 2860 an 2400 5.474,00
   b) 8010 an 2860 5.474,00
   c) 2800 an 2860 5.474,00
   d) 4400 an 2860 5.474,00
2. a) Bei Kundenschecks, die der Bank nicht sofort zum Einzug eingereicht oder zum Ausgleich einer Liefererverbindlichkeit weitergegeben werden, handelt es sich um Vermögen, das buchhalterisch auf einem entsprechenden Aktivkonto zu erfassen ist.
   b) Erhöhter Buchungsaufwand; Einlösung des Schecks ist nicht immer gewährleistet.

224

a)	2300	8.000,00	
	2600	1.520,00	
	an 2800		9.520,00
b)	6000	24.000,00	
	2600	4.560,00	
	an 4400		28.560,00
	4400	28.560,00	
	an 2300		8.000,00
	an 2600		1.520,00
	an 2800		19.040,00

225

a)	2800	9.520,00	
	an 4300		8.000,00
	an 4800		1.520,00
b)	2400	28.560,00	
	an 5000		24.000,00
	an 4800		4.560,00
	4300	8.000,00	
	4800	1.520,00	
	2800	19.040,00	
	an 2400		28.560,00

226

a)	2300	9.000,00	
	2600	1.710,00	
	an 2800		10.710,00
b)	8010	9.000,00	
	an 2300		9.000,00
c)	6010	90.000,00	
	2600	17.100,00	
	an 4400		107.100,00
d)	4400	107.100,00	
	an 2300		9.000,00
	an 2600		1.710,00
	an 2800		96.390,00

227

a)	2800	10.710,00	
	an 4300		9.000,00
	an 4800		1.710,00
b)	4300	9.000,00	
	an 8010		9.000,00

c)	2400	107.100,00	
	an 5000		90.000,00
	an 4800		17.100,00
d)	4300	9.000,00	
	4800	1.710,00	
	2800	96.390,00	
	an 2400		107.100,00

228

1. a) Anzahlung auf CNC-Drehmaschine, netto 150.000,00
   + 19 % Umsatzsteuer 28.500,00
   = 178.500,00

   b) CNC-Drehmaschine, netto 550.000,00
   + 19 % Umsatzsteuer 104.500,00
   = 654.500,00

– Anzahlung	150.000,00	
+ 19 % Umsatzsteuer	28.500,00	178.500,00
Restzahlung		476.000,00

2. **Buchungen beim Kunden:**

0900	150.000,00	
2600	28.500,00	
an 2800		178.500,00
0720	550.000,00	
2600	104.500,00	
an 4400		654.500,00
4400	654.500,00	
an 0900		150.000,00
an 2600		28.500,00
an 2800		476.000,00

3. **Buchungen beim Lieferer:**

2800	178.500,00	
an 4300		150.000,00
an 4800		28.500,00
2400	654.500,00	
an 5000		550.000,00
an 4800		104.500,00
4300	150.000,00	
4800	28.500,00	
2800	476.000,00	
an 2400		654.500,00

4. Erhaltene Anzahlungen sind ein bedeutendes (zinsloses) Finanzierungsmittel. Rechnungen über Anzahlungen bedingen einen gesonderten Ausweis der Umsatzsteuer.

229

1./2.

2800	570.000,00	
2900 (2930)	30.000,00	
an 4250		600.000,00

3. Jährlicher Abschreibungsbetrag:

$$\frac{30.000,00}{10} = 3.000,00\ €$$

4. a) 7510 an 2900 (2930) 3.000,00
   b) 7510 an 2800 36.000,00

230

Vgl. Lehrbuch, S. 194 f.

231

Vgl. Lehrbuch, S. 196.

232

Vgl. Lehrbuch, S. 196 f.

233

Vgl. Lehrbuch, S. 196 f.

234

1. Der Leasinggegenstand ist dem Leasinggeber zuzurechnen, da der Leasinggeber das volle Investitionsrisiko trägt und eine jederzeitige Kündigung vereinbart wurde. Operating Leasing kann mit einem normalen Mietvertrag verglichen werden.

2.

0840	40.000,00	
2600	7.600,00	
an 2800		47.600,00

3. Lineare AfA nach der betriebsgewöhnlichen Nutzungsdauer (5 Jahre) = 20 %:
   6520 an 0840 8.000,00

4.

2800	3.570,00	
an 5401		3.000,00
an 4800		570,00

5.

6710	3.000,00	
2600	570,00	
an 2800		3.570,00

235

Vgl. Lehrbuch, S. 197.

236

1. weniger, mehr, nehmer
2. 40 %, 90 %, geber

zu 236

3. Anschaffungskosten, Herstellungskosten aktivieren, abschreiben, Anschaffungskosten, Herstellungskosten, Verbindlichkeit, geber, Forderung
4. Tilgungsanteil, Zins-, Kostenanteil.

237

1. a) **Vorteile:**
   - Leasinggegenstände entsprechen dem neuesten Stand der Technik.
   - Konstante Leasingraten ermöglichen eine genaue Liquiditätsplanung und Kalkulation.
   - Leasingraten vermindern als Betriebsausgaben den steuerpflichtigen Gewinn (Steuerspareffekt).
   - Im Vergleich zur Sofortzahlung beim Kauf der Anlage ergibt sich durch die ratenweise Zahlung der Leasingraten eine relative Zinsersparnis.
   - Leasing erhöht die Liquidität des Unternehmens, da weder eigene noch fremde Mittel wie beim käuflichen Erwerb benötigt werden.
   - Bonitätsaufwendungen des Leasingnehmers sind in der Regel geringer als bei Kreditinvestition.

   b) **Nachteile:**
   - Ob die Finanzierung über Leasing gegenüber dem Kauf mit Eigen- oder Fremdfinanzierung günstiger ist, kann nur durch genauen Vergleich der Vertragsdaten geprüft werden.
   - Die Summe der Leasingraten übersteigt die Anschaffungskosten des Leasinggegenstandes in der Regel um 30 %. Somit kann Leasing teurer werden als eine Fremdfinanzierung bei Kauf.
2. Leasingraten sind fixe Kosten des Unternehmens. In Höhe des Zins- und Kostenanteils mindern sie den steuerpflichtigen Gewinn (Steuerspareffekt).

238

1. Der Leasinggeber, weil die Grundmietzeit zwischen 40 % und 90 % beträgt.

2. a) **Anschaffung:**

0700	400.000,00	
2600	76.000,00	
an 2800		476.000,00

   b) **Leasingrateneinnahme:**

2800	9.520,00	
an 5401		8.000,00
an 4800		1.520,00

   c) **Abschreibung:**
   (400.000,00 € : 6 = 66.666,67 €)
   6520 an 0700 66.667,00

3.

6710	8.000,00	
2600	1.520,00	
an 2800		9.520,00

239

1. Spezial-Leasing
2. der Leasingnehmer
3. a) **Anschaffung:**

2280	1.000.000,00	
2600	190.000,00	
an 2800		1.190.000,00

   b) **Übergabe des Leasinggegenstandes an Leasingnehmer:**
   2420 an 5100 1.000.000,00

   c) **Umsatzsteuerforderung des Leasinggebers aus dem Leasinggeschäft:**
   140.000,00 · 8 = 1.120.000,00
   + 19 % USt = 212.800,00

2421 an 4800		212.800,00
2800 an 2421		212.800,00

zu 239

d) **Ermittlung des Zins- und Kostenanteils aller Leasingraten:**

8 Leasingraten je 140.000,00 €	1.120.000,00 €
– Anschaffungskosten (= Tilgungsanteil)	1.000.000,00 €
Zins- und Kostenanteil aller Raten	120.000,00 €

Summe der Jahresziffernreihe: 1 + 2 + 3 + 4 + 5 + 6 + 7 + 8 = 36

120.000,00 € : 36 = 3.333,3333 €

Jahre		Zins- und Kostenanteil	Tilgungsanteil	Leasingrate je Jahr
1	8/36	26.666,67	113.333,33	140.000,00
2	7/36	23.333,33	116.666,67	140.000,00
3	6/36	20.000,00	120.000,00	140.000,00
4	5/36	16.666,67	123.333,33	140.000,00
5	4/36	13.333,33	126.666,67	140.000,00
6	3/36	10.000,00	130.000,00	140.000,00
7	2/36	6.666,67	133.333,33	140.000,00
8	1/36	3.333,33	136.666,67	140.000,00
		120.000,00	1.000.000,00	1.120.000,00

3. e) **Buchung der Leasingrateneinnahme am Ende des ersten Jahres:**

2800	140.000,00	
an 2420		113.333,33
an 5401		26.666,67

4.

a)	0700	1.000.000,00	
	an 4420		1.000.000,00
	2600	212.800,00	
	an 2800		212.800,00
b)	4420	113.333,33	
	6710	26.666,67	
	an 2800		140.000,00
c)	6520	100.000,00	
	an 0700		100.000,00

240

1./2.	80 X-Aktien, Kurs 530,00 €	42.400,00 €
	+ 1 % Bankprovision	424,00 €
	+ 0,6 ‰ Maklergebühr	25,44 €
	Banklastschrift = Anschaffungskosten	42.849,44 €

3. 2700 an 2800 42.849,44

4. 1500 an 2800 42.849,44

241

1.	30 X-Aktien, Kurs 580,00 €	17.400,00 €
	– 1,06 % Verkaufskosten	184,44 €
	Bankgutschrift	17.215,56 €
2.	Nettoerlös lt. Bankgutschrift	17.215,56 €
	– Buchwert der verkauften Wertpapiere (= Anschaffungskosten) 30 Stück, Kurs 530,00 € zzgl. 1,06 % Nebenkosten	16.068,54 €
	Veräußerungsgewinn	1.147,02 €

Auf den Gewinn von 1.147,02 € entfallen

	25 % Kapitalertragsteuer	286,76 €
+	5,5 % Solidaritätszuschlag (von 286,76 €)	15,77 €
=	Steuerabzüge, die die Bank einbehält (als Privatentnahme zu buchen)	302,53 €

3.

2800	16.913,03	
3001	302,53	
an 2700		16.068,54
an 5460		1.147,02

242

1. Bardividende 562,50 €
   – 25 % Kapitalertragsteuer 140,63 €
   – 5,5 % Solidaritätszuschlag von 140,63 € 7,73 €
   Nettodividende (Bankgutschrift) 414,14 €
   Steuervorauszahlung 148,36 € (140,63 + 7,73)

2./3. 2800 414,14
3001 148,36
an 5780 562,50

4. Die Steuerabzüge werden als Privatentnahme gebucht, weil sie auf die Einkommensteuerschuld des Aktienbesitzers (Gesellschafter der Kapitalgesellschaft) angerechnet werden.

243

1. Es handelt sich um eine langfristige Kapitalanlage, die dem Anlagevermögen zuzurechnen ist.
   Kurswert (98 % von 80.000,00 €) 78.400,00 €
   + 0,5 % Bankprovision vom Nennwert 400,00 €
   + 0,75 ‰ Maklergebühr vom Nennwert 60,00 €
2. Anschaffungskosten 78.860,00 €
3. + Stückzinsen (6 % von 80.000,00 für 4 Monate) 1.600,00 €
4. Lastschrift der Bank 80.460,00 €

5./6. 1500 78.860,00
7510 1.600,00
an 2800 80.460,00

244

1./2. Bruttozinsen (6 % von 80.000,00 für 6 Monate) 2.400,00 €
– Kapitalertragsteuer: 25 % von 2.400,00 € 600,00 €
– Solidaritätszuschlag: 5,5 % von 600,00 € 33,00 €
Nettozinsen = Bankgutschrift 1.767,00 €

3. 2800 1.767,00
3001 633,00
an 5710 2.400,00

4. 2800 1.767,00
7720 633,00
an 5710 2.400,00

245

1./2. Kurswert: Anlage über 10.000,00 € zum Kurs von 102 %	10.200,00 €
– Bankprovision und Maklergebühr: 0,575 % vom Nennwert	57,50 €
Nettoerlös	10.142,50 €
+ Stückzinsen: 6 % vom Nennwert für 6 Monate	300,00 €
	10.442,50 €
– Kapitalertragsteuer: 25 % von 300,00 €	75,00 €
– Solidaritätszuschlag: 5,5 % von 75,00 €	4,13 €
Bankgutschrift	10.363,37 €

Ermittlung des Veräußerungsgewinns:

Nettoerlös lt. Bankabrechnung	10.142,50 €
– Buchwert der verkauften Wertpapiere (= Anschaffungskosten)	9.857,50 €
Kursgewinn	285,00 €

zu **245**

3.	2800	10.363,37	
	3001	79,13	
	an 1500		9.857,50
	an 5600		285,00
	an 5710		300,00

246

1. Vgl. Lehrbuch, S. 202.
2. Vgl. Lehrbuch, S. 202.
3.

Bardividende	4.500,00 €	
– 25 % Kapitalertragsteuer	1.125,00 €	
– 5,5 % Solidaritätszuschlag von 1.125,00 €	61,88 €	
Nettodividende (Bankgutschrift)	3.313,12 €	
Steuervorauszahlung	1.186,88 €	(1.125,00 + 61,88)

2800	3.313,12	
3001	1.186,88	
an 5780		4.500,00

4. a) Bar-Dividendensatz in % $= \frac{4.500,00 \cdot 100}{40.000,00} = 11,25\ \%$

   b) Netto-Dividendensatz in % $= \frac{3.313,12 \cdot 100}{40.000,00} = 8,28\ \%$

247

1.	4830	an	2800	20.000,00
2.	3001	an	2800	22.000,00
3.	0510	an	2800	14.000,00
4.	7020	an	2800	8.000,00
5.	3001	an	2800	12.000,00
6.	6770			20.700,00
	3001			2.737,00
	2600			3.933,00
	an	2800		27.370,00
7.	7590	an	2800	100,00
8.	7701	an	2800	12.000,00
9.	4800	an	2800	29.800,00
10.	7080	an	2800	6.000,00
11.	7700	an	2800	4.000,00
12.	3001	an	2800	5.000,00
13.	7030	an	2800	3.600,00
	3001	an	2800	500,00
14.	3001	an	2800	2.500,00
15.	2800	an	7702	6.000,00
	2800	an	2600	8.000,00
	2800	an	3001	9.000,00

248

S	2600 Vorsteuer		H
	243.500,00		1.600,00
		4800	201.500,00
		8010	40.400,00
	243.500,00		243.500,00

S	4800 Umsatzsteuer		H
	1.300,00		202.800,00
2600	201.500,00		
	202.800,00		202.800,00

1. 4800 an 2600 201.500,00
2. 8010 an 2600 40.400,00

249

3001	1.392,30	
an 5420		1.170,00
an 4800		222,30

Entnahme von betrieblichen Gegenständen **und Leistungen** ist umsatzsteuerpflichtig.

Beleg für private Nutzung:
1.170,00 € + 222,30 € USt = 1.392,30 €

250

1. 3001	1.904,00	
6770	3.400,00	
2600	646,00	
an 4400		5.950,00
2. 4400	5.950,00	
an 2800		5.950,00

251

1.	3001 an 7090	4.800,00
2.	3001 an 7090	12.800,00
3. a)	3001 an 2800	12.800,00
b)	7701 an 2800	16.448,00

252

1. a)	3001 an 2800	
b)	7590 an 2800	
2.	3001 an 2800	5.000,00
3.	2800 an 7702	2.500,00

253

1. Vgl. Lehrbuch, S. 208 – 210.
2. Die abzugsfähigen Steuern sind erfolgswirksam; alle anderen sind erfolgsneutral.

254

Laufende Buchungen

1. 4830	1.700,00	
4800	4.300,00	
an 2800		6.000,00
2. 6700 an 2800	6.500,00	6.500,00
3. 6000	50.000,00	
2600	9.500,00	
an 4400		59.500,00
4. 2640	7.520,00	
an 2800		7.520,00
5. 6300	15.800,00	
an 4830		3.100,00
an 2640		3.850,00
an 2650		1.500,00
an 2800		7.350,00
6400 an 2640	3.670,00	3.670,00
6. 7700	8.300,00	
7020	1.800,00	
an 2800		10.100,00
7. 2650 an 2800	2.500,00	2.500,00
8. 3001	24.000,00	
7030	2.400,00	
an 2800		26.400,00
9. 2400	203.252,00	
an 5000		170.800,00
an 4800		32.452,00
10. 6770	8.000,00	
2600	1.520,00	
an 2800		9.520,00
11. 7510 an 2800	12.800,00	12.800,00
12. 3001	1.785,00	
an 5420		1.500,00
an 4800		285,00
13. 2400 an 5710	85,00	85,00
14. 3001 an 2800	1.500,00	1.500,00
15. 0500 an 2800	50.000,00	50.000,00
16. 0500 an 2800	1.750,00	1.750,00
17. 3001 an 2800	5.950,00	5.950,00

Buchung der Schlussbestände lt. Inventur

8010 an 2000	240.000,00
8010 an 2100	5.000,00
8010 an 2200	50.000,00

Vorbereitende Abschlussbuchungen

1. 6520	10.400,00	
an 0530		2.400,00
an 0700		4.800,00
an 0800		3.200,00
2. 6000 an 2000	25.000,00	25.000,00
3. 5200 an 2100	35.000,00	35.000,00
2200 an 5200	40.000,00	40.000,00
4. 3000 an 3001	33.235,00	33.235,00
5. 4800 an 2600	11.020,00	11.020,00

zu **254**

S	8020 Gewinn- und Verlustkonto		H
6000	75.000,00	5000	170.800,00
6300	15.800,00	5200	5.000,00
6400	3.670,00	5420	1.500,00
6520	10.400,00	5710	85,00
6700	6.500,00		
6770	8.000,00		
7020	1.800,00		
7030	2.400,00		
7510	12.800,00		
7700	8 .300,00		
3000	32.715,00		
	177.385,00		177.385,00

S	8010 Schlussbilanzkonto		H
0500	201.750,00	3000	899.480,00
0530	507.600,00	4250	410.000,00
0700	73.200,00	4400	209.500,00
0800	91.800,00	4800	21.717,00
2000	240.000,00	4830	3.100,00
2100	5.000,00		
2200	50.000,00		
2400	301.337,00		
2650	16.000,00		
2800	57.110,00		
	1.543.797,00		1.543.797,00

S	3000 Eigenkapital		H
3001	33.235,00	8000	900.000,00
8010	899.480,00	8020	32.715,00
	932.715,00		932.715,00

255

1. 50.000,00 €
   \+ 2.500,00 €
   \+ 4.500,00 €
   57.000,00 € Anschaffungskosten

2.

0700	57.000,00	
2600	10.830,00	
an 4400		67.830,00

256

1. 57.000,00 €
   – 5.000,00 €
   52.000,00 € Anschaffungskosten

2.	4400	5.950,00	
	an 0700		5.000,00
	an 2600		950,00
3.	4400 an 2800	61.880,00	61.880,00

257

1./2.

84.650,00 €	Nettopreis
9.500,00 €	Spezialaufbau
3.100,00 €	Sonderlackierung
1.400,00 €	Anhängerkupplung
1.200,00 €	Überführung
150,00 €	Zulassung
100.000,00 €	Anschaffungskosten

3.

a)	0840	100.000,00	
	2600	19.000,00	
	an 4400		119.000,00
b)	7030	400,00	
	6900	1.200,00	
	an 2800		1.600,00
c)	6030	200,00	
	2600	38,00	
	an 2880		238,00

258

1. 100.000,00 €
   – 2 % 2.000,00 € Skonto
   98.000,00 € Anschaffungskosten

4400	119.000,00	
an 0840		2.000,00
an 2600		380,00
an 2800		116.620,00

2. Vgl. Lehrbuch, S. 214.

259

1./2.	250.000,00 €	Grundstück
	8.750,00 €	Grunderwerbsteuer
	3.800,00 €	Vermessung
	10.000,00 €	Maklergebühr
	2.600,00 €	Notariatskosten
	450,00 €	Grundbucheintragung
	1.500,00 €	Gutachten
	8.000,00 €	Kanalanschluss
	285.100,00 €	Anschaffungskosten

2. a)	0500	285.100,00	
	2600	4.921,00	(19 % v. 25.900,00)
	an 4400		290.021,00
b)	7020	750,00	
	6730	480,00	
	an 2800		1.230,00

260

1. Innerbetriebliche Leistungen werden zur eigenen betrieblichen Nutzung erstellt. Sofern die Nutzungsdauer mehr als 1 Jahr beträgt, müssen sie aktiviert und nach der betriebsgewöhnlichen Nutzungsdauer planmäßig abgeschrieben werden. Das entspricht den handels- und steuerrechtlichen Vorschriften.

   0530 an 5300 84.800,00

2. Vermögenszunahme und Gewinnerhöhung bei gleichzeitiger Erhöhung der Aufwendungen um denselben Betrag. Die Erstellung von Eigenleistungen ist also erfolgsneutral.

3. 6520 an 0530 3.392,00

   (4 % Abschreibung von 84.800,00)

261

1. Herstellungskosten

2. 0870 an 5300 9.300,00
   5300 an 8020 9.300,00

3. 6520 an 0870 (25 %) 2.325,00

262

Laufende Buchungen

		Soll	Haben
1.	3001	1.785,00	
	an 5420		1.500,00
	an 4800		285,00
2.	4400	5.950,00	
	an 2800		5.831,00
	an 6002		100,00
	an 2600		19,00
3.	2400	50,00	
	an 5710		50,00
4.	0700	84.200,00	
	2600	15.998,00	
	an 4400		100.198,00
5.	0700	1.400,00	
	2600	266,00	
	an 4400		1.666,00
6.	2640	4.400,00	
	an 2800		4.400,00
7.	6200	12.600,00	
	an 4830		1.950,00
	an 2640		2.250,00
	an 2800		8.400,00
	6400 an 2640	2.150,00	2.150,00
8.	2800	23.324,00	
	5001	400,00	
	4800	76,00	
	an 2400		23.800,00
9.	0700	23.000,00	
	an 5300		23.000,00
10.	7510	2.950,00	
	an 2800		2.950,00
11.	2400	180.880,00	
	an 5000		152.000,00
	an 4800		28.880,00

Buchung der Schlussbestände lt. Inventur:

8010 an 2000 117.700,00
8010 an 2020 51.200,00
8010 an 2100 16.000,00
8010 an 2200 48.000,00

Vorbereitende Abschlussbuchungen

1. **Abschluss der Untenkonten**

a) 4800 an 2600	16.245,00	16.245,00
b) 3000 an 3001	1.785,00	1.785,00
c) 6002 an 6000	100,00	100,00
d) 5000 an 5001	400,00	400,00

2. **Abschreibungen**

6520	11.200,00	
an 0700		6.800,00
an 0800		4.400,00

3. **Bestandsveränderungen**

a) 6000 an 2000	62.900,00	62.900,00
b) 6020 an 2020	31.200,00	31.200,00
c) 2100 an 5200	2.000,00	2.000,00
d) 2200 an 5200	16.000,00	16.000,00

zu **262**

S	8020 Gewinn- und Verlustkonto		H
6000	62.800,00	5000	151.600,00
6020	31.200,00	5200	18.000,00
6200	12.600,00	5300	23.000,00
6400	2.150,00	5420	1.500,00
6520	11.200,00	5710	50,00
7510	2.950,00		
3000	71.250,00		
	194.150,00		194.150,00

S	3000 Eigenkapital		H
3001	1.785,00	8000	600.000,00
8010	669.465,00	8020	71.250,00
	671.250,00		671.250,00

S	8010 Schlussbilanzkonto		H
0700	381.800,00	3000	669.465,00
0800	169.600,00	4250	270.000,00
2000	117.700,00	4400	166.114,00
2020	51.200,00	4800	12.844,00
2100	16.000,00	4830	1.950,00
2200	48.000,00		
2400	290.330,00		
2800	41.143,00		
2880	4.600,00		
	1.120.373,00		1.120.373,00

263

1.	0700	450.000,00	
	2600	85.500,00	
	an 4400		535.500,00
2.	4400	178.500,00	
	an 0900		150.000,00
	an 2600		28.500,00
3.	4400	357.000,00	
	an 2800		357.000,00

264

1.	0900	100.000,00	
	2600	19.000,00	
	an 2800		119.000,00
2.	Abschluss der Konten über SBK:		
	8010 an 0900		100.000,00
3.	a) 0700	400.000,00	
	2600	76.000,00	
	an 4400		476.000,00
	b) 4400	476.000,00	
	an 0900		100.000,00
	an 2600		19.000,00
	an 2800		357.000,00

265

1.	**2. Dezember:**		
	0950	100.000,00	
	2600	19.000,00	
	an 2800		119.000,00
	27. Dezember:		
	0950	200.000,00	
	2600	38.000,00	
	an 2800		238.000,00
2.	Abschluss der Konten über SBK:		
	8010 an 0950		300.000,00

266

1.	0950	300.000,00	
	an 8000		300.000,00
2.	0950	500.000,00	
	2600	95.000,00	
	an 2800		595.000,00
3.	0530	800.000,00	
	an 0950		800.000,00

267

1.

	Lineare Abschreibung (10 %)	Degressive Abschreibung (25 %)[1]
AK	220.000,00	220.000,00
– 1. Abschreibung	22.000,00	55.000,00
1. Restwert	198.000,00	165.000,00
– 2. Abschreibung	22.000,00	41.250,00
2. Restwert	176.000,00	123.750,00
– 3. Abschreibung	22.000,00	30.937,50
3. Restwert	154.000,00	92.812,50
– 4. Abschreibung	22.000,00	23.203,13
4. Restwert	132.000,00	69.609,37
– 5. Abschreibung	22.000,00	17.402,34
5. Restwert	110.000,00	52.207,03

1 Vgl. S. 220/221 des Lehrbuches.

zu **267**

1. Übertrag:	Lineare Abschreibung (10 %)	Degressive Abschreibung (25 %)
5. Restwert	110.000,00	52.207,03
– 6. Abschreibung	22.000,00	13.051,76
6. Restwert	88.000,00	39.155,27
– 7. Abschreibung	22.000,00	9.788,82
7. Restwert	66.000,00	29.366,45
– 8. Abschreibung	22.000,00	7.341,61
8. Restwert	44.000,00	22.024,84
– 9. Abschreibung	22.000,00	5.506,21
9. Restwert	22.000,00	16.518,63
– 10. Abschreibung	22.000,00	4.129,66
10. Restwert	–,—	12.388,97

Bei der linearen Abschreibung wird in jährlich gleich bleibenden Beträgen von den Anschaffungs- bzw. Herstellungskosten abgeschrieben. Restwert = 0. Bei der degressiven Abschreibung fallen sowohl die jährlichen Abschreibungsbeträge als auch die Buchwerte, da vom jeweiligen Restwert des vorangegangenen Jahres abgeschrieben wird. Am Ende der Nutzungsdauer ergibt sich ein Restwert. Der Abschreibungssatz (%) bei degressiver Abschreibung muss höher sein als bei linearer Abschreibung, um einen möglichst niedrigen Restwert zu erhalten. Steuerliche Höchstgrenzen sind dabei zu beachten.

2. a) Lineare Abschreibung: gleich bleibende Aufwandsbelastung in den Nutzungsjahren. Kein Restwert am Ende der Nutzungsdauer.

   b) Die degressive Abschreibung vom Buchwert berücksichtigt stärker die tatsächliche **wirtschaftliche** Wertminderung der Anlagegüter, die in den ersten Nutzungsjahren besonders hoch ist und später abnimmt. Bei beweglichen Anlagegegenständen, die vor dem 1. Januar 2008 und in den Jahren 2009 und 2010 angeschafft oder hergestellt wurden, ergibt sich noch ein Steuerspareffekt durch höhere Abschreibungen in den ersten Nutzungsjahren. Ab 2011 darf **steuerrechtlich** nur noch linear abgeschrieben werden. **Handelsrechtlich** sind nach wie vor beide Abschreibungsmethoden erlaubt.

268

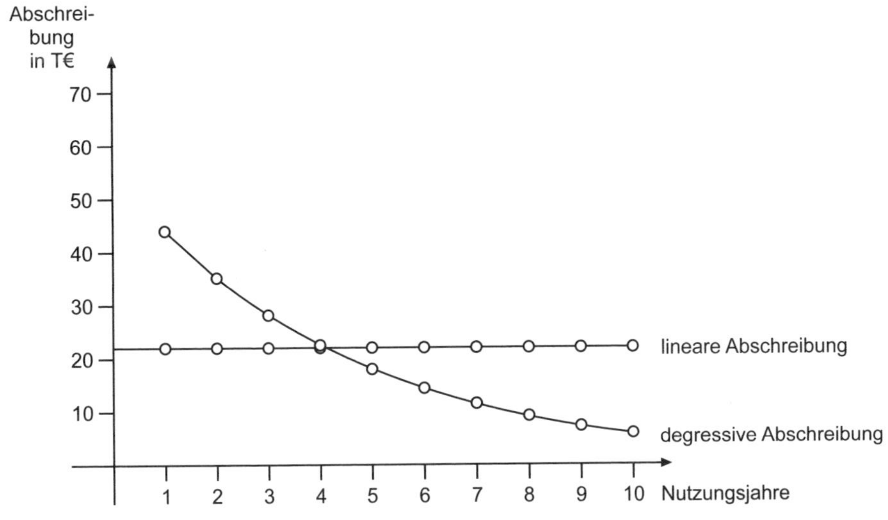

269

1. Diese steuerlich zulässige Abschreibungsmethode kann nur bei bestimmten Anlagegütern nach Maßgabe der Inanspruchnahme oder Leistung (km, Stunden) vorgenommen werden, wenn diese i. d. R. erheblich schwankt und der Verschleiß dementsprechend wesentliche Unterschiede aufweist.

   AfA je Leistungseinheit: 125.000,00 : 250 000 = 0,50 €/km

1. Jahr:	48 000 km · 0,50 €	=	24.000,00 € Abschreibung
2. Jahr:	30 000 km · 0,50 €	=	15.000,00 € Abschreibung
3. Jahr:	31 000 km · 0,50 €	=	15.500,00 € Abschreibung
4. Jahr:	27 000 km · 0,50 €	=	13.500,00 € Abschreibung
5. Jahr:	32 000 km · 0,50 €	=	16.000,00 € Abschreibung
6. Jahr	24 000 km · 0,50 €	=	12.000,00 € Abschreibung
7. Jahr:	30 000 km · 0,50 €	=	15.000,00 € Abschreibung
8. Jahr:	28 000 km · 0,50 €	=	14.000,00 € Abschreibung
	250 000 km	=	125.000,00 €

2. Gezackter Graph wie in Aufgabe 277.
3. Diese Abschreibungsmethode kommt der technischen Abnutzung am nächsten, allerdings erschweren wechselnde Abschreibungsbeträge die Vergleichbarkeit. Auch muss die Leistung nachgewiesen werden.

270

1. **zeitanteilige Abschreibung**

   jährlicher Abschreibungsbetrag: $\frac{120.000,00\ €}{5\ \text{Jahre}} = 24.000,00\ €/\text{Jahr}$

   zeitanteiliger Abschreibungsbetrag für 8 Monate: $\frac{24.000,00 \cdot 8}{12} = 16.000,00\ €$

2.	Anschaffungskosten	120.000,00 €
–	zeitanteilige Abschreibung zum 31. Dez. des 1. Nutzungsjahres	16.000,00 €
	fortgeführte Anschaffungskosten zum 31. Dez. des 1. Nj.	104.000,00 €
–	Abschreibung zum 31. Dez. des 2. Nj.	24.000,00 €
	fortgeführte Anschaffungskosten zum 31. Dez. des 2. Nj.	80.000,00 €
–	Abschreibung zum 31. Dez. des 3. Nj.	24.000,00 €
	fortgeführte Anschaffungskosten zum 31. Dez. des 3. Nj.	56.000,00 €
–	Abschreibung zum 31. Dez. des 4. Nj.	24.000,00 €
	fortgeführte Anschaffungskosten zum 31. Dez. des 4. Nj.	32.000,00 €

271

1.	Anschaffungskosten	100.000,00 €
–	planmäßige Abschreibung zum 31. Dez. des 1. Nutzungsjahres	20.000,00 €
	fortgeführte Anschaffungskosten zum 31. Dez. des 1. Nj.	80.000,00 €
–	planmäßige Abschreibung zum 31. Dez. des 2. Nj.	20.000,00 €
	Restbuchwert zum 31. Dez. des 2. Nj.	60.000,00 €

2. Empfehlung: außerplanmäßige Abschreibung zum 31. Dez. des 2. Nutzungsjahres in Höhe von 15.000,00 €.

3.	fortgeführte Anschaffungskosten zum 31. Dez. des 2. Nj.	45.000,00 €
–	planmäßige Abschreibung zum 31. Dez. des 3. Nj.	15.000,00 €
	fortgeführte Anschaffungskosten zum 31. Dez. des 3. Nj.	30.000,00 €
–	planmäßige Abschreibung zum 31. Dez. des 4. Nj.	15.000,00 €
	fortgeführte Anschaffungskosten zum 31. Dez. des 4. Nj.	15.000,00 €
–	planmäßige Abschreibung zum 31. Dez. des 5. Nj.	15.000,00 €

272

1. Degressive Abschreibung. Sie berücksichtigt stärker die wirtschaftliche Entwertung und beinhaltet Steuerspareffekt durch hohe Abschreibungen in den ersten Nutzungsjahren.

2.

	Degressive Abschreibung 25 %[1]	Übergang degr. → lin.
Anschaffungskosten	150.000,00	
Abschreibung: 1. Jahr	37.500,00	
Buchwert	112.500,00	
Abschreibung: 2. Jahr	28.125,00	
Buchwert	84.375,00	
Abschreibung: 3. Jahr	21.093,75	
Buchwert	63.281,25	
Abschreibung: 4. Jahr	15.820,31	
Buchwert	47.460,94	
Abschreibung: 5. Jahr	11.865,24	
Buchwert	35.595,70	
Abschreibung: 6. Jahr	8.898,93	
Buchwert	26.696,77	26.696,77
Abschreibung: 7. Jahr	6.674,19	6.674,19
Buchwert	20.022,58	20.022,58
Abschreibung: 8. Jahr	5.005,65	6.674,19
Buchwert	15.016,93	13.348,39
Abschreibung: 9. Jahr	3.754,23	6.674,19
Buchwert	11.262,70	6.674,20
Abschreibung: 10. Jahr	2.815,68	6.674,20
Buchwert	8.447,02	0,00

3. Steuerrechtlich kann von der degressiven auf die lineare Abschreibung übergegangen werden (nicht umgekehrt).
4. Kein Restwert; Steuervorteil (vgl. Lehrbuch, S. 221).
5. Wechsel im 7. Jahr: 26.696,77 : 4 = 6.674,19
6. Siehe unter 2.

273

Ein Kopiergerät ist eigenständig nutzbar und somit ein GWG, nicht dagegen der PC-Drucker.

a) 1.	0890 (0891)[2]	250,00	
	2600	47,50	
	an 2800		297,50
2.	6540 (6541)	250,00 (50,00)	
	an 0890 (0891)[2]		250,00 (50,00)
b) 1.	0860	250,00	
	2600	47,50	
	an 2800		297,50
2.	6520	83,33	
	an 0860		83,33

274 08.04.2014

a)	0890	49,00	
	2600	9,31	
	an 2880		58,31
b)	6540	49,00	
	an 0890		49,00

1 Vgl. S. 220/221 des Lehrbuches.

2 wahlweise (Wachstumsbeschleunigungsgesetz ab 1. Jan. 2010); vgl. Lehrbuch, S. 222.

275

1. 534,10 (545,00 € – 2 % Skonto = 10,90 €)
2. a) 0891 545,00
   2600 103,55
   an 4400 648,55

   b) 4400 648,55
   an 0891 10,90
   an 2600 2,07
   an 2800 635,58

   c) 6541 an 0891 106,82

Da die Anschaffungskosten dieses Anlagegegenstandes über 150,00 € liegen, wird er in einem jährlichen Sammelposten (Pool) erfasst und in fünf Jahren linear mit je 20 % abgeschrieben.

Alternativ könnte sich der Unternehmer entscheiden, auf die Sammelposten zu verzichten und GWG bis 410,00 € AK/HK (netto) direkt abzuschreiben. In diesem Fall wäre das obige bewegliche Anlagegut zu aktivieren und planmäßig abzuschreiben.

276

Nr.	Lineare Abschreibung	Degressive Abschreibung
1.		1
2.	2	
3.		3
4.	4	
5.		5
6.	6	
7.		7
8.		8

277

1. Diese Abschreibungsmethode kommt der technischen Abnutzung am nächsten, allerdings erschweren ungleiche Abschreibungsbeträge die Vergleichbarkeit. Auch muss die Leistung nachgewiesen werden.
2. 180.000,00 : 8
   = 22.500,00 € lineare Abschreibung
3. 180.000,00 : 300 000
   = 0,60 € je km Abschreibung nach Leistung

1. Jahr:	60 000 km · 0,60 €	=	36.000,00 € AfA
2. Jahr:	45 000 km · 0,60 €	=	27.000,00 € AfA
3. Jahr:	50 000 km · 0,60 €	=	30.000,00 € AfA
4. Jahr:	35 000 km · 0,60 €	=	21.000,00 € AfA
5. Jahr:	20 000 km · 0,60 €	=	12.000,00 € AfA
6. Jahr	45 000 km · 0,60 €	=	27.000,00 € AfA
7. Jahr:	25 000 km · 0,60 €	=	15.000,00 € AfA
8. Jahr:	20 000 km · 0,60 €	=	12.000,00 € AfA
	300 000 km	=	180.000,00 €

4.

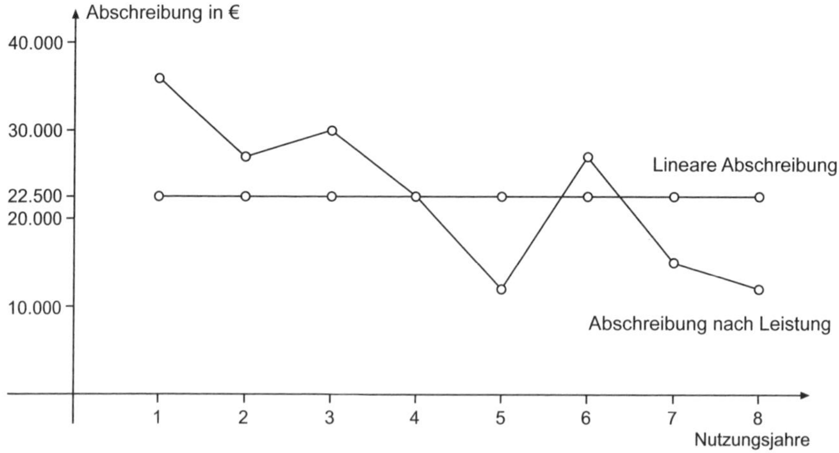

278

1. 120.000,00 € (Niederstwertprinzip)
2. 6550 an 0500 80.000,00 80.000,00

279

1. Der Schreibtischsessel ist beweglich, selbstständig nutzbar und seine Anschaffungskosten überschreiten nicht die 410,00-€[1]- bzw. 1.000,00-€-Grenze.

2.

a) 0890	GWG	400,00	
2600	Vorsteuer	76,00	
an 4400	Verbindl. a. LL		476,00

alternativ:

b) 0891	GWG-Sammelposten	400,00	
2600	Vorsteuer	76,00	
an 4400	Verbindl. a. LL		476,00

Im Fall a) wurde vom Wahlrecht Gebrauch gemacht, wonach GWG bis 410,00 € AK/HK im Jahr der Anschaffung oder Herstellung in voller Höhe als Betriebsausgabe abgesetzt werden können (siehe 3. a).

Im Fall b) wurde der Anlagegegenstand als GWG-Sammelposten erfasst. AfA: fünf Jahre linear mit je 20 % (siehe 3. b).

3.

a) 6540	Abschr. auf GWG	400,00	
an 0890	GWG		400,00

alternativ:

b) 6541	Abschr. auf GWG-Sammelp.	80,00	
an 0891	GWG-Sammelposten		80,00

280

1.

	Anschaffungspreis	575,00 €
–	2 % Skonto	11,50 €
		563,50 €
+	Frachtkosten	32,50 €
	Anschaffungskosten	596,00 €

2.

a) 0891	575,00	
2600	109,25	
an 4400		684,25
b) 0891	32,50	
2600	6,18	
an 4400		38,68
c) 4400	684,25	
an 0891		11,50
an 2600		2,19
an 2800		670,56
4400	38,68	
an 2800		38,68

3. Auf dem Konto 0891 GWG-Sammelposten erfasste Anlagengegenstände werden fünf Jahre lang linear mit je 20 % abgeschrieben.
4. 6541 an 0891 119,20 119,20

281 11.04.2014

a) 0890	GWG	50,00	
2600	Vorsteuer	9,50	
an 2880	Kasse		59,50
6540 an 0890			50,00
b) 0891	GWG-Sammelp.	160,00	
2600	Vorsteuer	30,40	
an 2880	Kasse		190,40
6541 an 0891			32,00

oder (alternativ):[1]

0890	GWG	160,00	
2600	Vorsteuer	30,40	
an 2880	Kasse		190,40
6540 an 0890			160,00

---

1 GWG bis 410,00 € AK/HK (netto) sind lt. „Wachstumsbeschleunigungsgesetz" ab 1. Januar 2010 alternativ auch in voller Höhe als Betriebsausgabe absetzbar.

282

Nr.	Falsch	Richtig
1.	x	
2.	x	
3.		x
4.	x	
5.	x	
6.	x	
7.		x
8.	x	
9.	x	
10.		x

283

1. Die degressive Abschreibung kann steuerrechtlich bei allen **beweglichen** Anlagegegenständen, die vor dem 1. Januar 2008 und in den Jahren 2009 und 2010 angeschafft oder hergestellt wurden, angewandt werden, insbesondere jedoch bei hoher Gewinnerwartung, Gefahr des technischen Fortschritts, bei längerer Nutzungsdauer.
2. Hochregallager: 16,67 %; PKW: 25 %; LKW, Sattelschlepper, Kipper: 25 %; Be- und Verarbeitungsmaschinen: 25 – 15,63 %; Büromöbel: 19,23 %; Büromaschinen und Organisationsmittel: 25 %; Personalcomputer, PC-Drucker u. a.: 25 %.

284 23.05.2014

1. a) 150.000,00 € (Niederstwertprinzip!)
   b) 50.000,00 € (Niederstwertprinzip!)

2. zu b)

6550	Außerplanmäßige Abschreibungen	100.000,00	
an 0500	Unbebaute Grundstücke		100.000,00

285

1.

	Degressive Abschreibung 30 %[1]	Übergang degr. → lin.
Anschaffungskosten	180.000,00	
Abschreibung: 1. Jahr	54.000,00	
Buchwert	126.000,00	
Abschreibung: 2. Jahr	37.800,00	
Buchwert	88.200,00	
Abschreibung: 3. Jahr	26.460,00	
Buchwert	61.740,00	
Abschreibung: 4. Jahr	18.522,00	
Buchwert	43.218,00	
Abschreibung: 5. Jahr	12.965,00	
Buchwert	30.253,00	
Abschreibung: 6. Jahr	9.076,00	
Buchwert	21.177,00	
Abschreibung: 7. Jahr	6.353,00	
Buchwert	14.824,00 →	14.824,00
Abschreibung: 8. Jahr	4.447,00	4.941,00
Buchwert	10.377,00	9.883,00
Abschreibung: 9. Jahr	3.113,00	4.941,00
Buchwert	7.264,00	4.942,00
Abschreibung: 10. Jahr	2.179,00	4.942,00
Buchwert	5.085,00	0,00

2. Wechsel im 8. Jahr:
   14.824,00 : 3 = 4.941,00 (gerundet)

Der lineare Abschreibungsbetrag ist in der Regel bereits vom Zeitpunkt des Wechsels an höher als bei degressiver Abschreibung (Steuervorteil).

1 Vgl. S. 220/221 des Lehrbuches.

286 23.05.2014

1.	Anschaffungskosten	500.000,00 €
–	planmäßige Abschreibung zum 31. Dez. des 1. Jahres	50.000,00 €
	Buchwert	450.000,00 €
–	planmäßige Abschreibung zum 31. Dez. des 2. Jahres	50.000,00 €
	Buchwert	400.000,00 €
–	planmäßige Abschreibung zum 31. Dez. des 3. Jahres	50.000,00 €
	Buchwert	350.000,00 €
–	planmäßige Abschreibung zum 31. Dez. des 4. Jahres	50.000,00 €
	Buchwert	300.000,00 €
–	planmäßige Abschreibung zum 31. Dez. des 5. Jahres	50.000,00 €
	Buchwert	250.000,00 €
–	planmäßige Abschreibung zum 31. Dez. des 6. Jahres	50.000,00 €
	Buchwert	200.000,00 €
–	planmäßige Abschreibung zum 31. Dez. des 7. Jahres	50.000,00 €
	Buchwert	150.000,00 €
–	planmäßige Abschreibung zum 31. Dez. des 8. Jahres	50.000,00 €
	Buchwert zum 31. Dez. 08	100.000,00 €

2. Außerplanmäßige Abschreibung zum 31. Dez. des 8. Jahres:
   80.000,00 € (100.000,00 € – 20.000,00 €)

3. a) Planmäßige Abschreibung zum 31. Dez. 08: 6520 an 0700 50.000,00
   b) Außerplanmäßige Abschreibung zum 31. Dez. 08: 6550 an 0700 80.000,00

287 11.04.2014

1. Auf dem Konto „0891 GWG-Sammelposten“ gebuchte geringwertige Wirtschaftsgüter müssen fünf Jahre lang linear mit je 20 % abgeschrieben werden.

   Buchung im vorliegenden Fall: 6541 an 0891 5.000,00

2. GWG müssen selbstständig nutzbar und bewertbar sowie abnutzbar sein. Einbauteile oder Bestandteile eines Aggregates z. B. sind keine geringwertigen Wirtschaftsgüter im steuerlichen Sinne.

288

1./2. Siehe Lehrbuch, S. 219.

3. Siehe Lehrbuch, S. 220 f.

4. die Leistungsabschreibung

5. nur bei beweglichen abnutzbaren Anlagegütern, die vor dem 1. Januar 2008 und in den Jahren 2009 und 2010 angeschafft oder hergestellt wurden. Ab 2011 angeschaffte oder hergestellte bewegliche Anlagegüter dürfen steuerrechtlich nur linear abgeschrieben werden.

6. Ja. Abschreibungen sind Aufwendungen, die den Gewinn und die gewinnabhängigen Steuern (Einkommen-, Körperschaft-, Gewerbesteuer) mindern.

289

1. bei abnutzbaren Anlagegütern im Falle einer außergewöhnlichen und dauernden Wertminderung.

2. a) fortgeführte Anschaffungskosten/Herstellungskosten
   b) Anschaffungskosten

3. Stärkere Berücksichtigung außergewöhnlicher Wertminderungen, bedingt durch technisch/wirtschaftliche Entwicklungen.

4. a) Lineare Abschreibung = Abschreibung als gleich bleibender Prozentsatz von den Anschaffungs- oder Herstellungskosten, damit jährlich konstante Abschreibungsbeträge. Steuerlich bei allen abnutzbaren Anlagegütern zulässig.

zu **289**

4. b) Degressive Abschreibung = Abschreibung vom Buchwert, damit jährlich fallende Abschreibungsbeträge. Steuerrechtlich nur bei beweglichen abnutzbaren Anlagegütern erlaubt, die vor dem 1. Januar 2008 und in den Jahren 2009 und 2010 angeschafft oder hergestellt wurden.
5. Nicht abnutzbare Anlagegüter unterliegen keiner zeitlichen Nutzungsbegrenzung.
6. Stille Reserven im Anlagevermögen entstehen durch überhöhte Abschreibungen (höher als tatsächliche Wertminderung), dann ist der Buchwert der Anlagegüter in der Bilanz geringer als ihr wirtschaftlicher Zeitwert.
7. Abschreibungen werden als Kosten bei der Kalkulation der Verkaufspreise berücksichtigt. In den Umsatzerlösen fließen sie wieder in das Unternehmen zurück und stehen somit für Ersatzinvestitionen zur Verfügung.

290

Laufende Buchungen

		Soll	Haben
1.	0891	500,00	
	an 0700		500,00
2.	6002	152,00	
	an 2600		152,00
	4800	228,00	
	an 5001		228,00
3.	4400	1.011,50	
	an 6002		850,00
	an 2600		161,50
4.	5001	1.500,00	
	4800	285,00	
	an 2400		1.785,00
5.	2880	300,00	
	an 5430		300,00
6.	3001	1.785,00	
	an 5420		1.500,00
	an 4800		285,00
7.	6520	218.625,00	
	an 0530		18.000,00
	an 0700		168.625,00
	an 0800		32.000,00
	6541	1.300,00	
	an 0891		1.300,00
8.	6550	60.000,00	
	an 0500		60.000,00

Buchung der Schlussbestände lt. Inventur

1. 8010 an 2000 170.000,00
2. 8010 an 2200 43.325,00

Vorbereitende Abschlussbuchungen

1. 4800 an 2600 101.266,50
2. 3000 an 3001 63.785,00
3. 5000 an 5001 13.272,00
4. 6000 an 6001 3.000,00
5. 6002 an 6000 19.198,00
6. 2000 an 6000 14.400,00
7. 2200 an 5200 10.000,00
8. 8020 an 3000 (Gewinn) 324.101,00

S — 8020 Gewinn- und Verlustkonto — H

S		H	
6000 Aufwendungen f. Rohstoffe	389.402,00	5000 Umsatzerlöse f. eig. Erz.	1.336.728,00
6520 Abschreibungen auf SA	218.625,00	5200 Bestandsveränderungen	10.000,00
6541 Abschr. auf GWG-Sammelp.	1.300,00	5400 Mieterträge	22.600,00
6550 Außerpl. Abschreib. auf SA	60.000,00	5420 Entnahme v. G. u. s. L.	27.000,00
6900 Versicherungsbeiträge	22.000,00	5430 Andere sonstige betriebl. Ertr.	15.100,00
7510 Zinsaufwendungen	36.000,00		
7800 Diverse Aufwendungen	360.000,00		
3000 Eigenkapital (Gewinn)	324.101,00		
	1.411.428,00		1.411.428,00

zu **290**

S	3000 Eigenkapital		H
3001 Privat	63.785,00	8000 EBK	1.300.000,00
8010 SBK	1.560.316,00	8020 GuV (Gewinn)	324.101,00
	1.624.101,00		1.624.101,00

S	8010 Schlussbilanzkonto		H
0500 Unbebaute Grundstücke	220.000,00	3000 Eigenkapital	1.560.316,00
0510 Bebaute Grundstücke	200.000,00	4250 Darlehensschulden	568.475,00
0530 Betriebsgebäude	762.000,00	4400 Verbindlichkeiten a. LL	229.188,50
0700 TA und Maschinen	505.875,00	4800 Umsatzsteuer	157.570,50
0800 Andere Anlagen/BGA	248.000,00		
0891 GWG-Sammelposten	5.200,00		
2000 Rohstoffe	170.000,00		
2200 Fertige Erzeugnisse	43.325,00		
2400 Forderungen a. LL	195.850,00		
2800 Bankguthaben	158.200,00		
2880 Kasse	7.100,00		
	2.515.550,00		2.515.550,00

Rentabilität des Eigenkapitals in %: $\frac{324.101,00 \cdot 100}{1.300.000,00} = \underline{\underline{24,93\ \%}}$

291

1. a) keine Erfolgsauswirkung
   b) Gewinn 5.000,00
   c) Verlust 2.000,00

2. a) 20.000,00
   b) 25.000,00
   c) 18.000,00

3. a) 2800 23.800,00
   an 5410 20.000,00
   an 4800 3.800,00
   6979 an 0840 20.000,00
   5410 an 8020 20.000,00
   8020 an 6979 20.000,00

   b) 2800 29.750,00
   an 5410 25.000,00
   an 4800 4.750,00
   6979 an 0840 20.000,00
   5410 an 8020 25.000,00
   8020 an 6979 20.000,00

   c) 2800 21.420,00
   an 5410 18.000,00
   an 4800 3.420,00
   6979 an 0840 20.000,00
   5410 an 8020 18.000,00
   8020 an 6979 20.000,00

4. Die getrennte Erfassung erleichtert die Verprobung der steuerpflichtigen Umsätze.

292

1.	Buchwert der Maschine am Anfang des 9. Jahres	60.000,00 €
	– Buchwert für 11 Monate im 9. Jahr	27.500,00 €
	Buchwert zum 8. November	32.500,00 €

2. 6520 an 0700 27.500,00

3. a) 32.500,00
   b) 48.750,00
   c) 26.000,00

zu **292**

4. a) 2800 38.675,00
   an 5410 32.500,00
   an 4800 6.175,00
   6979 an 0700 32.500,00
   5410 an 8020 32.500,00
   8020 an 6979 32.500,00
   b) 2800 58.012,50
   an 5410 48.750,00
   an 4800 9.262,50
   6979 an 0700 32.500,00
   5410 an 8020 48.750,00
   8020 an 6979 32.500,00
   c) 2800 30.160,00
   an 5410 26.000,00
   an 4800 4.160,00
   6979 an 0700 32.500,00
   5410 an 8020 26.000,00
   8020 an 6979 32.500,00

293

1. Anschaffungskosten 240.000,00 €
2.

	Buchwert zum 1. Jan.	48.000,00 €
–	Abschreibung Jan. – Okt.	20.000,00 €
	Buchwert zum 12. Okt.	28.000,00 €

   6520 an 0700 20.000,00
3. Gewinn 17.000,00 €
   2800 53.550,00
   an 5410 45.000,00
   an 4800 8.550,00
   6979 an 0700 28.000,00
   5410 an 8020 45.000,00
   8020 an 6979 28.000,00

294

1. 2400 53.550,00
   an 5410 45.000,00
   an 4800 8.550,00
2. 2800 52.479,00
   5410 900,00
   4800 171,00
   an 2400 53.550,00
3. 6979 an 0700 28.000,00
4. 5410 an 8020 44.100,00
   8020 an 6979 28.000,00
   (Gewinn = 16.100,00 €)

295

1. Bei der Entnahme eines Anlagegegenstandes für private Zwecke handelt es sich lt. § 3 (1 b) und (9 a) UStG um einen umsatzsteuerpflichtigen Tatbestand. Die Entnahme des Anlagegegenstandes ist zum Tageswert (Teilwert) anzusetzen und unterliegt mit diesem Wert der Umsatzsteuer.
2.

	Entnahme, netto	300,00 €
+	Umsatzsteuer	57,00 €
	Entnahme, brutto	357,00 €

3. 3001 357,00
   an 5420 300,00
   an 4800 57,00
   6979 an 0860 1,00
   5420 an 8020 300,00
   8020 an 6979 1,00

296

1. Buchwert PKW am 10. Mai: 19.000,00 € (24.000,00 – 5.000,00 Abschreibung)
   (Abschreibung für 5 Monate)
   6520 an 0840 5.000,00
2. a) Tageswert 19.000,00 € nach
   Abschreibung von 5.000,00 € für 5 Monate
   3001 22.610,00
   an 5420 19.000,00
   an 4800 3.610,00
   6979 an 0840 19.000,00
   5420 an 8020 19.000,00
   8020 an 6979 19.000,00
   b) 3001 35.700,00
   an 5420 30.000,00
   an 4800 5.700,00
   6979 an 0840 19.000,00
   5420 an 8020 30.000,00
   8020 an 6979 19.000,00

zu **296**

2. c) 3001	17.850,00	
an 5420		15.000,00
an 4800		2.850,00
6979 an 0840		19.000,00
5420 an 8020		15.000,00
8020 an 6979		19.000,00

3. Vgl. Lehrbuch, S. 77.

297

1. Telefonanlage		30.000,00 €
+ 19 % Umsatzsteuer		5.700,00 €
brutto		35.700,00 €
– Gutschrift für gebrauchte Telefonanlage, netto	400,00 €	
+ 19 % Umsatzsteuer	76,00 €	476,00 €
Restbetrag		35.224,00 €

2. 0860	30.000,00	
2600	5.700,00	
an 4400		35.700,00

3. 4400	35.700,00	
an 5410		400,00
an 4800		76,00
an 2800		35.224,00

4. 6979 an 0860	1,00
5410 an 8020	400,00
8020 an 6979	1,00

298

1. 0860	60.000,00	
2600	11.400,00	
an 4400		71.400,00

EDV-Anlage, netto		60.000,00 €
+ 19 % Umsatzsteuer		11.400,00 €
brutto		71.400,00 €
– Gutschrift für gebrauchte Anlage, netto	10.000,00 €	
+ 19 % Umsatzsteuer	1.900,00 €	11.900,00 €
Restbetrag		59.500,00 €

Gewinn aus Anlagenabgang:
5.000,00 € (Nettoverkaufspreis 10.000,00 € – Buchwert 5.000,00 €)

2. 4400	71.400,00	
an 5410		10.000,00
an 4800		1.900,00
an 2800		59.500,00

6979 an 0860	5.000,00
5410 an 8020	10.000,00
8020 an 6979	5.000,00

299

4400	71.400,00	
an 5410		3.000,00
an 4800		570,00
an 2800		67.830,00

6979 an 0860	5.000,00
5410 an 8020	3.000,00
8020 an 6979	5.000,00

Verlust aus Anlagenabgang:
2.000,00 € (Nettoverkaufspreis 3.000,00 € – Buchwert 5.000,00 €)

300

1. Nur durch den vollen und kontenmäßig gesonderten Ausweis der Bruttobeträge der Erlöse und der unentgeltlichen Entnahmen durch den Unternehmer ist eine Umsatzsteuer-Verprobung möglich (vgl. auch Lehrbuch, S. 227).
2. Zum Tageswert (Teilwert).
3. Wenn der Nettoverkaufspreis eines Anlagegegenstandes höher ist als der Buchwert, so deutet dies darauf hin, dass der Vermögensgegenstand im Hinblick auf den Zeitwert unterbewertet war, also eine „stille Reserve“ enthielt. Diese wird durch den Verkauf offengelegt und führt zu einer Erhöhung des steuerpflichtigen Gewinns.

301

1. a) 6520 an 0700 30.000,00
   8020 an 6520 30.000,00
   b) 6520 an 3610 30.000,00
   8020 an 6520 30.000,00
2. a) 8010 an 0700 270.000,00
   b) 8010 an 0700 300.000,00
3. 3610 an 8010 30.000,00
4. a) 3610 an 0700 270.000,00
   b) 2800 59.500,00
   an 5410 50.000,00
   an 4800 9.500,00
   c) 6979 an 0700 30.000,00
   d) 5410 an 8020 50.000,00
   8020 an 6979 30.000,00

302 24.06.2014

1. 2.400 : 6 = 400,00 T€ jährliche Abschreibung
2. 4.000 T€ + 300 T€ = 4.300 T€

303

Jahr	Anlage-posten	Anschaf-fungs- bzw. Herstel-lungskosten AK/HK	Zugänge zu AK/HK +	Abgänge zu AK/HK –	Umbu-chungen zu AK/HK +/–	Zu-schrei-bungen +	Kumu-lierte Ab-schrei-bungen	Buchwert am 31. Dez. des Be-richts-jahres	Buchwert am 31. Dez. des Vor-jahres	Abschrei-bungen des Berichts-jahres
	0	1	2	3	4	5	6	7	8	9
	TA und Ma-schinen	4.300	–	200	–	–	3.100	1.000	1.470	410

1. 4.000 T€ + 300 T€ = 4.300 T€
2. 1.470 T€
3. 410 T€ in Spalte 9
4. 200 T€ – 60 T€ = 140 T€ kumulierte Abschreibungen
5.
   2.830 T€ kumulierte Abschreibungen des Vorjahres
   \+ 410 T€ des Berichtsjahres
   – 140 T€ Abschreibungen der verkauften Maschine
   3.100 T€ kumulierte Abschreibungen des Berichtsjahres
6.
   4.300 T€ ursprüngliche Anschaffungs-/Herstellungskosten der TA u. Maschinen
   – 200 T€ Anschaffungskosten der verkauften Maschine
   – 3.100 T€ kumulierte Abschreibungen des Berichtsjahres
   1.000 T€ Buchwert der TA und Maschinen zum 31. Dez. des Berichtsjahres
7. 4.300 T€ – 200 T€ = 4.100 T€

304

Jahr	Anlage-posten	Anschaf-fungs- bzw. Herstel-lungskosten AK/HK	Zugänge zu AK/HK +	Abgänge zu AK/HK –	Umbu-chungen zu AK/HK +/–	Zu-schrei-bungen +	Kumu-lierte Ab-schrei-bungen	Buchwert am 31. Dez. des Be-richts-jahres	Buchwert am 31. Dez. des Vor-jahres	Abschrei-bungen des Berichts-jahres
	0	1	2	3	4	5	6	7	8	9
	TA und Maschinen	850	250	–	–	–	435	665	510	95

305

Jahr	Anlage-posten	Anschaf-fungs- bzw. Herstel-lungskosten AK/HK	Zugänge zu AK/HK +	Abgänge zu AK/HK –	Umbu-chungen zu AK/HK +/–	Zu-schrei-bungen +	Kumu-lierte Ab-schrei-bungen	Buchwert am 31. Dez. des Be-richts-jahres	Buchwert am 31. Dez. des Vor-jahres	Abschrei-bungen des Berichts-jahres
	0	1	2	3	4	5	6	7	8	9
	TA und Maschinen	1.100	–	200	–	–	340	560	665	85

435 T€ + 85 T€ – 180 T€ = 340 T€ kumulierte Abschreibungen (Spalte 6)

306

a)

S	2880 Kasse		H
	22.850,00	...	22.560,00
		8010	232,00
		6940	58,00
	22.850,00		22.850,00

S	8010 Schlussbilanzkonto		H
...			
2880	232,00		

S	6940 Sonstige Aufwendungen		H
...			
2880	58,00		

Buchung des Inventurbestandes:
8010 an 2880 232,00

Berichtigungsbuchung:
6940 an 2880 58,00

b)

S	2880 Kasse		H
...	22.850,00	...	22.560,00
5430	116,00	8010	406,00
	22.966,00		22.966,00

S	8010 Schlussbilanzkonto		H
...			
2880	406,00		

S	5430 Andere sonst. betriebl. Erträge		H
		...	
		2880	116,00

Buchung des Inventurbestandes:
8010 an 2880 406,00

Berichtigungsbuchung:
2880 an 5430 116,00

307

1. a) (Bestandsorientiertes Buchungsverfahren)

S	2000 Rohstoffe		H
	400.000,00	...	350.000,00
		8010	35.000,00
		6000	15.000,00
	400.000,00		400.000,00

S	6000 Aufwendungen f. Rohstoffe		H
...			
2000	15.000,00		

zu **307**

S	8010 Schlussbilanzkonto		H
…			
2000	35.000,00		

Buchung des Inventurbestandes:
8010 an 2000 35.000,00

Berichtigungsbuchung:
6000 an 2000 15.000,00

1. b) (Bestandsorientiertes Buchungsverfahren)

S	2000 Rohstoffe		H
…	400.000,00	…	350.000,00
2020	10.000,00	8010	60.000,00
	410.000,00		410.000,00

S	2020 Hilfsstoffe		H
…	…	…	
		2000	10.000,00

S	8010 Schlussbilanzkonto		H
…	…	…	…
2000	60.000,00		

Buchung des Inventurbestandes:
8010 an 2000 60.000,00

Berichtigungsbuchung (einfache Umbuchung):
2000 an 2020 10.000,00

2. a) 0860 an 0890
   b) 6700 an 5400

3. a) Ursachen für Kassendifferenzen: Falsche Herausgabe (zu viel oder zu wenig) von Wechselgeld, nicht erfasste Barentnahmen (z. B. für private Zwecke), nicht erfasste Einzahlungen (z. B. bei Barverkäufen), Diebstahl u. a.
   b) Ursachen für Abweichungen in den Lagerbeständen: Nichtbeachtung des Niederstwertprinzips bei Lagervorräten, nicht erfasste Materialentnahmen, Erzeugnisentnahmen, Verderb, Schwund, Diebstahl u. a.

308

1. a)	6700 an 4890		2.800,00
b)	4890 an 2800		2.800,00
2. a)	2690 an 5400		1.650,00
b)	2800 an 2690		1.650,00
3. a)	6800 an 4400 (4890)		300,00
b)	4400 (4890)	300,00	
	2600	57,00	
	an 2800		357,00
4. a)	7510 an 4890		1.000,00
b)	4890	1.000,00	
	7510	500,00	
	an 2800		1.500,00
5. a)	2690 an 5710	1.800,00	
b)	2800	2.400,00	
	an 2690		1.800,00
	an 5710		600,00
6. a)	2690 an 5710		700,00
b)	2800 an 2690		700,00
7. a)	6920 an 4890		1.800,00
b)	4890 an 2800		1.800,00
8. a)	6200 an 4890		2.500,00
b)	4890	2.500,00	
	6200	2.000,00	
	an 4830/2640		700,00
	an 2800		3.800,00
9. a)	2690 an 5710		315,00
b)	2800 an 2690		315,00

zu **308**

10. a)	6150	750,00		b)	4890 an 2800	892,50
	2600	142,50				
	an 4890		892,50			

309

1. a)	6700 an 4890		2.000,00
b)	4890 an 2800		2.000,00
2. a)	6050 an 4890		8.200,00
b)	4890	8.200,00	
	2600	1.558,00	
	an 2800		9.758,00
3. a)	2690 an 5710		300,00
b)	2800	600,00	
	an 2690		300,00
	an 5710		300,00
4. a)	6700 an 4890		200,00
b)	4890	200,00	
	6700	100,00	
	an 2800		300,00
5. a)	7510 an 4890		1.600,00
b)	4890	1.600,00	
	7510	800,00	
	an 2800		2.400,00
6. a)	6160 an 4890		400,00
b)	4890	400,00	
	2600	76,00	
	an 2800		476,00

310

1. a)	7030 an 2800	600,00	600,00
b)	2900 an 7030	300,00	300,00
	8010 an 2900	300,00	300,00
c)	7030 an 2900	300,00	300,00
2. a)	2800 an 5400	4.500,00	4.500,00
b)	5400 an 4900	3.000,00	3.000,00
	4900 an 8010	3.000,00	3.000,00
c)	4900 an 5400	3.000,00	3.000,00
3. a)	6160	1.200,00	
	2600	228,00	
	an 2800		1.428,00
b)	2900 an 6160	400,00	400,00
	8010 an 2900	400,00	400,00
c)	6160 an 2900	400,00	400,00
4. a)	2800 an 5710	960,00	960,00
b)	5710 an 4900	720,00	720,00
	4900 an 8010	720,00	720,00
c)	4900 an 5710	720,00	720,00
5. a)	6900 an 2800	3.600,00	3.600,00
b)	2900 an 6900	3.000,00	3.000,00
	8010 an 2900	3.000,00	3.000,00
c)	6900 an 2900	3.000,00	3.000,00
6. a)	2800 an 5400	2.500,00	2.500,00
b)	5400 an 4900	2.500,00	2.500,00
	4900 an 8010	2.500,00	2.500,00
c)	4900 an 5400	2.500,00	2.500,00

311

1. 7030	300,00	
2900	300,00	
an 2800		600,00
2. 2800	4.500,00	
an 5400		1.500,00
an 4900		3.000,00
3. 6160	800,00	
2900	400,00	
2600	228,00	
an 2800		1.428,00
4. 2800	960,00	
an 5710		240,00
an 4900		720,00
5. 6900	600,00	
2900	3.000,00	
an 2800		3.600,00
6. 2800	2.500,00	
an 4900		2.500,00

312

1. 6700 an 4890	300,00	300,00
2. 7510 an 4890	600,00	600,00
3. 5710 an 4900	850,00	850,00
4. 5400 an 4900	2.400,00	2.400,00
5. 2900 an 7030	500,00	500,00
6. 6920 an 4890	2.400,00	2.400,00
7. 2690 an 5710	450,00	450,00
8. 5400 an 4900	4.500,00	4.500,00
9. 2900 an 6900	2.000,00	2.000,00
10. 6150	4.000,00	
2600	760,00	
an 4890		4.760,00

313

Zeitliche Abgrenzungen

1. 2900 an 6900	850,00
2. 2900 an 6810	260,00
3. 2900 an 7030	605,00
4. 6920 an 4890	750,00
5. 6150 an 4890	1.700,00
6. 6700 an 4890	2.850,00
7. 2690 an 5400	1.850,00
8. 5400 an 4900	1.900,00
9. 2690 an 5710	450,00
10. 7510 an 4890	12.000,00

Abschlussbuchungen

8010 an 2600	9.400,00	(Vorsteuerüberhang)
8010 an 2690	11.100,00	
8010 an 2900	1.715,00	
4800 an 2600	124.600,00	
4890 an 8010	23.000,00	
4900 an 8010	1.900,00	
5400 an 8020	22.750,00	
5710 an 8020	2.050,00	
8020 an 6150	13.700,00	
8020 an 6700	29.250,00	
8020 an 6810	1.840,00	
8020 an 6900	15.350,00	
8020 an 6920	13.350,00	
8020 an 7030	6.995,00	
8020 an 7510	26.700,00	

314

Altes Jahr	Neues Jahr	Abgrenzungsposten
Ertrag	Einnahme	**Sonstige Forderungen**
Aufwand	Ausgabe	**Sonstige Verbindlichkeiten**
Ausgabe	Aufwand	**Aktive Rechnungsabgrenzung**
Einnahme	Ertrag	**Passive Rechnungsabgrenzung**

315

1. alten, neuen.
2. alten, neuen.
3. alten, neuen
4. alten, neuen.

316

1. Der Jahreserfolg kann periodengerecht nur durch Gegenüberstellung der Aufwendungen und Erträge ermittelt werden, die wirtschaftlich das Geschäftsjahr betreffen, und zwar unabhängig von ihren Ausgaben bzw. Einnahmen.

zu **316**

2. a) Sonstige Forderungen, b) Sonstige Verbindlichkeiten, c) Aktive und d) Passive Rechnungsabgrenzung.
3. Bei 2. a) und b) im neuen Jahr, bei 2. c) und d) im alten Jahr.
4. Die im alten Jahr geleisteten Vorauszahlungen für Aufwendungen und Erträge des neuen Jahres werden in das neue Jahr hinübergeführt.

317

Beleg 1:	2800	4.500,00	
	an 5400		3.000,00
	an 4900		1.500,00
Beleg 2:	7030	400,00	
	2900	2.000,00	
	an 2800		2.400,00

318

1. 7700 an 3800 12.000,00 12.000,00
2. a) Minderung des Gewinns
   b) Erhöhung des Verlustes

3.	a)	3800 an 2800	12.000,00	12.000,00
	b)	3800	12.000,00	
		an 2800		10.000,00
		an 5480		2.000,00
	c)	3800	12.000,00	
		7700	3.000,00	
		an 2800		15.000,00

319

1. Der Instandsetzungsaufwand betrifft wirtschaftlich das Abschlussjahr:

   Buchung:
   6160 an 3900 25.000,00 25.000,00

2.	a)	3900 an 8010	25.000,00	25.000,00
	b)	8020 an 6160	25.000,00	25.000,00
3.		8000 an 3900	25.000,00	25.000,00
4.	a)	3900	25.000,00	
		6160	3.000,00	
		2600	5.320,00	
		an 2800		33.320,00
	b)	3900	25.000,00	
		2600	4.560,00	
		an 2800		28.560,00
		an 5480		1.000,00

320

1.		6770 an 3900	12.000,00	12.000,00
2.	a)	3900 an 2850	12.000,00	12.000,00
	b)	3900	12.000,00	
		6770	3.000,00	
		an 2850		15.000,00
	c)	3900	12.000,00	
		an 2850		10.000,00
		an 5480		2.000,00

321

1. Verbindlichkeiten, feststehen, Höhe, Fälligkeit.
2. geschätzt
3. periodengerechten

322

1. Es bestehen für die Vertragsparteien lediglich Pflichten aus dem Kaufvertrag, die noch nicht erfüllt sind: ordnungsmäßige Lieferung, fristgerechte Zahlung.
2. Wenn aus dem Kaufvertrag ein Verlust droht, muss nach dem Vorsichtsprinzip in der Handelsbilanz (§ 252 HGB) dieser nicht realisierte Verlust zum Bilanzstichtag gebucht werden.

3.	a)	6000 an 3900	15.000,00	15.000,00
	ba)	6000	180.000,00	
		2600	34.200,00	
		an 4400		214.200,00
	bb)	3900 an 6000	15.000,00	15.000,00

323

1.	a)	6770 an 3900	3.200,00	3.200,00
	b)	8020 an 6770	3.200,00	3.200,00
	c)	3900 an 8010	3.200,00	3.200,00
2.		8000 an 3900	3.200,00	3.200,00
3.	a)	3900	3.200,00	
		6770	300,00	
		2600	665,00	
		an 4400		4.165,00
	b)	3900	3.200,00	
		2600	551,00	
		an 5480		300,00
		an 4400		3.451,00

324

1. Rückstellungen sind Schulden, die wirtschaftlich noch das alte Jahr betreffen und die zwar ihrem Grunde nach feststehen, deren genaue Höhe und/oder Fälligkeit am Bilanzstichtag jedoch noch nicht bekannt sind.
2. Die Ungewissheit über Höhe und/oder Fälligkeit der Verbindlichkeit unterscheidet die Rückstellungen von den genau bestimmbaren Sonstigen Verbindlichkeiten. Rückstellungsbeträge müssen in der Regel geschätzt werden (Kostenvoranschläge).
3. Beide stellen antizipative Posten dar, also Verbindlichkeiten für Aufwendungen, die im alten Geschäftsjahr begründet sind. Sie führen somit zu einer Gewinnminderung im alten Jahr und aller Voraussicht nach zu einem Liquiditätsabfluss im neuen Jahr.
4. Siehe § 249 (1) und Lehrbuch, S. 248.
5. Da Rückstellungen für Aufwendungen gebildet werden, vermindert sich im Jahr der Bildung der auszuschüttende Gewinn und damit zugleich auch die zu zahlende Ertragsteuer.
6. Sobald die betreffende Rechnung vorliegt und beglichen wird.
7. a) Eine zu hohe Bildung von Rückstellungen führt zu einer zusätzlichen Gewinnschmälerung und damit zu einer „stillen Reserve".
   b) Eine zu niedrige Bemessung der Rückstellungen führt zu einem höheren Gewinn und damit zu einer höheren Gewinnausschüttung (Substanzverlust).

   Im Übrigen wird in den Fällen a) und b) der Gewinnausweis verfälscht (Verstoß gegen den Grundsatz der Bilanzwahrheit).

325

Buchungen aufgrund der Abschlussangaben zum Bilanzstichtag

		Soll	Haben
1.	6550	8.000,00	
	an 0800		8.000,00
2.	6520	415.000,00	
	an 0700		315.000,00
	an 0800		100.000,00
	6541	1.720,00	
	an 0891		1.720,00
3.	3001	1.428,00	
	an 5420		1.200,00
	an 4800		228,00
4.	6770	32.800,00	
	6160	68.000,00	
	an 3900		100.800,00
5.	6700	15.000,00	
	an 4890		15.000,00
6.	5710	400,00	
	an 4900		400,00
7.	6940	400,00	
	an 2880		400,00
8.	2900	8.550,00	
	an 7510		8.550,00
9.	8010	80.000,00	
	an 2000		80.000,00

Umbuchungen

1. 4800 an 2600 154.380,00
2. 3000 an 3001 90.128,00
3. 6000 an 2000 15.000,00
4. 8020 an 3000 (Gewinn) 298.430,00

S	8020 Gewinn- und Verlustkonto		H
6000 Aufwendg. f. Rohstoffe	641.000,00	5000 Umsatzerlöse f. eig. Erz.	1.976.000,00
6160 Fremdinstandhaltung	76.000,00	5420 Entnahme v. G. u. s. L.	1.200,00
6520 Abschreibungen auf SA	415.000,00	5710 Zinserträge	3.600,00
6541 Abschr. auf GWG-Sammelp.	1.720,00		
6550 Außerplanmäßige Abschr.	8.000,00		
6700 Mieten	160.300,00		
6770 Rechtskosten	46.800,00		
6940 Sonstige Aufwendungen	400,00		
7510 Zinsaufwendungen	37.850,00		
7600 Außerordentl. Aufwend.	16.000,00		
7800 Diverse Aufwendungen	279.300,00		
3000 Eigenkapital (Gewinn)	298.430,00		
	1.980.800,00		1.980.800,00

zu **325**

S	3000 Eigenkapital		H
3001 Privat	90.128,00	8000 EBK	900.000,00
8010 SBK	1.108.302,00	8020 GuV (Gewinn)	298.430,00
	1.198.430,00		1.198.430,00

S	8010 Schlussbilanzkonto		H
0700 TA und Maschinen	945.000,00	3000 Eigenkapital	1.108.302,00
0800 Andere Anlagen/BGA	292.000,00	3900 Rückstellungen	110.800,00
0891 GWG-Sammelposten	6.880,00	4250 Darlehensschulden	133.600,00
2000 Rohstoffe	80.000,00	4400 Verbindlichkeiten a. LL	170.000,00
2400 Forderungen a. LL	190.760,00	4800 Umsatzsteuer	221.288,00
2800 Bankguthaben	339.200,00	4890 Sonstige Verbindlichkeiten	125.000,00
2880 Kasse	7.000,00	4900 PRA	400,00
2900 ARA	8.550,00		
	1.869.390,00		1.869.390,00

Aktiva	**Bilanz gemäß § 266 HGB**		Passiva
A. Anlagevermögen		**A. Eigenkapital**	1.108.302,00
1. TA und Maschinen	945.000,00		
2. Andere Anlagen/Betriebs- und Geschäftsausstattung	298.880,00	**B. Rückstellungen**	110.800,00
		C. Verbindlichkeiten	
B. Umlaufvermögen		1. Verbindlichkeiten gegenüber Kreditinstituten	133.600,00
1. Rohstoffe	80.000,00	2. Verbindlichkeiten a. LL	170.000,00
2. Forderungen und sonstige Vermögensgegenstände	190.760,00	3. Sonstige Verbindlichkeiten davon aus Steuern: 221.288,00	346.288,00
3. Kassenbestand, Guthaben bei Kreditinstituten	346.200,00		
		D. Rechnungsabgrenzungsposten	400,00
C. Rechnungsabgrenzungsposten	8.550,00		
	1.869.390,00		1.869.390,00

	Unternehmungsgewinn	298.430,00 €
–	Unternehmerlohn	96.000,00 €
	Unternehmergewinn	202.430,00 €
	Eigenkapital zum 1. Januar	900.000,00 €

$$\text{Rentabilität des Eigenkapitals in \%} = \frac{\text{Unternehmergewinn} \cdot 100}{\text{Anfangseigenkapital}} = \frac{202.430,00 \cdot 100}{900.000,00} = \underline{\underline{22,49\ \%}}$$

326

a) Handelsbilanz 300.000,00 € Wertansatz zum 31. Dez. 2011
b) Steuerbilanz 360.000,00 € Wertansatz zum 31. Dez. 2011

Der **Wertansatz der Handelsbilanz** (400.000,00 € – 25 % degressive Abschreibung **= 300.000,00 €**) gilt für die Steuerbilanz nicht, da bewegliche abnutzbare Anlagegüter ab 2011 steuerrechtlich nur noch linear abgeschrieben werden dürfen.

In der **Steuerbilanz** sind deshalb **360.000,00 €** (400.000,00 € – 10 % lineare AfA) anzusetzen.

327

1. Eine Vollabschreibung ist für geringwertige Wirtschaftsgüter mit Anschaffungskosten über 150,00 € bis 1.000,00 € nicht zulässig. Diese Güter können steuerrechtlich in einem Sammelposten gebucht werden und sind dann fünf Jahre lang (unabhängig von der Nutzungsdauer) linear mit je 20 % abzuschreiben. GWG bis 410,00 € AK/HK (netto) können lt. „Wachstumsbeschleunigungsgesetz" ab 1. Januar 2010 auch alternativ im Jahr der Anschaffung oder Herstellung in voller Höhe als Betriebsausgabe abgesetzt werden.
2. Da das Steuerrecht für GWG ausdrücklich einen anderen Wertansatz vorschreibt (steuerrechtlich: Nutzungsdauer fünf Jahre; handelsrechtlich: tatsächliche Nutzungsdauer), ergeben sich für die GWG unterschiedliche Bewertungen in beiden Bilanzen. Handelsrechtlich steht der Bildung eines Sammelpostens (wie im Steuerrecht) nichts im Wege.
3. Siehe Lehrbuch, S. 253 (grün unterlegter Text).
4. Eine vorsichtige Bewertung drückt sich bei Vermögenswerten in einem im Zweifel niedrigen Wertansatz, bei Schulden in einem hohen Wertansatz aus und führt in der Erfolgsrechnung zu entsprechend höheren Aufwendungen und damit zu einem niedrigen Gewinn. Dies führt zu einer verstärkten Substanzerhaltung, da Kapitalwerte an den Betrieb gebunden und nicht ausgeschüttet werden. Von der Erhaltung der Haftungssubstanz und der Ertragsfähigkeit in der Zukunft wird die Fähigkeit des Betriebes zur termingerechten Zinszahlung und Tilgung der Verbindlichkeiten bestimmt. Dies wiederum liegt im Interesse der Gläubiger.
5. Z. B. Abschreibungsmethode (linear/degressiv), Geringwertige Wirtschaftsgüter (Abschreibung nach Steuerrecht oder nach tatsächlicher Nutzungsdauer).
6. a) niedrige Abschreibung:
   Vorteilhaft bei FK-Aufnahme, da hoher Vermögensausweis (Beleihungswert, Sicherheiten). Vorteilhaft auch für Anteilseigner, da höherer Gewinnausweis auch höhere Gewinnausschüttung wahrscheinlich macht. Nachteilig ist höhere Steuerbelastung und Substanzverringerung durch Gewinnausschüttung.

   b) hohe Abschreibung:
   Vorteilhaft ist die geringere Steuerbelastung für das Unternehmen durch niedrigeren Gewinnausweis und die Vermeidung eines Liquiditätsabflusses durch geringere Gewinnausschüttung. Nachteilig ist diese geringere Ausschüttung für die Anteilseigner sowie möglicherweise der niedrigere Vermögensausweis bei Kreditnachfrage.

328

1. Vgl. Lehrbuch, S. 255.
2. Werterhellende Tatsachen müssen bei der Bewertung berücksichtigt werden. Es handelt sich hierbei um Sachverhalte, die am Bilanzstichtag objektiv bestanden, allerdings erst nach diesem Zeitpunkt, jedoch noch vor dem Tag der Bilanzaufstellung, bekannt werden.
3. Vgl. Lehrbuch, S. 255 (Punkt 1) und S. 256 (Punkt 7).
4. Die Rückstellung muss aufgelöst werden. Der Vorgang steht in einem ursächlichen Zusammenhang mit dem alten Jahr.
5. Die Forderung darf in der Bilanz zum 31. Dez. 01 nicht ausgewiesen werden, da die Erbschaft des Kunden, die zur Wiederherstellung seiner Zahlungsfähigkeit führt, ein Vorgang im neuen Geschäftsjahr ist.

329

1. **Rechnung der Lieferfirma**

Listenpreis	350.000,00
– 10 % Rabatt	35.000,00
Nettopreis	315.000,00
+ Transportkosten	3.000,00
+ Fundamentierung	5.500,00
+ Montage	1.500,00
	325.000,00
+ 19 % Umsatzsteuer	61.750,00
Rechnungsbetrag	386.750,00

2. **Buchung des Rechnungseingangs**

0700	325.000,00	
2600	61.750,00	
an 4400		386.750,00

3. **Anschaffungskosten**

Listenpreis	350.000,00
– 10 % Rabatt	35.000,00
Nettopreis	315.000,00
+ Transportkosten	3.000,00
+ Fundamentierung	5.500,00
+ Montage	1.500,00
	325.000,00
– 2 % Skonto	6.500,00
Anschaffungskosten	318.500,00

4. **Buchung des Zahlungsausgleichs**

4400	386.750,00	
an 0700		6.500,00
an 2600		1.235,00
an 2800		379.015,00

5. **Abschreibungsbeträge** im 1. Jahr

a) linear

Anschaffungskosten	318.500,00	10 Jahre	31.850,00

b) degressiv

Anschaffungskosten	318.500,00	Abschreibung 25 %	79.625,00

6. **Wertansatz** zum 31. Dez. 2010

a) **bei linearer Abschreibung:**

	318.500,00
– Abschreibung	31.850,00
Wertansatz zum 31. Dez.	286.650,00

b) **bei degressiver Abschreibung:**

	318.500,00
– Abschreibung	79.625,00
Wertansatz zum 31. Dez.	238.875,00

7. **Auswirkung der Abschreibungsart auf den Gewinn**

Bei linearer Abschreibung wird ein um 47.775,00 € höherer Gewinn ausgewiesen.

8. a) Bei Verlust: lineare Abschreibung
   b) Bei Gewinn: degressive Abschreibung

330

1. Wertansatz

a) **bei handels- und steuerrechtlich höchstmöglicher Bewertung:**

Fertigungsmaterial	50.000,00
Fertigungslöhne	200.000,00
Sondereinzelkosten der Fertigung	12.000,00
Materialgemeinkosten	10.000,00
Fertigungsgemeinkosten	80.000,00
Fertigungsbedingter Werteverzehr des Anlagevermögens	3.000,00
Allgemeine Verwaltungskosten	30.000,00
	385.000,00

zu 330

b) **bei handels- und steuerrechtlich niedrigster Bewertung:**

	Handelsrecht	Steuerrecht
Fertigungsmaterial	50.000,00	50.000,00
Fertigungslöhne	200.000,00	200.000,00
Sondereinzelkosten der Fertigung	12.000,00	12.000,00
Materialgemeinkosten	10.000,00	10.000,00
Fertigungsgemeinkosten	80.000,00	80.000,00
Fertigungsbedingter Werteverzehr des Anlagevermögens	3.000,00	3.000,00
Handelsrechtlich niedrigste Bewertung	355.000,00	
Allgemeine Verwaltungskosten		30.000,00
Steuerrechtliche niedrigste Bewertung		385.000,00

2. **Auswirkung auf den Gewinn:**
Handelsrechtlich ergibt sich bei Wertansatz a) ein höherer Gewinn als bei Wertansatz b).

331

Wertansätze

a) **Handelsbilanz**

Anschaffungskosten	300.000,00
– lineare Abschreibung (10 %)	30.000,00
Wertansatz (31. Dez. 2010):	270.000,00

b) **Steuerbilanz**

Anschaffungskosten	300.000,00
– degressive AfA (25 %)	75.000,00
Wertansatz (31. Dez. 2010):	225.000,00

Der Wertansatz in der Steuerbilanz darf vom handelsrechtlichen Wertansatz abweichen, weil nach § 5 (1) EStG ein Wahlrecht zwischen linearer und degressiver AfA besteht und der Grundsatz der umgekehrten Maßgeblichkeit der Steuerbilanz für die Handelsbilanz aufgehoben ist.

332

Wertansatz: 150.000,00 €

Begründung: Der Zahlungszeitpunkt (10. Jan.) liegt zwar vor dem Zeitpunkt der Bilanzaufstellung, war aber am 31. Dez. objektiv noch nicht gegeben und darf daher keine Berücksichtigung finden.

333

Da der Prozess bei Bilanzerstellung bereits zugunsten der Firma entschieden ist, besteht kein Grund mehr für eine Rückstellung. Die Bildung der Rückstellung ist rückgängig zu machen.

334

zu 1. und 2.

	Handelsbilanz	**Steuerbilanz**
Fertigungsmaterial 20 % Materialgemeinkosten Fertigungslöhne 200 % Fertigungsgemeinkosten Fertigungsbedingter Werteverzehr des Anlagevermögens TÜV-Abnahmegebühr (SEK)	85.000,00 € 17.000,00 € 125.000,00 € 250.000,00 € 5.000,00 € 5.800,00 €	85.000,00 € 17.000,00 € 125.000,00 € 250.000,00 € 5.000,00 € 5.800,00 €
Bewertungsuntergrenze der Herstellungskosten nach Handelsrecht allgemeine Verwaltungskosten	487.800,00 € 48.780,00 €	48.780,00 €
Bewertungsobergrenze der Herstellungskosten nach Handelsrecht/ Herstellungskosten nach Steuerrecht	536.580,00 €	536.580,00 €

zu **334**

3. 0700 an 5300
4. a) und b) Die Bewertung der maschinellen Anlage mit der Bewertungsobergrenze der Herstellungskosten führt zu einem höheren Gewinn in der Handelsbilanz als die Bewertung mit der Bewertungsuntergrenze.

335

1. Die Anschaffungskosten werden im Verhältnis der Anschaffungspreise (1:3) auf Grundstück und Gebäude aufgeteilt.

	Grundstück	Gebäude
Kaufpreis	200.000,00 €	600.000,00 €
Grunderwerbsteuer	7.000,00 €	21.000,00 €
Maklergebühr	6.000,00 €	18.000,00 €
Notariatskosten	1.250,00 €	3.750,00 €
Grundbuchkosten	750,00 €	2.250,00 €
Anschaffungskosten	215.000,00 €	645.000,00 €

2.

0510	860.000,00	
2600	5.510,00	
an 4250		500.000,00
an 2800		365.510,00

3. $\frac{645.000,00}{40} = 16.125,00$ €

Buchungssatz: 6520 an 0510

336

1. **Rechnung der Lieferfirma**

Listenpreis	400.000,00
– 5 % Rabatt	20.000,00
Nettopreis	380.000,00
+ Transport-/Verp.-Kosten	4.500,00
+ Fundamentierung/Montage	5.500,00
	390.000,00
+ 19 % USt	74.100,00
Rechnungsbetrag	464.100,00

2. **Buchung des Rechnungseingangs**

0700	390.000,00	
2600	71.100,00	
an 4400		464.100,00

3. **Anschaffungskosten**

	390.000,00
– 2 % Skonto	7.800,00
Anschaffungskosten	382.200,00

4. **Buchung des Rechnungsausgleichs**

4400	464.100,00	
an 0700		7.800,00
an 2600		1.482,00
an 2800	454.818,00	

5. **Berechnung der Abschreibung**

mtl. = $\frac{382.200,00}{120}$ =3.185,00 €

für 9 Monate = 28.665,00 €

oder: $\frac{38.220,00 \cdot 9}{12}$ = 28.665,00 €

6.

6520	28.665,00	
an 0700		28.665,00

337

a) 31. Dez. 01: 120.000,00 € (§ 253 [3] HGB)
b) 31. Dez. 02: 140.000,00 € (Wertaufholung, siehe auch § 6 [1] EStG)
c) 31. Dez. 03: 150.000,00 € (Anschaffungskosten = Wertobergrenze)

338

1.

Kaufpreis	600.000,00 €
+ Grunderwerbsteuer	21.000,00 €
+ Notariatskosten	5.000,00 €
+ Maklergebühr	18.000,00 €
+ Kanalanschlussgebühr	12.000,00 €
+ Grundbuchkosten	2.800,00 €
Anschaffungskosten	658.800,00 €

2.

0500	658.800,00	
2600	4.370,00	
an 2800		663.170,00

3. Außerplanmäßige Abschreibung wegen dauernder Wertminderung
6550 an 0500 80.000,00 80.000,00

339

a) 31. Dez. 01: 160.000,00 €
b) 31. Dez. 02: 120.000,00 €
c) 31. Dez. 03: 20.000,00 € (zusätzlich zur planmäßigen Abschreibung in Höhe von 40.000,00 € ist eine außerplanmäßige Abschreibung von 60.000,00 € erforderlich)

340

1. a) **bei linearer Abschreibung**

AK 350.000,00 €	AK
– 5 % Abschr. 1. J.:	17.500,00 €
Buchwert 31. Dez. 01:	332.500,00 €
– 10 % Abschr. 2. J.:	35.000,00 €
Buchwert 31. Dez. 02:	297.500,00 €
– 10 % Abschr. 3. J.:	35.000,00 €
Buchwert 31. Dez. 03:	262.500,00 €

b) **bei degressiver Abschreibung**

350.000,00 €	
– 12,5 % Abschr. 1. J.:	43.750,00 €
Buchwert 31. Dez. 01:	306.250,00 €
– 25 % Abschr. 2. J.:	76.562,50 €
Buchwert 31. Dez. 02:	229.687,50 €
– 25 % Abschr. 3. J.:	57.421,88 €
Buchwert 31. Dez. 03:	172.265,62 €

2.

	Degressive Abschreibung 25 %	Übergang degressiv → linear
Anschaffungskosten	350.000,00	
Abschreibung: 1. Jahr (12,5 %)	43.750,00	
Buchwert	306.250,00	
Abschreibung: 2. Jahr	76.562,50	
Buchwert	229.687,50	
Abschreibung: 3. Jahr	57.421,88	
Buchwert	172.265,62	
Abschreibung: 4. Jahr	43.066,41	
Buchwert	129.199,21	
Abschreibung: 5. Jahr	32.299,80	
Buchwert	96.899,41	
Abschreibung: 6. Jahr	24.224,85	
Buchwert	72.674,56	
Abschreibung: 7. Jahr	18.168,64	
Buchwert	54.505,92 →	54.505,92
Abschreibung: 8. Jahr	13.626,48	15.573,12
Buchwert	40.879,44	38.932,80

zu **340**

Übertrag:		Degressive Abschreibung 25 %	Übergang degressiv → linear
Buchwert		40.879,44	38.932,80
Abschreibung:	9. Jahr	10.219,86	15.573,12
Buchwert		30.659,58	23.359,68
Abschreibung:	10. Jahr	7.664,90	15.573,12
Buchwert		22.994,68	7.786,50
Abschreibung:	11. Jahr (12,5 %)	2.874,34	7.786,50
Buchwert		20.120,34	0,00

341

1. Strenges Niederstwertprinzip:
   a) 280 Stück zu 350,00 € = 98.000,00 € Wertansatz
   b) 280 Stück zu 270,00 € = 75.600,00 € Wertansatz
   Buchungssatz: 8010 an 2010
2. Fall a): Nicht realisierte Gewinne dürfen nicht ausgewiesen werden;
   Fall b): nicht realisierte Verluste müssen in der Erfolgsrechnung berücksichtigt werden (Vorsichtsprinzip).

342

1./2. Strenges Niederstwertprinzip:

Bilanzansatz nur 12.000,00 €. Nicht realisierte Gewinne dürfen **nicht** ausgewiesen werden.
Buchungssatz: 8010 an 2280 12.000,00

343

1. Siehe Lehrbuch, S. 265.
2. Die Elektromotoren wurden während des Geschäftsjahres erworben, jedoch nicht nach Lieferungen getrennt gelagert. Eine Einzelbewertung ist somit nicht möglich, da zum Bilanzstichtag nicht feststellbar ist, aus welchen Lieferungen die Elektromotoren stammen und zu welchen Preisen sie angeschafft wurden.
3. Durchschnittsbewertung.

344

1. Durchschnittliche Anschaffungskosten

	Menge	**Preis**		**Wert**
Anfangsbestand	2 000	45,00		90.000,00
Zugänge 10. Febr.	3 000	50,00		150.000,00
10. Aug.	2 000	55,00		110.000,00
10. Okt.	1 500	58,00		87.000,00
	8 500 Stück	=		437.000,00
	1 Stück =	51,41,	genau	51,4117647

2. zulässiger Bilanzansatz

a) Schlussbestand	2 500	51,41	128.525,00
b) Schlussbestand	2 500	51,41	128.525,00
c) Schlussbestand	2 500	50,00	125.000,00

345

		Menge	Preis	Wert
1. Jan.	Anfangsbestand	2 000	45,00	90.000,00
20. Jan.	–	1 000	45,00	45.000,00
	Bestand	1 000	45,00	45.000,00
10. Febr.	+	3 000	50,00	150.000,00
	Bestand	4 000	48,75	195.000,00
15. Juli	–	500	48,75	24.375,00
	Bestand	3 500	48,75	170.625,00
10. Aug.	+	2 000	55,00	110.000,00
	Bestand	5 500	51,02	280.625,00
10. Sept.	–	3 500	51,02	178.570,00
	Bestand	2 000	51,03	102.055,00
10. Okt.	+	1 500	58,00	87.000,00
	Bestand	3 500	54,02	189.055,00
15. Dez.	–	1 000	54,02	54.020,00
	Schlussbestand	2 500	54,01	135.035,00

(ohne Abrundung 54,014)

346

a) **Bewertung nach Fifo**

1 500 Stück à 58,00 €	87.000,00 €
1 000 Stück à 55,00 €	55.000,00 €
2 500 Stück	142.000,00 €

b) **Bewertung nach Lifo**

500 Stück à 50,00 €	25.000,00 €
2 000 Stück à 45,00 €	90.000,00 €
2 500 Stück	115.000,00 €

347

1. Erkennbare Risiken und Wertminderungen der Gegenstände des Umlaufvermögens sind im Bilanzansatz berücksichtigt.
2. Die Gläubiger des Unternehmens können davon ausgehen, dass das Unternehmen seine Vermögenslage im Zweifel schlechter darstellt, als sie tatsächlich ist. Für das Unternehmen führt die Beachtung des strengen Niederstwertprinzips zu einer Verringerung des steuerpflichtigen Gewinns (Ausweis nicht realisierter Verluste).
3. Die Beachtung des Realisationsprinzips (abgeleitet aus dem Prinzip der Vorsicht) schließt die Berücksichtigung von Wertsteigerungen über die Anschaffungs- oder Herstellungskosten aus.
4. Siehe Lehrbuch, S. 13.

348

1. 6550 an 0700		15.000,00
2. 6520	411.250,00	
an 0700		311.250,00
an 0800		100.000,00
6541 an 0891		2.120,00
3. 3001	1.428,00	
an 5420		1.200,00
an 4800		228,00
4. 6940 an 2880		250,00
5. 2900 an 7510		4.250,00
6. 5710 an 4900		400,00
7. 6770	21.500,00	
6160	79.300,00	
an 3900		100.800,00

8. 6700 an 4890	13.500,00
9. 8010 an 2000	80.000,00
6000 an 2000	15.000,00
10. 8010 an 2100	20.000,00
5200 an 2100	58.300,00
8010 an 2200	60.000,00
2200 an 5200	19.000,00

Umbuchungen

4800 an 2600	165.080,00
3000 an 3001	90.128,00

zu **348**

a)

S	8020 Gewinn- und Verlustkonto		H
5200	39.300,00	5000	1.976.000,00
6000	641.000,00	5420	1.200,00
6160	87.300,00	5710	3.600,00
6520	411.250,00		
6541	2.120,00		
6550	15.000,00		
6700	133.800,00		
6770	35.500,00		
6940	16.250,00		
7510	42.150,00		
7800	320.000,00		
3000 Bilanzgewinn	237.130,00		
	1.980.800,00		1.980.800,00

S	3000 Eigenkapital		H
3001	90.128,00	8000	1.100.000,00
8010	1.247.002,00	8020	237.130,00
	1.337.130,00		1.337.130,00

S	8010 Schlussbilanzkonto		H
0700	933.750,00	3000	1.247.002,00
0800	240.000,00	3900	110.800,00
0891	8.480,00	4250	280.000,00
2000	80.000,00	4400	170.000,00
2100	20.000,00	4800	210.588,00
2200	60.000,00	4890	123.500,00
2400	437.160,00	4900	400,00
2800	348.500,00		
2880	10.150,00		
2900	4.250,00		
	2.142.290,00		2.142.290,00

Aktiva	**Schlussbilanz**		Passiva
A. Anlagevermögen		**A. Eigenkapital**	
0700	933.750,00	3000	1.247.002,00
0800	240.000,00	**B. Rückstellungen**	
0891	8.480,00	3900	110.800,00
B. Umlaufvermögen		**C. Verbindlichkeiten**	
2000	80.000,00	4250	280.000,00
2100	20.000,00	4400	170.000,00
2200	60.000,00	4800	210.588,00
2400	437.160,00	4890	123.500,00
2800	348.500,00	**D. Rechnungsabgrenzungsposten**	
2880	10.150,00	4900	400,00
C. Rechnungsabgrenzungsposten			
2900	4.250,00		
	2.142.290,00		2.142.290,00

b)

	Eigenkapital am 31. Dez.	1.337.130,00[1]
–	Eigenkapital vom 1. Jan.	1.100.000,00
	Unternehmungsgewinn	237.130,00
–	Unternehmerlohn	120.000,00
	Unternehmergewinn	117.130,00

EK-Rentabilität in %

$$= \frac{117.130,00 \cdot 100}{1.100.000,00} = 10,65\ \%$$

1 ohne Berücksichtigung der Privatentnahmen

349

1. a) 2470 an 2400 5.950,00

   b) 6951 5.000,00
   4800 950,00
   an 2470 5.950,00

2. Aus Gründen der Bilanzklarheit werden zweifelhafte Forderungen von den einwandfreien abgesondert.
3. Bei Ausfall der Forderung wird die darin enthaltene Umsatzsteuer vom Finanzamt erstattet.

350

a) 2470 an 2400			1.190,00
b) 2800		595,00	
6951		500,00	
4800		95,00	
an 2470			1.190,00

351

1. a) 2470 an 2400		4.760,00
b) 6951	4.000,00	
4800	760,00	
an 2470		4.760,00
2. a) 2800	2.380,00	
an 5455		2.000,00
an 4800		380,00
b) 2800	3.332,00	
an 5455		2.800,00
an 4800		532,00

3. Forderungsausfall steht fest.
4. Mit der Eröffnung des Insolvenzverfahrens im Jahr 01 gilt die Forderung als uneinbringlich, sodass eine Berichtigung der Umsatzsteuer erfolgen darf. Da die als uneinbringlich abgeschriebene Forderung im Jahr 02 teilweise vereinnahmt wird, ist eine erneute Umsatzsteuerberichtigung erforderlich.

352

1. 2800	1.785,00	
an 5455		1.500,00
an 4800		285,00

2. Die Umsatzsteuerschuld lebt wieder auf, da ein vereinnahmtes Entgelt vorliegt.

353

1. 31. Dez.:	2470 an 2400	4.760,00	4.760,00
	6952 an 3670	2.800,00	2.800,00

2. Abschluss zum 31. Dez.:

8010 an 2470	4.760,00	4.760,00
8010 an 2400	352.240,00	352.240,00
3670 an 8010	2.800,00	2.800,00

S	8010 Schlussbilanzkonto		H
2400	352.240,00	3670	2.800,00
2470	4.760,00		

3. Alternativ zu 1. b) und 2.:

6952 an 3670	2.800,00
3670 an 5450	700,00
6952 an 3670	1.800,00

4. Auf dem **Kundenkonto** 2400 bzw. 2470 wird bei indirekter Abschreibung die juristisch nach wie vor bestehende Forderung in voller Höhe (4.760,00 €) ausgewiesen, während der vermutete Ausfall auf dem Konto 3670 EWB (2.800,00 €) während des Jahres erkennbar ist. Bei der direkten Abschreibung ist nur der wahrscheinliche (geschätzte) Wert der Forderung erkennbar.
5. Der Forderungsausfall steht noch nicht endgültig fest.

354

2400	352.240,00	
2470	4.760,00	
an 8000		357.000,00

8000	18.400,00	
an 3670		2.800,00
an 4800		15.600,00

1. a) Vereinbartes Entgelt:	4.760,00 € (4.000,00 netto + 760,00 USt)	
Vereinnahmtes Entgelt:	1.904,00 € (1.600,00 netto + 304,00 USt)	
Differenz USt	456,00	→ zu viel abgeführte Umsatzsteuer

1. b) Vereinbarte USt:	760,00 €	→ abgeführt an das Finanzamt
Vereinnahmte USt:	152,00 €	→ tatsächliche USt-Schuld
Differenz	608,00 €	→ Rückforderung an das Finanzamt

zu 354

2. a)

2800	1.904,00	
6951	2.400,00	
4800	456,00	
an 2470		4.760,00

b)

2800	952,00	
6951	3.200,00	
4800	608,00	
an 2470		4.760,00

Die Anpassung der EWB (Konto 3670) erfolgt wieder zum Jahresende.

3. Siehe Lehrbuch, S. 270.

355

1. 3 % Pauschalwertberichtigung

2. a)

3 % von 600.000,00 € Netto-Forderungsbestand zum 31. Dez.	18.000,00 €
– Anfangsbestand der PWB	15.000,00 €
Heraufsetzung der PWB zum 31. Dez.	3.000,00 €

Buchung: 6953 an 3680 3.000,00

b)

3 % PWB zum 31. Dez. (siehe unter a)	18.000,00 €
– Anfangsbestand der PWB	25.000,00 €
Herabsetzung der PWB zum 31. Dez.	7.000,00 €

Buchung: 3680 an 5450 7.000,00

356

1. Berechnung und Buchung der Pauschalwertberichtigung:

	Gesamtbetrag der Forderungen, brutto	333.200,00 €
–	Zweifelhafte Forderungen B. Trug OHG (Einzelbewertung)	29.750,00 €
	Forderungen, die der Pauschalbewertung unterliegen, brutto	303.450,00 €
–	Umsatzsteueranteil	48.450,00 €
	Forderungen, die der Pauschalbewertung unterliegen, netto	255.000,00 €
	hierauf PWB von 3 %	7.650,00 €

	a)	b)
Notwendige PWB	7.650,00	7.650,00
Bestand PWB	4.000,00	10.650,00
zu bildende/aufzulösende PWB	3.650,00	3.000,00

Buchungen PWB a) 6953 an 3680 3.650,00
b) 3680 an 5450 3.000,00

2. Berechnung und Buchung der Einzelwertberichtigung:

Mutmaßlicher Ausfall = 50 % von 25.000,00 netto = 12.500,00 €

Notwendige EWB	12.500,00 €
Anfangsbestand EWB	7.000,00 €
Heraufsetzung EWB	5.500,00 €

Buchung: 6952 an 3670 5.500,00

357

	a)	b)	c)
2800	14.875,00	17.850,00	11.900,00
6951	12.500,00	10.000,00	15.000,00
4800	2.375,00	1.900,00	2.850,00
an 2470	29.750,00	29.750,00	29.750,00

Die Anpassung der EWB (Konto 3670) erfolgt am Jahresende.

358

1. 6951 2.000,00
   4800 380,00
   an 2400 2.380,00

2. 2470 an 2400 19.040,00 (Rüger)
   2470 an 2400 14.280,00 (Abel)

Netto-Forderung Rüger	16.000,00, davon 40 % Ausfall	=	6.400,00 €
Netto-Forderung Abel	12.000,00, davon 50 % Ausfall	=	6.000,00 €
Einzelwertberichtigung insgesamt			12.400,00 €
noch vorhandene EWB			6.000,00 €
Aufstockung der EWB			6.400,00 €

   6952 an 3670 6.400,00

3. 3900 an 5480 8.600,00
4. 2800 2.142,00
   an 5455 1.800,00
   an 4800 342,00
5. 6700 an 4890 3.000,00
6. 7700 an 3800 24.000,00
7. 3680 an 5450 11.520,00

Brutto-Forderungen	495.040,00
Netto-Forderungen	416.000,00
3 % PWB	12.480,00
noch vorhanden	24.000,00
Auflösung PWB	11.520,00

S	8020 GuV-Konto (Auszug)		H
6700	36.000,00	5450	16.520,00
6951	16.000,00	5480	8.600,00
6952	6.400,00	5455	1.800,00
7700	46.000,00		

S	8010 SBK (Auszug)		H
2400	495.040,00	3670	12.400,00
2470	33.320,00	3680	12.480,00
		3800	24.000,00
		3900	26.400,00
		4800	44.962,00
		4890	29.000,00

359

1. 6010 an 4400 11.045,66
2. a) 11.045,66 €
   b) Bilanzansatz 11.152,42
   (Höchstwertprinzip)
   Buchung: 6010 an 4400 106,76
   c) Bilanzansatz 10.901,16
   (Durchbrechung des Imparitätsprinzips)
   Buchung: 4400 an 5430 144,50

360

1. 6010 an 4400 15.384,62
2. a) 14.245,01 € Bilanzansatz
   (Durchbrechung des Imparitätsprinzips)
   Buchung: 4400 an 5430 1.139,61
   b) 16.181,23 € Bilanzansatz
   (Höchstwertprinzip)
   Buchung: 6010 an 4400 796,61

361

1. 2800 282.000,00
   2930 18.000,00
   an 4250 300.000,00
2. Tilgung zum 30. Juni: 15.000,00
   Buchung: 4250 an 2800 15.000,00
   Zinsen zum 30. Juni:
   4 % v. 300.000,00 12.000,00
   Buchung: 7510 an 2800 12.000,00
3. Buchungen wie zu 2. sowie
   Abschreibung des Disagios:
   7590 an 2930 1.800,00

362

a) Bilanzansatz 14.897,58
(Höchstwertprinzip)
Buchung: 6000 an 4400 77,28

b) Bilanzansatz 14.652,01
(Durchbrechung des Imparitätsprinzips)
Buchung: 4400 an 5430 168,29

363

1. a) 2800 882.000,00
   2930 18.000,00
   an 4250 900.000,00
   b) 31. Dez.: 7590 an 2930 900,00
2. periodengerechte Erfolgsermittlung

364

1. Disagio: 3 % = 600.000,00
   Rückzahlungsagio 1 % = 200.000,00
2. 20.200.000,00
3. a) 2800 19.400.000,00
   2930 800.000,00
   an 4100 20.200.000,00
   b) 7590 an 2930 80.000,00

365

1. 6160 an 3900 5.800,00
2. a) 3900 5.800,00
   2600 1.102,00
   an 2800 6.902,00
   b) 3900 5.800,00
   6160 600,00
   2600 1.216,00
   an 2800 7.616,00
   c) 3900 5.800,00
   2600 1.026,00
   an 2800 6.426,00
   an 5480 400,00

366

7700 an 3800 18.600,00
a) 3800 an 2800 18.600,00
b) 3800 18.600,00
an 2800 17.200,00
an 5480 1.400,00
c) 3800 18.600,00
7701 400,00
an 2800 19.000,00

367

6440 an 3700 150.000,00
3700 an 5480 17.600,00

368

1./2. Siehe Lehrbuch, S. 250.
3. a) 6000 an 3970 60.000,00
   b) 6000 180.000,00
   2600 34.200,00
   an 4400 214.200,00
   3970 an 6000 60.000,00

369

1. Siehe Lehrbuch, S. 281.
2. Siehe Lehrbuch, S. 278.
3. Beide sind Ausdruck kaufmännischer Vorsicht.

370

1. Berechnung und Buchung der Pauschalwertberichtigung:

Gesamtbetrag der Forderungen, brutto	416.500,00
– Zweifelhafte Forderungen, Illiquid GmbH	35.700,00
Forderungen, die der Pauschalbewertung unterliegen, brutto	380.800,00
– Umsatzsteueranteil	60.800,00
Forderungen, die der Pauschalbewertung unterliegen, netto	320.000,00
hierauf Pauschalwertberichtigung von 4 %	12.800,00
Bestand PWB	12.000,00
Heraufsetzung der PWB	800,00

Buchung: 6953 an 3680 800,00

2. Berechnung und Buchung der Einzelwertberichtigung:

Mutmaßlicher Ausfall = 80 % von 30.000,00 € netto = 24.000,00

Notwendige EWB	24.000,00
Anfangsbestand EWB	15.000,00
Heraufsetzung EWB	9.000,00

Buchung: 6952 an 3670 9.000,00

371

Der Sachverhalt stellt eine sog. wertaufhellende Tatsache dar, die zu einer besseren Erkenntnis über den Wert der Forderung zum Bilanzstichtag führt. Die Fehleinschätzung muss durch die Stornierung der Abschreibung behoben werden. Die Forderung lebt also wieder auf.

Buchung:	2800	5.950,00	
	an 6951		5.000,00
	an 4800		950,00

372

1. Die Anschaffungskosten betragen 146.520,14 €.
   Buchung: 2400 an 5070 146.520,14
2. a) 147.112,90 € (Durchbrechung des Imparitätsprinzips)
   Buchung: 2400 an 5430 592,76

   b) 145.454,54 € (strenges Niederstwertprinzip; § 253 [4] HGB)
   Buchung zum 31. Dez.: 6940 an 2400 1.065,60

373

1.

300.000,00 €	Kaufpreis
10.500,00 €	Grunderwerbsteuer
9.000,00 €	Maklergebühren
2.000,00 €	Gutachtergebühren
3.000,00 €	Kanalanschlusskosten
1.500,00 €	Notarkosten
450,00 €	Grundbuchkosten
326.450,00 €	Anschaffungskosten

2. Die Finanzierungskosten rechnen nicht zu den Anschaffungskosten, da durch die Verwendung von Fremdkapital zur Finanzierung einer Anschaffung der Wert des angeschafften Gegenstandes nicht erhöht wird.

3.

0500	326.450,00	
2600	2.945,00	
an 2800		329.395,00

4. 2800 an 4250 200.000,00
5. a) 7510 an 2800 10.000,00 (halbjährl. Vorauszahlung)

   b) 2900 an 7510 5.000,00

374

1. 31. Dez.: 326.450,00 €.
2. Nicht abnutzbare Anlagegüter sind wie alle Vermögensteile höchstens zu Anschaffungskosten zu bewerten. Nicht realisierte Gewinne dürfen nicht ausgewiesen werden.

375

1./2. Nicht abnutzbare Anlagegüter dürfen nur außerplanmäßig abgeschrieben werden, sofern eine dauernde Wertminderung gegeben ist (siehe auch Lehrbuch, S. 262). Wertansatz daher 220.000,00 €.

3. 6550 an 0500 106.450,00

4. Die außerplanmäßige Abschreibung führt zu einer erheblichen Minderung des Jahresgewinns und der gewinnabhängigen Steuern (Einkommensteuer, Gewerbesteuer, Körperschaftsteuer).

376

Gründe:

Anschaffung zu unterschiedlichen Preisen und zu verschiedenen Zeitpunkten und keine getrennte Lagerung.

Wertansatz nach dem Niederstwertprinzip:

a) 870.000,00 €
b) 904.800,00 €

377

1.

	15.000,00 €	Kaufpreis
	680,00 €	Bezugskosten
	15.680,00 €	
–	300,00 €	2 % Skonto v. 15.000,00 €
	15.380,00 €	Anschaffungskosten

2. 31. Dez.
   a) 15.380,00 €
   b) 14.000,00 €

3. Begründung: strenges Niederstwertprinzip
   2. a) keine Erfolgsauswirkung
   2. b) Nicht realisierter Verlust von 1.380,00 € (Differenz zwischen den Wertansätzen 15.380,00 € und 14.000,00 €)

378

1. a) 20.000,00 US-$: 1,3725 = 14.571,95 € Wertansatz (Durchbrechung des Imparitätsprinzips)
   b) Die Dollarverbindlichkeit muss zum höheren Devisenkassamittelkurs am 31. Dezember angesetzt werden:
   20.000,00 US-$: 1,3495 = 14.820,30 €
2. § 256 a HGB schreibt vor, dass Währungsverbindlichkeiten zu dem Devisenkassamittelkurs bewertet werden müssen, der am Bilanzstichtag gilt, und zwar unabhängig davon, wie hoch der Devisenkassamittelkurs am Tag der Entstehung der Verbindlichkeit gewesen ist. Diese Bewertungsvorschrift führt dazu, dass am Bilanzstichtag sowohl nicht realisierte Gewinne als auch nicht realisierte Verluste ausgewiesen werden.
   Beträgt der Devisenkassamittelkurs am Bilanzstichtag
   a) 1,3725, so ergibt sich ein nicht realisierter Gewinn von 188,20 €.
   b) 1,3495, so ergibt sich ein nicht realisierter Verlust von 60,15 €.
3.

Bei Kurs 1,3725	Buchung: 4400 an 5430	188,20
Bei Kurs 1,3495	Buchung: 6000 an 4400	60,15

379

1.

	7.500,00 €	Kaufpreis
+	79,50 €	1,06 % Nebenkosten
	7.579,50 €	Anschaffungskosten

2. Bewertung nach dem strengen Niederstwertprinzip:

a) Wertansatz von		7.579,50 €	(Kurs 150,00 €; Anschaffungskosten dürfen nicht überschritten werden)
b)		6.000,00 €	50 Aktien zu 120,00 €
	+	63,60 €	1,06 % Nebenkosten
Wertansatz		6.063,60 €	(Kurs 120,00 €)

3.

a) Kurs 140,00 €:	7.074,20 €	(7.000,00 € + 1,06 % = 74,20 €)
b) Kurs 150,00 €:	7.579,50 €	(maximal Anschaffungskosten)

4. § 253 (5) HGB (Wertaufholungsgebot). Wertaufholung bis zu den Anschaffungskosten 150,00 €: Buchung „Wertpapiere an Sonstige Erträge“; Auflösung einer stillen Reserve (vgl. Ausführungen im Lehrbuch S. 261, 263).

380

1. a) Wertansatz in der **Handelsbilanz:** 90.000,00 € (100.000,00 € – 10 % lineare Abschreibung).
   b) Wertansatz in der **Steuerbilanz:** 75.000,00 € (100.000,00 € – 25 % degressive AfA).

zu **380**

2. Die Handelsbilanz dient in erster Linie dem Schutz der Gläubiger. Sie wird daher nach dem Prinzip der Vorsicht aufgestellt. Die Steuerbilanz ist die Grundlage zur Ermittlung des zutreffenden Jahresgewinns. Es gilt der Grundsatz der Maßgeblichkeit der Handelsbilanz für die Steuerbilanz, d. h., die handelsrechtlichen Wertansätze gelten auch für die Steuerbilanz, soweit das Steuerrecht nicht ausdrücklich eine andere Bewertung zulässt (§§ 6–7 EStG).

381

Bewertung nach dem strengen Niederstwertprinzip:

a) Wertansatz zu den durchschnittlichen Anschaffungskosten in Höhe von 15.200,00 € (190,00 · 80)

b) 12.800,00 € (160,00 · 80)

Keine Erfolgsauswirkung im Fall a). Im Fall b) ist ein nicht realisierter Verlust auszuweisen.

382 25.07.2014

1./2. a)

	Listenpreis	80.000,00 €
–	10 % Rabatt	8.000,00 €
		72.000,00 €
+	Transportkosten	2.000,00 €
+	Fundamentierungskosten	2.500,00 €
+	Montagekosten	3.500,00 €
		80.000,00 €
+	Umsatzsteuer	15.200,00 €
	Rechnungsbetrag	95.200,00 €
	Nettorechnungsbetrag	80.000,00 €
–	2 % Skonto	1.600,00 €
	Anschaffungskosten	78.400,00 €

2. b)	0750	80.000,00	
	2600	15.200,00	
	an 4400		95.200,00
3.	4400	95.200,00	
	an 0750		1.600,00
	an 2600		304,00
	an 2800		93.296,00

4. a)/5. a)

Niedrigster Abschreibungsbetrag bei linearer Abschreibung (10 %):

	78.400,00 €	
–	7.840,00 €	
	70.560,00 €	Wertansatz 31. Dez. 2010

4. b)/5. b)

Höchster Abschreibungsbetrag bei geometrisch-degressiver Abschreibung (25 %):

	78.400,00 €	
– 25 %	19.600,00 €	
	58.800,00 €	Wertansatz 31. Dez. 2010

6. a) Wertansatz bei Verlust: 70.560,00 €.
   Bei Verlust würde die degressive AfA den Verlust erhöhen. Dieser kann in der Zukunft mit Gewinnen verrechnet werden.
   b) Wertansatz bei hohem Gewinn: 58.800,00 € (Steuerspareffekt).

383

1. Für abnutzbare Anlagegüter gilt das **strenge** Niederstwertprinzip.
   Neben der planmäßigen Abschreibung müssen alle Anlagegüter im Falle einer dauernden Wertminderung (Ursache: technischer Fortschritt) auch außerplanmäßig abgeschrieben werden.

2.

	Anschaffungskosten	200.000,00 €
–	planmäßige Abschreibung 1. – 4. Jahr	80.000,00 €
	Zwischensumme	120.000,00 €
–	außerplanmäßige AfA (20 % v. 200.000,00)	40.000,00 €
=	fortgeführte Anschaffungskosten	80.000,00 €

3.

6520 an 0700	20.000,00 €	(planmäßige Abschreibung)
6550 an 0700	40.000,00 €	(außerplanmäßige Abschreibung)

zu **383**

4. Jährlicher Abschreibungsbetrag für die Restnutzungsdauer:

$$\frac{\text{fortgeführte Anschaffungskosten}}{\text{Restnutzungsdauer}} = \frac{80.000,00}{6} = 13.333,00\ €$$

384

1. Die Erstellung der Handelsbilanz erfolgt unter besonderer Berücksichtigung der Kapitalerhaltung und damit des Gläubigerschutzes.
   Bei der der Steuerbilanzerstellung zugrunde liegenden Bewertung stehen gewinnpolitische Aspekte im Vordergrund. Die Vollabschreibung von geringwertigen Wirtschaftsgütern (GWG) dient der Reduzierung des der Besteuerung unterliegenden Gewinns. Steuerrechtlich dürfen jedoch nur GWG bis zu einem Anschaffungs- oder Herstellungswert von 150,00 €[1] voll abgeschrieben werden. GWG mit Anschaffungs- oder Herstellungskosten über 150,00 € bis 1.000,00 €, die auf dem Konto „0891 GWG-Sammelposten" zu erfassen sind, müssen fünf Jahre lang linear mit je 20 % abgeschrieben werden.
2. Die Finanzverwaltung wird die ungleiche Behandlung der auf dem Konto 0891 ausgewiesenen GWG in Handels- und Steuerbilanz nicht akzeptieren. Begründung siehe unter 1.

385

Eine Zuschreibung ist handelsrechtlich und steuerrechtlich nicht erlaubt, da die fortgeführten Anschaffungskosten (Anschaffungskosten – planmäßige Abschreibungen) nicht überschritten werden dürfen.

386

zu 1.

	Anschaffungspreis	5.000,00 €
+	Anschaffungsnebenkosten	300,00 €
		5.300,00 €
–	2 % Skonto (Anschaffungskostenminderung)	106,00 €
=	Anschaffungskosten	5.194,00 €

zu 2. a) 5.194,00 € Strenges Niederstwertprinzip
b) 4.600,00 € Der Tageswert schließt alle Nebenkosten und Minderungen ein.

387

zu 1. 5.100,00 €

zu 2. Die Wertaufholung in Form der Zuschreibung wirkt sich erhöhend auf die sonstigen Erträge und somit auf den Gewinn aus.

388

zu 1. a) Wertansatz 150.000,00 €. Die Anschaffungskosten dürfen nicht überschritten werden. (Nicht realisierte Gewinne dürfen **nicht** ausgewiesen werden: vgl. Imparitätsprinzip).
b) Außerplanmäßige Teilwertabschreibung auf 100.000,00 € (Vorsichtsprinzip bzw. Imparitätsprinzip).

zu 2. Es besteht nach § 253 [5] HGB und § 6 [1] Nr. 2 EStG ein Wertaufholungsgebot bis zu den Anschaffungskosten von 150.000,00 €.

1 ab 1. Jan. 2010 alternativ auch bis 410,00 € (Wachstumsbeschleunigungsgesetz)

389

Bei vorübergehender Wertminderung gilt bei Finanzanlagen in der Handelsbilanz das gemilderte Niederstwertprinzip: Bilanzansatz: 9,7 Mio. € oder 10 Mio. €.

In der Steuerbilanz ist eine außerplanmäßige Abschreibung verboten: Bilanzansatz 10 Mio. €.

390

zu 1.,2.

	Handelsbilanz	Steuerbilanz
Fertigungsmaterial	10.000,00 €	10.000,00 €
Materialgemeinkosten	2.000,00 €	2.000,00 €
Fertigungslöhne	15.000,00 €	15.000,00 €
Fertigungsgemeinkosten	44.000,00 €	44.000,00 €
Sondereinzelkosten der Fertigung	2.000,00 €	2.000,00 €
Fertigungsbedingter Werteverzehr des Anlagevermögens	1.000,00 €	1.000,00 €
Niedrigste Herstellungskosten nach Handelsrecht	74.000,00 €	
Allgemeine Verwaltungskosten	8.000,00 €	8.000,00 €
Höchstmögliche Herstellungskosten nach Handelsrecht/ Herstellungskosten nach Steuerrecht	82.000,00 €	82.000,00 €

zu 1.: Bei handels- und steuerrechtlich höchster Bewertung betragen die Herstellungskosten 82.000,00 €.

zu 2: Bei handelsrechtlich niedrigster Bewertung betragen die Herstellungskosten 74.000,00 €. Steuerrechtlich ergibt sich bei niedrigster Bewertung kein Unterschied zu 1. Die Herstellungskosten betragen 82.000,00 €, weil kein Ansatzwahlrecht für die allgemeinen Verwaltungskosten besteht (vgl. Lehrbuch, S. 257).

391

zu 1.

	Handelsbilanz	Steuerbilanz*
Fertigungsmaterial	60.000,00 €	60.000,00 €
Materialgemeinkosten	7.200,00 €	7.200,00 €
Fertigungslöhne	78.000,00 €	78.000,00 €
Fertigungsgemeinkosten	160.000,00 €	160.000,00 €
Kosten für die TÜV-Abnahme	4.000,00 €	4.000,00 €
Fertigungsbedingter Werteverzehr des Anlagevermögens	2.000,00 €	2.000,00 €
Handelsrechtlich niedrigste Herstellungskosten	311.200,00 €	
Allgemeine Verwaltungskosten	5.000,00 €	5.000,00 €
Handelsrechtlich höchstmöglicher Ansatz/ Herstellungkosten nach Steuerrecht	316.200,00 €	316.200,00 €

a) Bei handelsrechtlich niedrigster Bewertung betragen die Herstellungskosten 311.200,00 €. Steuerrechtlich besteht kein Ansatzwahlrecht für die allgemeinen Verwaltungskosten, sodass sich bei niedrigster und höchster Bewertung Herstellungskosten von 316.200,00 € ergeben.

b) Bei handels- und steuerrechtlich höchster Bewertung betragen die Herstellungskosten 316.200,00 €.

---

* Für die Ermittlung der Herstellungkosten nach Steuerrecht wurden die ab 01.01.2013 geltenden Vorschriften zugrunde gelegt (vgl. Lehrbuch S. 257).

zu **391**

zu 2. 0750 an 5300 311.200,00

zu 3. Die Aktivierung von Eigenleistungen wirkt sich erhöhend auf den Ertrag und somit auf den Gewinn einer Unternehmung aus. Diesem Ertrag stehen die zuvor erbrachten Aufwendungen gegenüber.

zu 4. Das Maßgeblichkeitsprinzip schreibt vor, in der Steuerbilanz die Wertansätze bzw. Bewertungen so vorzunehmen wie in der Handelsbilanz, sofern das Steuerrecht keine andere Bewertung zwingend vorschreibt oder ein Wahlrecht gewährt. Die Anwendung eines **höheren Abschreibungsprozentsatzes** in der Steuerbilanz als in der Handelsbilanz ist demnach gemäß § 5 (1) EStG möglich, sofern die in der Steuerbilanz abweichend bewerteten Vermögensgegenstände in ein besonderes Verzeichnis aufgenommen werden.

zu 5. a) $$\text{Herstellungskosten/Nutzungsdauer} = \frac{311.200,00\text{ €}}{10\text{ Jahre}} = 31.120,00\text{ €/Jahr}$$

$$\text{Zeitanteilige Abschreibung} = \frac{31.120,00\text{ €} \cdot 3\text{ Monate}}{12\text{ Monate}} = 7.780,00\text{ € für 3 Monate}$$

b) fortgeführte Herstellungskosten: 303.420,00 €

zu 6.

	Herstellungskosten	311.200,00 €
–	planmäßige Abschreibung 1. – 4. Jahr	101.140,00 €
–	außerplanmäßige Abschreibung (40 % v. 311.200,00 €)	124.480,00 €
=	fortgeführte Herstellungskosten	85.580,00 €
=	Wertansatz zum 31. Dez. des 4. Jahres	

392

zu 1. Bildung einer Rückstellung für einen drohenden, im abzuschließenden Geschäftsjahr nicht realisierten Verlust (periodengerechte Erfolgsermittlung).

zu 2. 6000 an 3900 (3970) 45.000,00 (300 · 150,00 €)

zu 3.

3900 (3970)	45.000,00	
6000	165.000,00	
2600	39.900,00	
an 4400		249.900,00

zu 4. Das kaufmännische Prinzip der Vorsicht verbietet den Ausweis noch nicht realisierter Gewinne (Imparitätsprinzip. Ausnahme: kurzfristige Währungsverbindlichkeiten [§ 256 a HGB]).

393

1. Handelsbilanz: Kapitalerhaltung, Gläubigerschutz, realistischer Ausweis von Vermögen und Schulden

   Steuerbilanz: Gewinnermittlung nach einheitlichen Grundsätzen; gerechte Besteuerung
2. Der Wertansatz der Handelsbilanz ist verbindlich für die Steuerbilanz, soweit das Steuerrecht nicht zwingend eine vom HGB abweichende Bewertung vorschreibt oder ein Wahlrecht gewährt (z. B. lineare oder degressive Abschreibung).
3. Unternehmen, die den Jahresabschluss veröffentlichen müssen.
4. Das Prinzip der Vorsicht beinhaltet, alle eingetretenen und vorhersehbaren Risiken am Abschlussstichtag zu berücksichtigen, um überhöhte Gewinnausschüttungen zu verhindern und die Kapitalbasis des Unternehmens zu erhalten. Dem entspricht das Anschaffungswertprinzip, weil es nicht realisierte Wertsteigerungen außer Ansatz lässt, und das Höchstwertprinzip, weil es bei den Passiva zum Bilanzstichtag mögliche Verlustrisiken aufnimmt. Durch diese Ungleichbehandlung der Aktiva und Passiva im Imparitätsprinzip (Ausnahme: Durchbrechung des Imparitätsprinzips gemäß § 256 a HGB; vgl. Lehrbuch, S. 278 f.) kommt die kaufmännische Vorsicht besonders zur Geltung.

zu **393**

5. Das strenge Niederstwertprinzip beinhaltet das unbedingte Gebot, den niedrigeren Wert zwischen Tageswert und Anschaffungskosten anzusetzen. Es gilt immer für das Umlaufvermögen. Auf Finanzanlagen trifft das Niederstwertprinzip in gemilderter Form zu (vgl. § 253 [3] HGB). Bei Vermögensgegenständen des Anlage- und des Umlaufvermögens darf ein niedrigerer Wertansatz nicht beibehalten werden, wenn die Gründe dafür nicht mehr bestehen (§ 253 [5] HGB).
6. Wenn eine Einzelbewertung (Anschaffung zu unterschiedlichen Preisen und verschiedenen Zeitpunkten) bei Vorräten nicht möglich ist und es sich um gleichartige oder gleichwertige Artikel handelt.
7. **Herstellungskosten**

   In § 255 HGB wird für die Handelsbilanz beschrieben, welche Kosten bei der Bewertung von selbst erstellten abnutzbaren Anlagen pflichtgemäß oder wahlweise zu den Herstellungskosten gehören. Die Einkommensteuerrichtlinie R 6.3 [1] EStR 2012 enthält ebenfalls eine Berechnung für die Steuerbilanz. Diese Berechnung deckt sich nicht mit den handelsrechtlichen Vorschriften. In EStR 6.3 wird ausdrücklich darauf Bezug genommen, dass handelsrechtliche Wahlbestandteile bei der steuerrechtlichen Herstellungskostenermittlung angesetzt werden müssen. So gesehen bestehen zwischen den handelsrechtlichen und den steuerrechtlichen Vorschriften zur Berechnung der Herstellungskosten erhebliche Unterschiede.

   Diese Regelung gilt nicht für selbst geschaffene **immaterielle** Vermögensgegenstände des Anlagevermögens (z. B. Entwicklung oder Neugestaltung einer Unternehmens-Website). Diese Gegenstände **dürfen** in der Handelsbilanz – unter Beachtung der in § 248 (2) HGB genannten Ausnahmen – aktiviert werden. In der Steuerbilanz darf ein solches Anlagegut nicht ausgewiesen werden.

   Abschreibungen

   Im Handelsrecht sind alle Abschreibungsverfahren zulässig, im Steuerrecht dagegen grundsätzlich nur das lineare, bei abnutzbaren Wirtschaftsgütern des Anlagevermögens noch das geometrisch-degressive (sofern Anschaffung oder Herstellung vor dem 1. Januar 2008 und in den Jahren 2009 und 2010)[1] und, soweit das nachweisbar ist, das Abschreibungsverfahren nach Leistungseinheiten.

   Im Handelsrecht sind darüber hinaus außerplanmäßige Abschreibungen nach den Vorschriften des § 253 f. HGB möglich, im Einkommensteuerrecht sind dagegen Teilwertabschreibungen nach § 6 EStG möglich.

   Disagio

   Handelsrechtlich kann ein Disagio sofort im Jahr der Darlehensaufnahme als Aufwand geltend gemacht werden oder aber auf mehrere Jahre verteilt werden. Steuerrechtlich **muss** das Disagio auf die Laufzeit des Darlehens verteilt werden.

394

1.

Gesell-schafter	Kapital 1. Jan.	Kapital-verzinsung	Rest-gewinn	Gesamt-gewinn	Privat-entnahme	Kapital 31. Dez.
A	200.000,00	8.000,00	100.000,00	108.000,00	48.000,00	260.000,00
B	300.000,00	12.000,00	100.000,00	112.000,00	50.000,00	362.000,00
	500.000,00	20.000,00	200.000,00	220.000,00	98.000,00	622.000,00

Gewinn- und Verlustkonto 220.000,00
an Kapital A 108.000,00Kapital A an Privat A48.000,00
an Kapital B 112.000,00Kapital B an Privat B50.000,00

2. Der höhere Kapitaleinsatz von B erfährt nach der gesetzlichen Regelung der Gewinnverteilung keine entsprechend höhere Vergütung.

1 Vgl. S. 220/221 des Lehrbuches.

395

Buchungen zu den Abschlussangaben zum 31. Dezember

1.	6520	260.000,00	
	an 0700		180.000,00
	an 0800		80.000,00
2.	6930 an 0700		11.500,00
3.	3900 an 5480		5.000,00
4.	5001	3.000,00	
	4800	570,00	
	an 2400		3.570,00
5.	6002 an 2600		450,00
	4800 an 5001		380,00
6.	7510 an 4890		6.000,00
7.	6930 an 2000		15.000,00
8.	6000 an 3900		25.000,00
9.	6700 an 4890		8.000,00
10.	2690 an 5710		4.500,00
11.	8010 an 2000		180.000,00
12.	8010 an 2200		25.000,00
13.	8020	271.930,00	
	an 3000		229.947,50
	an 3010		41.982,50

Weitere vorbereitende Abschlussbuchungen bzw. Umbuchungen

6002 an 6000	5.550,00
2200 an 5200	10.000,00
4800 an 2600	127.640,00
3000 an 3001	83.000,00
3010 an 3011	79.000,00
5000 an 5001	10.620,00
6000 an 2000	85.000,00
6000 an 6001	10.000,00

Gesellschafter	Kapital am 1. Jan.	Arbeitsanteil	8 %	Restanteil (3 : 1)	Gesamtgewinn	Entnahmen	Kapital 31. Dez.
Gruppe	400.000,00	120.000,00	32.000,00	77.947,50	229.947,50	83.000,00	546.947,50
Krüger	200.000,00		16.000,00	25.982,50	41.982,50	79.000,00	162.982,50
	600.000,00	120.000,00	48.000,00	103.930,00	271.930,00	162.000,00	709.930,00

Die Rendite der Kapitalanteile beträgt
bei Gesellschafter Gruppe (nach Abzug des Unternehmerlohns) 27,49 %
bei Gesellschafter Krüger 20,99 %

396

1.

	Kapital 1. Jan.	Arbeitsanteil	Kapitalverzinsung	Restgewinn	Gesamtgewinn	Privat	Kapital 31. Dez.
A	400.000,00	102.000,00	32.000,00	24.000,00	158.000,00	70.000,00	488.000,00
B	200.000,00	–,—	16.000,00	6.000,00	22.000,00	–,—	200.000,00
	600.000,00	102.000,00	48.000,00	30.000,00	180.000,00	70.000,00	688.000,00

zu **396**

2. 8020 Gewinn- und Verlustkonto 180.000,00
   an 3000 Kapital Vollhafter 158.000,00
   an 4870 Verbindlichkeiten gegenüber Gesellschafter 22.000,00

3. Rentabilität: Kapital Komplementär A (ohne Arbeitsanteil): 14,0 %
   Kapital Kommanditist B: 11,0 %

397

Laufende Buchungen

1.	6520	138.000,00	
	an 0530		18.000,00
	an 0700		90.000,00
	an 0800		30.000,00
2.	6550 an 0510		25.000,00
3.	3001	4.760,00	
	an 5420		4.000,00
	an 4800		760,00
4.	6951	4.000,00	
	4800	760,00	
	an 2400		4.760,00
5.	6160 an 3900		15.600,00
6.	3001 an 5400		900,00
7.	5400 an 4900		1.800,00
8.	2900 an 6900		1.800,00
9.	2690 an 2002		5.000,00
10.	7510 an 4890		6.000,00
11.	6940 an 2880		450,00
12.	6953 an 3680		12.050,00*)
13.	8010 an 2000		100.000,00
14.	8010 an 2200		90.000,00
15.	8020	398.800,00	
	an 3000		343.040,00
	an 4870		55.760,00

Vorbereitende Abschlussbuchungen

1.	2002 an 2000	13.000,00
2.	2200 an 5200	30.000,00
3.	4800 an 2600	134.000,00
4.	3000 an 3001	75.660,00
5.	5000 an 5001	15.000,00
6.	6000 an 2000	147.000,00

*)	Forderungsbestand	434.350,00
–	uneinbringl. Forderung (Fall 4)	4.760,00
	Forderungen, brutto	429.590,00
–	Umsatzsteueranteil	68.590,00
	Nettoforderungen, die der PWB unterliegen	361.000,00
	Hierauf 5 % PWB	18.050,00
	Bestand der PWB vom Vorjahr	6.000,00
	Aufstockung der PWB	12.050,00

Gesell-schafter	Kapital 1. Jan.	Arbeits-anteil	Gewinn-anteile (4:1)	Gewinnant. + Arb.-Ant.	Privat-entnahme	Kapital 31. Dez.
Vollhafter Raupach	900.000,00	120.000,00	223.040,00	343.040,00	75.660,00	1.167.380,00
Teilhafter Breuer	300.000,00	–,—	55.760,00	55.760,00	–,—	300.000,00
	1.200.000,00	120.000,00	278.800,00	398.800,00	75.660,00	1.467.380,00

Kapitalrendite Raupach (ohne Arbeitsanteil): 24,78 %
Kapitalrendite Breuer: 18,59 %

zu 397

S	8020 Gewinn- und Verlustkonto		H
6000	367.000,00	5000	1.660.000,00
6160	25.600,00	5200	30.000,00
6520	138.000,00	5400	13.100,00
6550	25.000,00	5420	9.000,00
6900	13.200,00		
6951	12.000,00		
6953	12.050,00		
6940	16.450,00		
7510	34.000,00		
7800	670.000,00		
3000	343.040,00		
4870	55.760,00		
	1.712.100,00		1.712.100,00

S	8010 Schlussbilanzkonto		H
0510	155.000,00	3000	1.167.380,00
0530	782.000,00	3070	300.000,00
0700	690.000,00	3680	18.050,00
0800	230.000,00	3900	20.600,00
2000	100.000,00	4250	650.000,00
2200	90.000,00	4400	307.000,00
2400	429.590,00	4800	182.350,00
2690	21.000,00	4870	55.760,00
2800	293.000,00	4890	101.000,00
2880	11.550,00	4900	1.800,00
2900	1.800,00		
	2.803.940,00		2.803.940,00

398

Es handelt sich um ein mittelgroßes Unternehmen mit über 50 Arbeitnehmern und einer Bilanzsumme über 4.840.000,00 € (siehe Lehrbuch, S. 291).

1.

Aktiva	**Schlussbilanz der Stahlbau GmbH gemäß § 266 HGB**			Passiva
A. Anlagevermögen		**A. Eigenkapital**		
I. Sachanlagen		1. Gezeichnetes Kapital	2.800.000,00	
1. Grundstücke u. Gebäude	2.410.000,00	2. Gewinnrücklagen	250.000,00	
2. Techn. Anlagen u. Masch.	1.280.000,00	3. Jahresüberschuss	360.000,00	3.410.000,00
3. Andere Anlagen/Betriebs- und Geschäftsausstattung	290.000,00	**B. Rückstellungen**		70.000,00
II. Finanzanlagen				
1. Wertpapiere des Anlageverm.	120.000,00	**C. Verbindlichkeiten**		
		1. Verbindlichkeiten gegenüber Kreditinstituten		1.730.000,00
B. Umlaufvermögen				
I. Vorräte		2. Verbindlichkeiten aus Lieferungen und Leistungen		230.000,00
1. Roh- und Hilfsstoffe	490.000,00			
2. Fertige Erzeugnisse	310.000,00	3. Verbindlichkeiten aus Steuern		50.000,00
II. Forderungen aus Lieferungen und Leistungen	207.000,00	**D. Passive Rechnungsabgrenzung**		10.000,00
III. Kassenbestand, Guthaben bei Kreditinstituten	378.000,00			
C. Aktive Rechnungsabgrenzung	15.000,00			
	5.500.000,00			5.500.000,00

zu 398

2. Das Eigenkapital der Stahlbau GmbH beträgt 3.410.000,00 € (ohne stille Reserven).
3. Das Anlagevermögen ist zu 83,17 % durch Eigenkapital gedeckt:

$$\frac{3.410.000{,}00 \cdot 100}{4.100.000{,}00 \text{ AV}} = 83{,}17\ \%$$

Die Finanzierung (Kapitalausstattung) des Unternehmens kann insbesondere auch unter Berücksichtigung der langfristigen Fremdmittel als gesichert angesehen werden.

399

1. **Mittelgroße Kapitalgesellschaften** dürfen in der zu veröffentlichenden Gewinn- und Verlustrechnung in Staffelform die ersten fünf Posten als **Rohergebnis** zusammenfassen. Sie beginnen mit dem Posten „Rohergebnis“.

Gewinn- und Verlustrechnung der Stahlbau GmbH in Staffelform für interne Zwecke

		€	€
	Umsatzerlöse	4.800.000,00	
+	Bestandsveränderung an Erzeugnissen	450.000,00	
+	Sonstige betriebliche Erträge (5400)	116.000,00	5.366.000,00
–	Materialaufwand		2.360.000,00
	Rohergebnis (Rohgewinn)		**3.006.000,00**
–	Personalaufwand	1.620.000,00	
–	Abschreibungen auf Sachanlagen	184.000,00	
–	Sonstige betriebl. Aufwendungen (6160, 6700, 6800, 6870)	366.000,00	2.170.000,00
			836.000,00
+	Zinserträge		78.000,00
			914.000,00
–	Zinsaufwendungen		86.000,00
	Ergebnis der gewöhnlichen Geschäftstätigkeit		**828.000,00**
–	Steuern vom Einkommen und Ertrag		294.000,00
–	Sonstige betriebliche Steuern		174.000,00
	Jahresüberschuss		**360.000,00**

2. 8020 Gewinn- und Verlustkonto an 3400 Jahresüberschuss/Jahresfehlbetrag 360.000,00
3. 3400 Jahresüberschuss/Jahresfehlbetrag an 8010 Schlussbilanzkonto 360.000,00
4. Eigenkapital zum 1. Jan.: 3.050.000,00 €; Jahresüberschuss zum 31. Dez.: 360.000,00 €; Eigenkapitalrentabilität: 11,8 %.

400

1.

Schlussbilanz der Druckpapier GmbH

Aktiva		Passiva		
A. Anlagevermögen		**A. Eigenkapital**		
I. Sachanlagen	855.000,00	I. Gezeichnetes Kapital	1.300.000,00	
II. Finanzanlagen	145.000,00	II. Gewinnrücklagen	350.000,00	
		III. Gewinnvortrag	10.000,00	
B. Umlaufvermögen		IV. Jahresüberschuss	330.000,00	1.990.000,00
I. Vorräte	1.650.000,00			
II. Forderungen und sonstige Vermögensgegenstände	360.000,00	**B. Rückstellungen**		50.000,00
III. Flüssige Mittel	278.000,00	**C. Verbindlichkeiten**		1.245.000,00
C. Aktive Rechnungsabgrenzung	12.000,00	**D. Passive Rechnungsabgrenzung**		15.000,00
	3.300.000,00			3.300.000,00

2. **Gewinn- und Verlustrechnung der Druckpapier GmbH in Staffelform für interne Zwecke**

		€	€
	Umsatzerlöse	8.000.000,00	
+	Bestandsveränderung an Erzeugnissen	160.000,00	
+	Sonstige betriebliche Erträge (5400)	10.000,00	8.170.000,00
–	Materialaufwand		6.220.000,00
	Rohergebnis (Rohgewinn)		**1.950.000,00**
–	Personalaufwand (6200, 6300, 6400)	820.000,00	
–	Abschreibungen auf Sachanlagen	290.000,00	
–	Sonstige betriebliche Aufwendungen (6800, 6870)	245.000,00	1.355.000,00
			595.000,00
+	Zinserträge		30.000,00
			625.000,00
–	Zinsaufwendungen		75.000,00
	Ergebnis der gewöhnlichen Geschäftstätigkeit		**550.000,00**
+	außerordentliche Erträge	70.000,00	
–	außerordentliche Aufwendungen	60.000,00	**10.000,00**
			560.000,00
–	Steuern vom Einkommen und Ertrag		150.000,00
–	Sonstige betriebliche Steuern		80.000,00
	Jahresüberschuss		**330.000,00**

3. 1.990.000,00 € Eigenkapital

4. Gesamtkapital: 3.300.000,00 € (100 %)
   Eigenkapital: 1.990.000,00 € (60 %)
   Fremdkapital: 1.310.000,00 € (40 %)

   Sehr gute Finanzierung: Das Verhältnis des Eigenkapitals zum Fremdkapital beträgt 3 : 2. Die eigenen Mittel decken nicht nur das Anlagevermögen, sondern auch noch weit über die Hälfte des Vorratsvermögens.

401

	Berichtsjahr	Vorjahr
1. Aktivseite	3.300.000,00	3.100.000,00
Passivseite	2.970.000,00	2.820.000,00
Jahresüberschuss	330.000,00	280.000,00

Berichtsjahr:

A. **Eigenkapital**

I. Gezeichnetes Kapital	1.200.000,00	
II. Gewinnrücklage	450.000,00	
III. Gewinnvortrag	10.000,00	
IV. Jahresüberschuss	330.000,00	1.990.000,00

Vorjahr:

A. **Eigenkapital**

I. Gezeichnetes Kapital	1.000.000,00	
II. Gewinnrücklage	250.000,00	
III. Gewinnvortrag	20.000,00	
IV. Jahresüberschuss	280.000,00	1.550.000,00

2. Siehe nächste Seite.
3. Bildung und Verwendung der Rücklagen sind im § 272 (2, 3) HGB geregelt. Rücklagen stellen wegen des konstanten „Gezeichneten Kapitals“ getrennt ausgewiesenes Eigenkapital dar.
4. Mindeststammkapital einer GmbH: 25.000,00 €.
5. Das Stammkapital in einer GmbH ist als „Gezeichnetes Kapital“ zum Nennwert (Nominalwert) auszuweisen (§ 272 [1] HGB).
6. Gezeichnetes Kapital: Kapitalerhöhung in Höhe von 200.000,00 €.
   Gewinnrücklagen: Neubildung aus dem Jahresüberschuss des Vorjahres: 200.000,00 €.
7. Die Finanzierung durch Fremdkapital wurde abgebaut, das Eigenkapital hat wesentlich zugenommen.
8. Erhebliche Investitionen im Anlagebereich: Vorratsvermögen wurde abgebaut, Forderungen haben zugenommen. Insgesamt also eine positive Entwicklung.

zu **401**

2.

Bilanz gemäß § 266 HGB

Aktiva	Berichtsjahr	Vorjahr
A. Anlagevermögen		
I. Sachanlagen	850.000,00	680.000,00
II. Finanzanlagen	150.000,00	120.000,00
B. Umlaufvermögen		
I. Vorräte	1.640.000,00	1.720.000,00
II. Forderungen a. LL (davon 20.000,00 bzw. 10.000,00 € mit einer Restlaufzeit von über 1 Jahr)	360.000,00	280.000,00
III. Wertpapiere	45.000,00	–,—
IV. Flüssige Mittel	245.000,00	280.000,00
C. Rechnungsabgrenzungsposten	10.000,00	20.000,00
	3.300.000,00	3.100.000,00

Passiva	Berichtsjahr		Vorjahr	
A. Eigenkapital				
I. Gezeichnetes Kapital	1.200.000,00			1 000.000,00
II. Gewinnrücklagen	450.000,00			250.000,00
III. Gewinnvortrag	10.000,00			20.000,00
IV. Jahresüberschuss	330.000,00			280.000,00
		1.990.000,00		1.550.000,00
B. Rückstellungen		45.000,00		60.000,00
C. Verbindlichkeiten				
1. Verbindlichkeiten gegenüber Kreditinstituten (davon vor Ablauf von 1 Jahr fällig: 80.000,00 bzw. 70.000,00 €)	675.000,00			800.000,00
2. Verbindlichkeiten aus Lieferungen und Leistungen	570.000,00			680.000,00
		1.245.000,00		1.480.000,00
D. Rechnungsabgrenzungsposten		20.000,00		10.000,00
		3.300.000,00		3.100.000,00

402

1. **Anlagenspiegel**

Anschaffungskosten	Zugänge	Abgänge	Umbuchungen	Bisherige Abschreibungen gesamt	Abschreibungen insgesamt (kumuliert)	Buchwert 31. Dez.	Buchwert des Vorjahres
1.280.000,00	400.000,00	50.000,00	–	600.000,00	780.000,00	850.000,00	680.000,00

2./3. Unternehmen, die ihren Jahresabschluss offenzulegen haben, müssen die Entwicklung der einzelnen Posten des Anlagevermögens in der Bilanz oder im Anhang darstellen. Kleine und Kleinstgesellschaften sind von der Pflicht zur Aufstellung eines Anlagenspiegels befreit.

4. Der Anlagenspiegel zeigt die Entwicklung der einzelnen Anlagegruppen: Für jede Anlagegruppe müssen die ursprünglichen Anschaffungskosten (Herstellungskosten), Zugänge und Abgänge sowie Gesamtabschreibungen und Abschreibungen des Geschäftsjahres ersichtlich sein. Das entspricht dem Grundsatz der Bilanzklarheit.

5. 57,5 %.

403

1./2.

Anschaffungskosten	Zugänge	Abgänge	Bisherige Abschreibungen gesamt	Abschreibungen des Abschlussjahres	Abschreibungen insgesamt (kumuliert)	Buchwert 31. Dez.	Buchwert des Vorjahres
130.000,00	35.000,00	5.000,00	10.000,00	–,—	10.000,00	150.000,00	120.000,00

Anschaffungswert der Finanzanlagen zum 31. Dez. des Vorjahres: 130.000,00 €.

3. Zu den Finanzanlagen rechnen Wertpapiere des Anlagevermögens, Ausleihungen und die auf Finanzanlagen geleisteten Anzahlungen sowie Beteiligungen (Anteile einer Kapitalgesellschaft, deren Nennbeträge 20 % des Nennkapitals dieser Gesellschaft übersteigen). Die Kapitalbeteiligung an einer Personengesellschaft oder Genossenschaft gilt auch als Beteiligung (§ 271 [1] HGB).

4. Wertpapiere zur vorübergehenden Anlage (Liquiditätsreserve) sind Wertpapiere des Umlaufvermögens. Wertpapiere des Anlagevermögens dienen der langfristigen Vermögensanlage (evtl. auch Beteiligung).

404

1.

	Umsatzerlöse		8.150.000,00 €
+	Mehrbestand an Erzeugnissen		20.000,00 €
+	Sonstige betriebliche Erträge		30.000,00 €
			8.200.000,00 €
–	Materialaufwand		5.750.000,00 €
			2.450.000,00 €
–	Personalaufwand	820.000,00	
–	Abschreibungen auf Sachanlagen	180.000,00	
–	Sonstige betriebliche Aufwendungen	850.000,00	1.850.000,00 €
	Zwischensumme		600.000,00 €
+	Zinserträge		5.000,00 €
			605.000,00 €
–	Zinsaufwendungen		75.000,00 €
	Ergebnis der gewöhnlichen Geschäftstätigkeit		530.000,00 €

zu **404**

	Übertrag:		530.000,00 €
	außerordentliche Erträge	80.000,00	
	außerordentliche Aufwendungen	50.000,00	
+	außerordentliches Ergebnis		30.000,00 €
			560.000,00 €
–	Steuern vom Einkommen und Ertrag		144.000,00 €
–	Sonstige Steuern		86.000,00 €
	Jahresüberschuss		330.000,00 €

2.	Umsatzerlöse		8.150.000,00 €
+	Mehrbestand an Erzeugnissen		20.000,00 €
+	Sonstige Erträge		30.000,00 €
=	betriebsgewöhnliche Erträge		8.200.000,00 €
–	Materialaufwand		5.750.000,00 €
=	Rohergebnis		2.450.000,00 €
–	übrige betriebliche Aufwendungen		1.850.000,00 €
			600.000,00 €
+	Erträge aus dem Finanzbereich		5.000,00 €
–	Aufwendungen aus dem Finanzbereich		75.000,00 €
=	Ergebnis der gewöhnlichen Geschäftstätigkeit		530.000,00 €
	außerordentliche Erträge	80.000,00	
	außerordentliche Aufwendungen	50.000,00	
+	außerordentliches Ergebnis		30.000,00 €
			560.000,00 €
–	Personen- und Betriebssteuern		230.000,00 €
	Jahresüberschuss		330.000,00 €

3. Die Staffelform ist für den Laien besser verständlich, zeigt Zwischenergebnisse auf und legt damit Entstehung und Zusammensetzung des Jahresgewinns bzw. -verlustes offen. Zugleich wird ein Vergleich mit den entsprechenden Ergebnissen des Vorjahres ermöglicht.

4. Diese Regelung dient dem Schutz von kleineren und mittleren Unternehmen (Konkurrenz).

5.	8020 GuV-Konto	an	3400 Jahresüberschuss	330.000,00
6.	3400 Jahresüberschuss	an	8010 Schlussbilanzkonto	330.000,00

405

1. Gewinnverwendung:

	Jahresüberschuss	330.000,00	
+	Gewinnvortrag aus dem Vorjahr	10.000,00	340.000,00
–	Einstellung in die Gewinnrücklagen		140.000,00
–	Gewinnausschüttung		180.000,00
	Gewinnvortrag		20.000,00

2. Die Gewinnverwendung (Ergebnisverwendung) kann im Einzelnen ausgewiesen werden, und zwar entweder

   a) in der Bilanz
   b) in der Gewinn- und Verlustrechnung (nach dem Jahresüberschuss)
   c) im Anhang oder
   d) gesondert außerhalb des Jahresabschlusses, z. B. im Lagebericht.

   Die Ergebnisverwendung wird in der Regel im Anhang dargestellt, weil sie hier noch verbal ausführlich erläutert werden kann.

406

1.	Bardividende	180.000,00
–	25 % Kapitalertragsteuer	45.000,00
–	5,5 % Solidaritätszuschlag (von 45.000,00)	2.475,00
	Nettoausschüttung	132.525,00

2. Ausschüttung der Dividende und Einbehaltung der Steuern:

3300	Ergebnisverwendung	180.000,00	
an 4830	Sonstige Verbindlichkeiten gg. Finanzbehörden		47.475,00
an 4870	Verbindlichk. gg. Gesellschaftern (Dividende)		132.525,00

Beide Steuerarten (Kapitalertragsteuer und einbehaltene Lohnsteuer) werden einbehalten und im Konto 4830 als „Sonstige Verbindlichkeiten gegenüber Finanzbehörden“ erfasst.

3. a) Rentabilität des Nominalkapitals: 27,5 %

   b) Rentabilität des Eigenkapitals: 19,9 %

4. Die Rentabilität des Eigenkapitals kann mit annähernd 20 % als sehr gut bezeichnet werden.

407

1. a)	8000	Eröffnungsbilanzkonto	790.000,00	
	an 3400	Jahresüberschuss		330.000,00
	an 3320	Gewinnvortrag		10.000,00
	an 3240	Gewinnrücklagen		450.000,00
b)	3400	Jahresüberschuss	330.000,00	
	3320	Gewinnvortrag	10.000,00	
	an 3300	Ergebnisverwendung		340.000,00
c)	3300	Ergebnisverwendung	140.000,00	
	an 3240	Gewinnrücklagen		140.000,00
d)	3300	Ergebnisverwendung	180.000,00	
	an 4830	Sonstige Verb. (gegenüber F‘behörd.)		47.475,00
	an 4870	Sonstige Verb. (Dividende)		132.525,00
e)	3300	Ergebnisverwendung	20.000,00	
	an 3320	Gewinnvortrag		20.000,00
f)	3320	Gewinnvortrag	20.000,00	
	an 8010	SBK		20.000,00
g)	4870	Sonstige Verb. (Dividende)	132.525,00	
	an 2800	Bank		132.525,00

2. **Eigenkapital**

I.	Gezeichnetes Kapital	1.200.000,00	
II.	Gewinnrücklagen	590.000,00	
III.	Gewinnvortrag	20.000,00	1.810.000,00

408

1. Darstellung der Ergebnisverwendung:

Jahresfehlbetrag (–)	190.000,00
Entnahme aus Gewinnvortrag (+)	20.000,00
	170.000,00
Entnahme aus Gewinnrücklagen (+)	150.000,00
Verlustvortrag zum 31. Dez.	20.000,00

2.	3400 an 8000	190.000,00	3. a)	3320	an	3300	20.000,00
	8000 an 3240	590.000,00	b)	3300	an	3400	190.000,00
	8000 an 3320	20.000,00	4.	3240	an	3300	150.000,00

zu **408**

5. 3320 Verlustvortrag an 3300 Ergebnisverwendung 20.000,00

S	3300 Ergebnisverwendung		H
8000 EBK	190.000,00	3240 Gewinnrücklagen	150.000,00
		3320 Gewinnvortrag	20.000,00
		3320 Verlustvortrag	20.000,00
	190.000,00		190.000,00

6. **Eigenkapital**

I. Gezeichnetes Kapital	1.200.000,00	
II. Gewinnrücklagen	440.000,00	
III. Verlustvortrag	20.000,00	1.620.000,00

409

1. Die Kapitalerhöhung erhöht das „Gezeichnete Kapital" (Haftungskapital). Sie ist daher im Handelsregister zur Eintragung anzumelden.
2. Die Kapitalerhöhung beträgt nominell 25 %.
3. Das Agio von 150.000,00 € ist der Kapitalrücklage zuzuführen.
4. Bank 450.000,00
   an Gezeichnetes Kapital 300.000,00
   an Kapitalrücklage 150.000,00
5. Kapitalrücklagen entstehen durch ein Aufgeld (Agio) bei der Ausgabe von Anteilen (Stammanteile, Aktien).

   Die Gewinnrücklagen werden aus dem versteuerten Jahresgewinn gebildet.
6. **Offene Rücklagen** (Kapital- und Gewinnrücklagen) werden in der Bilanz offen als gesonderte Eigenkapitalposten ausgewiesen.

   Stille Rücklagen sind aus der Bilanz grundsätzlich nicht zu erkennen. Sie werden gebildet durch niedrigeren Wertansatz der Vermögensteile auf der Aktivseite der Bilanz oder höheren Wertansatz auf der Passivseite (z. B. bei Rückstellungen). Stille Reserven ergeben sich auch aus der Bewertungsvorschrift, dass nicht realisierte Gewinne nicht ausgewiesen werden dürfen (§ 253 HGB).
7. Rücklagen stellen zusätzlich Eigenkapital dar. Rückstellungen sind Schulden für Aufwendungen, die am Bilanzstichtag ihrem Grund nach feststehen, nicht jedoch in ihrer Höhe und/oder Fälligkeit (§ 249 HGB).

410

a) **Buchungen zu den Abschlussangaben**

1. 6520	174.000,00	
an 0700		136.000,00
an 0800		38.000,00
2. 8010 an 1500		40.000,00
		(Niederstwertprinzip!)
3. 2800	595,00	
6951	500,00	
4800	95,00	
an 2400		1.190,00
4. 2900 an 6900		3.600,00
5. 6700 an 4890		9.875,00
6. 2880 an 5430		150,00
7. 3900 an 5480		3.200,00
8. 6770 an 3900		18.400,00
9. 8010 an 2200		150.000,00
10. 8010 an 2000		230.000,00

Weitere vorbereitende Abschlussbuchungen

1. 6000 an 2000	10.000,00
2. 2200 an 5200	30.000,00
3. 4800 an 2600	131.880,00

zu **410**

S	8020 Gewinn- und Verlustkonto		H
6000	780.000,00	5000	1.896.000,00
62–64	360.000,00	5200	30.000,00
6520	174.000,00	5430	8.150,00
6700	169.875,00	5480	3.200,00
6770	33.400,00	5710	2.000,00
6900	16.400,00	5800	32.000,00
6951	500,00		
7510	22.000,00		
7600	24.000,00		
7700	60.000,00		
7710	60.000,00		
3400	271.175,00		
	1.971.350,00		1.971.350,00

S	8010 Schlussbilanzkonto		H
0700	544.000,00	3000	1.000.000,00
0800	242.000,00	3240	150.000,00
1500	40.000,00	3320	10.000,00
2000	230.000,00	3400	271.175,00
2200	150.000,00	3900	73.200,00
2400	458.810,00	4250	180.000,00
2800	424.955,00	4400	160.000,00
2880	27.150,00	4800	228.265,00
2900	3.600,00	4890	47.875,00
	2.120.515,00		2.120.515,00

b)

Schlussbilanz gemäß § 266 HGB

Aktiva		Passiva		
A. Anlagevermögen		**A. Eigenkapital**		
Sachanlagen		I. Gezeichnetes Kapital	1.000.000,00	
TA und Maschinen	544.000,00	II. Gewinnrücklagen	150.000,00	
Andere Anlagen/BGA	242.000,00	III. Gewinnvortrag	10.000,00	
		IV. Jahresüberschuss	271.175,00	1.431.175,00
Finanzanlagen				
Wertpapiere	40.000,00	**B. Rückstellungen**		73.200,00
B. Umlaufvermögen		**C. Verbindlichkeiten**		
I. Vorräte:		1. Verbindlichkeiten gegenüber Kreditinstituten		180.000,00
Rohstoffe	230.000,00			
Fertige Erzeugnisse	150.000,00	2. Verbindlichkeiten aus Lieferungen		160.000,00
II. Forderungen und sonstige Wirtschaftsgüter		3. Sonstige Verbindlichkeiten,		276.140,00
Forderungen aus Lieferungen	458.810,00	davon aus Steuern		228.265,00
IV. Flüssige Mittel	452.105,00			
C. Rechnungsabgrenzungsposten				
Akt. Rechnungsabgr.	3.600,00			
	2.120.515,00			2.120.515,00

c) **Gewinn- und Verlustrechnung gemäß § 275 HGB**

	Umsatzerlöse (5000)	1.896.000,00	
+	Mehrbestand an Erzeugnissen (5200)	30.000,00	
+	Sonstige betriebl. Erträge (5430, 5480)	11.350,00	1.937.350,00
–	Materialaufwand (6000)	780.000,00	
–	Personalaufwand (62–64)	360.000,00	
–	Abschreibungen (6520, 6951)	174.500,00	
–	Sonstige betriebl. Aufwendungen (6700, 6770, 6900)	219.675,00	1.534.175,00
			403.175,00
+	Zinserträge (5710)		2.000,00
			405.175,00
–	Zinsaufwendungen (7510)		22.000,00
=	Ergebnis der gewöhnlichen Geschäftstätigkeit		383.175,00

zu **410**

	Übertrag:		383.175,00
	außerordentliche Erträge (5800)	32.000,00	
–	außerordentliche Aufwendungen (7600)	24.000,00	
+	außerordentliches Ergebnis		8 .000,00
			391.175,00
–	Steuern, Einkommen und Ertrag (7700, 7710)		120.000,00
	Jahresüberschuss		271.175,00

d) **Gewinnverwendung (Darstellung im Anhang)**

	Jahresüberschuss	271.175,00	
+	Gewinnvortrag aus dem Vorjahr	10.000,00	281.175,00
–	Einstellung in die Gewinnrücklage		100.000,00
–	Gewinnausschüttung		150.000,00
=	Gewinnvortrag		31.175,00

Buchungen im folgenden Geschäftsjahr

8000	Eröffnungsbilanzkonto	281.175,00	
an 3300	Ergebnisverwendung		281.175,00
3300	Ergebnisverwendung	100.000,00	
an 3240	Gewinnrücklage		100.000,00
3300	Ergebnisverwendung	150.000,00	
an 4830	Sonstige Verbindlichkeiten gg. Finanzbehörd.		
	(15 % KSt, 25 % Kapitalertragsteuer, 5,5 % SolZ)		39.562,50
an 4870	Verbindlichkeiten gg. Gesellschaftern (Dividende)		110.437,50
3300	Ergebnisverwendung	31.175,00	
an 3320	Gewinnvortrag		31.175,00

411

1.	Jahresüberschuss	600.000,00	
–	Zuführung zur gesetzlichen Rücklage	30.000,00	
–	Zuführung zu anderen Gewinnrücklagen	200.000,00	
	Bilanzgewinn	370.000,00	

2. A. **Eigenkapital** (gemäß § 266 [3] HGB)

I.	Gezeichnetes Kapital	4.000.000,00	
II.	Gesetzl. Rücklage	30.000,00	
III.	Andere Gewinnrücklagen	200.000,00	
IV.	Bilanzgewinn	370.000,00	4.600.000,00

3. **Buchungen über „Ergebnisverwendung“**

a)	8020	GuV-Konto	600.000,00	
	an 3400	Jahresüberschuss		600.000,00
	3400	Jahresüberschuss	600.000,00	
	an 3300	Ergebnisverwendung		600.000,00
b)	3300	Ergebnisverwendung	600.000,00	
	an 3210	Gesetzl. Rücklage		30.000,00
	an 3240	Andere Gewinnrücklagen		200.000,00
	an 3350	Bilanzgewinn		370.000,00
4.	3350	Bilanzgewinn	370.000,00	
	an 8010	Schlussbilanzkonto		370.000,00

5. Die Buchungen auf Konten ergeben sich aus den Buchungen zu 3. und 4.

412

1.	Bilanzgewinn	370.000,00	2.	Bardividende	320.000,00
–	Dividende	320.000,00	–	25 % Kapitalertragsteuer	80.000,00
–	Gesetzliche Rücklage	40.000,00	–	5,5 % Solidaritätszuschlag	
	Gewinnvortrag	10.000,00		von 80.000,00	4.400,00
				Nettodividende	235.600,00

3.	8000	Eröffnungsbilanzkonto	370.000,00	
	an 3350	Bilanzgewinn		370.000,00
	3350	Bilanzgewinn	370.000,00	
	an 3300	Ergebnisverwendung		370.000,00
4.	3300	Ergebnisverwendung	370.000,00	
	an 3210	Gesetzl. Rücklage		40.000,00
	an 4830	Sonstige Verbindlichkeiten gg. Finanzbehörd. (Kapitalertragsteuer, SolZ)		84.400,00
	an 4870	Dividende (Sonst. Verb. geg. Ges.)		235.600,00
	an 3320	Gewinnvortrag		10.000,00
5.	4830	Sonstige Verbindlichkeiten gg. Finanzbehörd.	84.400,00	
	4870	Dividende	235.600,00	
	an 2800	Bank		320.000,00

6. A. **Eigenkapital** (lt. § 266 [3] HGB)

I.	Gezeichnetes Kapital	4.000.000,00	
II.	Gesetzl. Rücklage	70.000,00	
III.	Andere Gewinnrücklagen	200.000,00	
IV.	Gewinnvortrag	10.000,00	4.280.000,00

413

1.	Summe der Aktiva	15.500.000,00
–	Summe der Passiva	13.900.000,00
	Jahresüberschuss	1.600.000,00
+	Gewinnvortrag	10.000,00
		1.610.000,00
–	Einstellung in andere Gewinnrücklagen	390.000,00
	Bilanzgewinn	1.220.000,00
	Gesetzliche Rücklage	1.110.000,00
	Andere Gewinnrücklagen	490.000,00
	Gewinnrücklagen	1.600.000,00

2.

Aktiva **Bilanz zum 31. Dezember ..** Passiva

Aktiva		Passiva	
A. Anlagevermögen	6.000.000,00	**A. Eigenkapital**	
		I. Gezeichnetes Kapital	10.000.000,00
B. Umlaufvermögen	9.500.000,00	II. Gewinnrücklagen	
		1. Gesetzl. Rücklage	1.110.000,00
		2. Andere Gewinnrückl.	490.000,00
		III. Bilanzgewinn	1.220.000,00
		B. Verbindlichkeiten	
		1. Langfr. Verbindlichk.	1.780.000,00
		2. Kurzfr. Verbindlichk.	900.000,00
	15.500.000,00		15.500.000,00

zu 413

3.	Bilanzgewinn	1.220.000,00
–	Dividende (12 % von 10.000.000,00)	1.200.000,00
	Gewinnvortrag	20.000,00
	Bardividende	1.200.000,00
–	25 % Kapitalertragsteuer	300.000,00
–	5,5 % SolZ (von 300.000,00)	16.500,00
	Nettodividende	883.500,00

4. a)	8000	Eröffnungsbilanzkonto		
	an 3350	Bilanzgewinn		1.220.000,00
	3350	Bilanzgewinn		
	an 3300	Ergebnisverwendung		1.220.000,00
b)	3300	Ergebnisverwendung	1.220.000,00	
	an 4870	Dividende (netto)		883.500,00
	an 4830	Sonstige Verbindlichkeiten gg. Finanzbehörd. (Kapitalertragsteuer, SolZ)		316.500,00
	an 3320	Gewinnvortrag		20.000,00
c)	4830	Sonst. Verb. gg. Finanzbehörden	316.500,00	
	4870	Dividende	883.500,00	
	an 2800	Bank		1.200.000,00

5. A. **Eigenkapital** (gemäß § 266 [3] HGB)

I. Gezeichnetes Kapital	10.000.000,00	
II. Gewinnrücklagen		
1. Gesetzl. Rücklage	1.110.000,00	
2. Andere Gewinnrücklagen	490.000,00	
III. Gewinnvortrag	20.000,00	11.620.000,00

414

1. a)	Jahresfehlbetrag	100.000,00
–	Gewinnvortrag	20.000,00
–	Entnahme aus gesetzl. Rücklage	70.000,00
	Bilanzverlust	10.000,00

b) A. **Eigenkapital** (gemäß § 266 [3] HGB)

I. Gezeichnetes Kapital	10.000.000,00
II. Gewinnrücklagen	
1. Gesetzl. Rücklage	1.040.000,00
2. Andere Gewinnrücklagen	490.000,00
III. Bilanzverlust	– 10.000,00
	11.520.000,00

2.	3300 Ergebnisverwendung	an	8020 GuV-Konto	100.000,00
	3320 Gewinnvortrag	an	3300 Ergebnisverwendung	20.000,00
	3210 Gesetzl. Rücklagen	an	3300 Ergebnisverwendung	70.000,00
	8010 SBK	an	3300 Ergebnisverwendung	10.000,00 (Bilanzverlust)

415

Beleggeschäftsgang 2

Laufende Buchungen

Beleg 1:	6160	150,00	
	2600	28,50	
	an 2880		178,50
Beleg 2:	6820	380,00	
	an 2880		380,00
Beleg 3:	2400/10003	23.740,50	
	an 5000		19.950,00
	an 4800		3.790,50
Beleg 4:	6000	41.200,00	
	2600	7.828,00	
	an 4400/60004		49.028,00
Beleg 5:	2800	5.831,00	
	5001	100,00	
	4800	19,00	
	an 2400/10003		5.950,00
Beleg 6:	6800	1.200,00	
	2600	228,00	
	an 4400/60005		1.428,00
Beleg 7:	3001	600,00	
	an 2880		600,00
Beleg 8:	5001	800,00	
	4800	152,00	
	an 2400/10003		952,00
Beleg 9:	6830	975,00	
	2600	185,25	
	an 2800		1.160,25
Beleg 10:	4400/60002	21.420,00	
	an 2800		21.420,00
Beleg 11:	3001	450,00	
	an 2800		450,00
Beleg 12:	6020	5.600,00	
	2600	1.064,00	
	an 4400/60002		6.664,00
Beleg 13:	0800	7.200,00	
	2600	1.368,00	
	an 4400/60005		8.568,00
Beleg 14:	3001	654,50	
	an 5420		550,00
	an 4800		104,50
Beleg 15:	2640	6.646,00	
	an 2800		6.646,00
	6300	20.203,00	
	an 4830		3.203,00
	an 2640		3.338,00
	an 2650		2.300,00
	an 2800		11.362,00
Beleg 16:	6400	3.308,00	
	an 2640		3.308,00
Beleg 17:	3001	1.200,00	
	an 2800		1.200,00
Beleg 18:	4250	18.500,00	
	an 2800		18.500,00
Beleg 19:	2400/10004	63.308,00	
	an 5000		53.200,00
	an 4800		10.108,00
Beleg 20:	2800	11.662,00	
	5001	200,00	
	4800	38,00	
	an 2400/10002		11.900,00
Beleg 21:	4400/60004	17.850,00	
	an 2800		17.493,00
	an 6002		300,00
	an 2600		57,00
Beleg 22:	2800	1.500,00	
	an 2880		1.500,00
Beleg 23:	6750	72,00	
	an 2800		72,00

Vorbereitende Abschlussbuchungen

Beleg 24:	6520	120.000,00	
	an 0700		85.000,00
	an 0800		35.000,00
Beleg 25:	4800	82.104,75	
	an 2600		82.104,75
Beleg 26:	3000	96.304,50	
	an 3001		96.304,50
Beleg 27:	5000	23.700,00	
	an 5001		23.700,00
Beleg 28:	6000	12.400,00	
	an 6001		12.400,00
Beleg 29:	6002	9.000,00	
	an 6000		9.000,00
Beleg 30:	2000	25.000,00	
	an 6000		25.000,00
Beleg 31:	6020	2.000,00	
	an 2020		2.000,00
Beleg 32:	5200	5.000,00	
	an 2100		5.000,00
Beleg 33:	2200	25.000,00	
	an 5200		25.000,00
Beleg 34:	6160	15.000,00	
	an 3900		15.000,00
Beleg 35:	2900	20.000,00	
	an 6700		20.000,00
Beleg 36:	7510	12.000,00	
	an 4890		12.000,00

zu **415**

Saldenliste – Kundenkonten (Debitoren)

S	10001 Karlsmann AG		H
	14.875,00	SB)	23.800,00
	833,00		
	8.092,00		
	23.800,00		23.800,00

S	10002 Gruppe OHG		H
	11.900,00	20)	11.900,00
	41.650,00	SB)	41.650,00
	53.550,00		53.550,00

S	10003 Heinrichs OHG		H
	5.950,00	5)	5.950,00
	11.900,00	8)	952,00
3)	23.740,50	SB)	34.688,50
	41.590,50		41.590,50

S	10004 Hilgendorf KG		H
	2.380,00	SB)	77.588,00
	11.900,00		
19)	63.308,00		
	77.588,00		77.588,00

S	10005 Busch OHG		H
	2.142,00	SB)	9.520,00
	7.378,00		
	9.520,00		9.520,00

Saldenliste:		
	Karlsmann AG	23.800,00
	Gruppe OHG	41.650,00
	Heinrichs OHG	34.688,50
	Hilgendorf KG	77.588,00
	Busch OHG	9.520,00
		187.246,50

Saldenliste – Liefererkonten (Kreditoren)

S	60001 Chromstahl GmbH		H
SB)	29.750,00		29.750,00

S	60002 Chem. Werke GmbH		H
10)	21.420,00		21.420,00
SB)	26.894,00		20.230,00
		12)	6.664,00
	48.314,00		48.314,00

S	60003 Schneider KG		H
SB)	38.080,00		38.080,00

S	60004 Holzwerke GmbH		H
21)	17.850,00		17.850,00
SB)	82.110,00		33.082,00
		4)	49.028,00
	99.960,00		99.960,00

S	60005 Jutta Kolberg e. Kffr.		H
SB)	9.996,00	6)	1.428,00
		13)	8.568,00
	9.996,00		9.996,00

Saldenliste:		
	Chromstahl GmbH	29.750,00
	Chem. Werke GmbH	26.894,00
	Schneider KG	38.080,00
	Holzwerke GmbH	82.110,00
	Jutta Kolberg e. Kffr.	9.996,00
		186.830,00

S	8020 Gewinn- und Verlustkonto		H
6000	384.400,00	5000	1.434.450,00
6020	85.600,00	5200	20.000,00
6160	31.750,00	5420	5.350,00
6200	152.000,00		
6300	110.603,00		
6400	47.908,00		
6520	120.000,00		
6700	240.000,00		
6750	372,00		
6800	6.700,00		
6820	3.780,00		
6830	7.175,00		
7510	44.000,00		
3000	225.512,00		
	1.459.800,00		1.459.800,00

S	8010 Schlussbilanzkonto		H
0700	827.280,00	3000	849.207,50
0800	202.200,00	3900	60.400,00
2000	110.000,00	4250	264.700,00
2020	10.000,00	4400	186.830,00
2100	20.000,00	4800	191.457,25
2200	55.000,00	4830	3.203,00
2400	187.246,50	4890	57.600,00
2650	3.500,00		
2800	162.289,75		
2880	15.881,50		
2900	20.000,00		
	1.613.397,75		1.613.397,75

zu **415**

S	3000 Eigenkapital		H
3001	96.304,50	AB)	720.000,00
8010	849.207,50	8020	225.512,00
	945.512,00		945.512,00

	Jahresgewinn	225.512,00 €
–	Unternehmerlohn	120.000,00 €
=	Unternehmergewinn	105.512,00 €
	AB Eigenkapital	720.000,00 €

Rentabilität des EK

$$= \frac{105.512,00 \cdot 100\ \%}{720.000,00} = 14,65\ \%$$

416

1. a) Kapitalerhöhung durch Zuführung eigener Mittel (Einlagen, Erhöhung des Stamm- bzw. Aktienkapitals).
   b) Bildung von Gewinnrücklagen.
   c) Umschuldung.
2. Da Anlagevermögen in der Regel langfristig gebundenes Vermögen darstellt, muss es durch langfristig gebundenes Kapital finanziert werden. Daher: Umschuldung kurzfristiger Kredite in langfristige Schulden.
3. Das Verhältnis zwischen AV und UV wird weitgehend von der Branche und dem Grad der Mechanisierung und Automatisierung bestimmt.
4. Je niedriger AV im Verhältnis zum UV, desto geringer die Belastung mit fixen Kosten (Fixkostenproblem).
5. Anteil der Vorräte und Forderungen ist stets im Zusammenhang mit den Umsatzerlösen zu beurteilen.

417

1. Verkürzung des Zahlungsziels, Anreiz durch Skontogewährung, Verbesserung des Mahnverfahrens, Kapitalerhöhung durch Neueinlagen, Gewinnthesaurierung, Umschuldung u. a.
2. Kurzfristige zinsgünstige Anlage (evtl. Termin-Festgeld, Wertpapiere), vorzeitige Tilgung (Rückzahlung) von Krediten u. a. m.
3. Nein. Bilanz ist zeitpunktbezogen (31. Dez.) und vermittelt somit nur ein Augenblicksbild. Außerdem weist sie keine Fälligkeiten und laufenden Zahlungen aus, die bereits kurz nach dem 31. Dez. zu tätigen sind. Zudem kann die Bilanz zum 31. Dez. in der Praxis erst Monate später erstellt werden (die Zahlen sind längst überholt usw.). Nur mehrere aufeinander folgende Bilanzen lassen eine vorsichtige Beurteilung der Liquiditätsentwicklung zu.
4. Bilanzstruktur 1 enthält durchaus optimale Verhältnisse, insbesondere unter dem Aspekt der Finanzierung. So ist das Anlagevermögen voll durch eigene Mittel finanziert. Es kann unterstellt werden, dass zumindest auch der „eiserne Bestand an Vorräten“ eigenfinanziert ist.

   Die Bilanzstruktur 2 zeigt deutlich, dass das Anlagevermögen (40 %) gerade durch Eigenkapital (30 %) und langfristiges Fremdkapital (10 %) voll gedeckt wird. Das Verhältnis UV : kurzfristiges Fremdkapital (60 : 60) zeigt, dass das Unternehmen im Hinblick auf die Liquidität sich in einer sehr angespannten Lage befindet usw.

418

1. Aufbereitete Bilanzen

	Berichtsjahr		Vorjahr		Zu- oder Abnahme
Aktiva	T€	%	T€	%	T€
Anlagevermögen	1.700	42,5	1.260	35	+ 440
Vorräte	1.200	30	1.850	51,39	– 650
Forderungen	820	20,5	370	10,28	+ 450
Flüssige Mittel	280	7	120	3,33	+ 160
Umlaufvermögen	2.300	57,5	2.340	65	– 40
Gesamtvermögen	4.000	100	3.600	100	+ 400
Passiva					
Eigenkapital	1.800	45	1.160	32,22	+ 640
50 % Rückstellungen	40	1	30	0,83	+ 10
Darlehensschulden	1.600	40	1.230	34,17	+ 370
Langfr. Fremdkapital	1.640	41	1.260	35	+ 380
50 % Rückstellungen	40	1	30	0,83	+ 10
Verbindlichkeiten	520	13	1.150	31,95	– 630
Kurzfr. Fremdkapital	560	14	1.180	32,78	– 620
Gesamtkapital	4.000	100	3.600	100	+ 400

2. a) **Kennzahlen der Finanzierung**

	Berichtsjahr	**Vorjahr**
Grad der finanziellen Unabhängigkeit	45 %	32,2 %
Grad der Verschuldung	55 %	67,8 %
Anteil des langfristigen Fremdkapitals	41 %	35 %
Anteil des kurzfristigen Fremdkapitals	14 %	32,8 %

b) **Kennzahlen der Anlagendeckung**

Deckungsgrad I	106 %	92 %
Deckungsgrad II	202 %	192 %

c) **Kennzahlen der Liquidität**

Liquidität I	50 %	10 %
Liquidität II	196 %	42 %
Liquidität III	411 %	198 %

d) siehe Bilanzaufbereitung

3. Schlechte Absatzlage im Vorjahr (vgl. auch Angabe der Umsatzerlöse).

4. Positive Entwicklung sowohl in der Finanzierung (Kapitalerhöhung u. a. durch Einlagen; höherer Gewinn; Umschuldung u. a.) und somit auch in der Anlagendeckung und vor allem in der Liquidität. Die Steigerung der Umsatzerlöse im Zusammenhang mit der Erhöhung der Forderungen und dem Abbau der Vorräte macht deutlich, dass sich das Unternehmen „im Aufwind“ befindet.

419

zu 1. Aufbereitung der Bilanzen:

	Berichtsjahr		Vorjahr		Veränderungen (+ bzw. –)
Aktiva	T€	%	T€	%	T€
Sachanlagen	4.350	43,5	3.550	39	+ 800
Finanzanlagen	650	6,5	500	6	+ 150
Anlagevermögen	5.000	50	4.050	45	+ 950
Vorräte	2.800	28	3.875	43	– 1.075
Forderungen a. LL	1.500	15	775	9	+ 725
Flüssige Mittel	700	7	300	3	+ 400
Umlaufvermögen	5.000	50	4.950	55	+ 50
Gesamtvermögen	10.000	100	9.000	100	+ 1.000
Passiva					
Gezeichnetes Kapital	3.500	35	2.500	27,8	+ 1.000
Gewinnrücklage	1.450	14,5	650	7,2	+ 800
Eigenkapital	4.950	49,5	3.150	35	+ 1.800
langfr. Rückstellg.	100	1	75	0,8	+ 25
langfr. Verbindlichk.	3.500	35	2.575	28,6	+ 925
Langfr. Fremdkapital	3.600	36	2.650	29,5[1]	+ 950
kurzfr. Rückstellg.	100	1	75	0,8	+ 25
kurzfr. Verbindlichk. einschl. Dividende	1.350	13,5	3.125	34,7	– 1.775
Kurzfr. Fremdkapital	1.450	14,5	3.200	35,5	– 1.750
Gesamtkapital	10.000	100	9.000	100	+ 1.000

1 aufgerundet

zu 2. a) **Kennzahlen der Finanzierung (vgl. auch Bilanzaufbereitung)**

	Berichtsjahr	Vorjahr
Grad der finanziellen Unabhängigkeit	49,5 %	35 %
Grad der Verschuldung	50,5 %	65 %
Anteil des langfristigen Fremdkapitals	36 %	29,5 %
Anteil des kurzfristigen Fremdkapitals	14,5 %	35,5 %
Grad der Selbstfinanzierung	14,5 %	7,2 %
b) **Kennzahlen der Anlagendeckung**		
Deckungsgrad I	99 %	78 %
Deckungsgrad II	171 %	143 %
c) **Kennzahlen der Konstitution**		
Anlagenintensität	50 %	45 %
Anteil des Umlaufvermögens	50 %	55 %
Ausnutzungsgrad der Sachanlagen	5	3,8
Vorratsquote am Gesamtvermögen	28 %	43 %
Forderungsquote am Gesamtvermögen	15 %	9 %
Anteil der flüssigen Mittel	7 %	3 %
d) **Kennzahlen der Liquidität**		
Liquidität I	48 %	9,4 %
Liquidität II	152 %	34 %
Liquidität III	345 %	155 %

zu **419**

zu 3. **Vermögensdeckungsrechnung**

		Berichtsjahr	Vorjahr	+/–
	Eigenkapital	4.950	3.150	+ 1.800
–	Anlagevermögen	5.000	4.050	+ 950
=	Über- oder Unterdeckung durch EK	– 50	– 900	+ 850
+	langfristiges Fremdkapital	3.600	2.650	+ 950
=	langfristiges Kapital zur Finanzierung des Umlaufvermögens	3.550	1.750	+ 1.800
–	Umlaufvermögen	5.000	4.950	+ 50
=	kurzfristiges Fremdkapital zur Finanzierung des Umlaufvermögens	1.450	3.200	– 1.750

zu 3. **Liquiditäts-Staffelrechnung**

		Berichtsjahr	Vorjahr
	Flüssige Mittel	700	300
–	kurzfristiges Fremdkapital	1.450	3.200
=	Unterdeckung (1. Stufe)	– 750	– 2.900
+	Forderungen	1.500	775
=	Überdeckung bzw. Unterdeckung (2. Stufe)	750	– 2.125
+	Vorräte	2.800	3.875
=	Überdeckung (3. Stufe)	3.550	1.750

zu 4. Ursachen der äußerst positiven Entwicklung sind vor allem: Kapitalerhöhung (Stammkapital), Gewinnthesaurierung (Rücklagenbildung), Umfinanzierung bzw. Abbau der kurzfristigen Schulden, Steigerung der Gesamtleistung und damit bedeutende Verbesserung der Erfolgslage des Unternehmens. Die Anlageinvestitionen stehen offensichtlich im Zusammenhang mit einer Kapazitätserweiterung.

420

1. Aufbereitete Bilanzen

	Berichtsjahr		**Vorjahr**		**Zu- oder Abnahme**
Aktiva	T€	%	T€	%	T€
Anlagevermögen	2.260	45,2	1.300	32,5	+ 960
Vorräte	1.400	28	1.650	41,25	– 250
Forderungen a. LL	800	16	600	15	+ 200
Flüssige Mittel	540	10,8	450	11,25	+ 90
Umlaufvermögen	2.740	54,8	2.700	67,5	+ 40
Gesamtvermögen	5.000	100	4.000	100	+ 1.000
Passiva					
Eigenkapital	3.000	60	1.600	40	+ 1.400
Darlehensschulden	1.530	30,6	1.200	30	+ 330
Langfr. Fremdkapital	1.530	30,6	1.200	30	+ 330
Verbindlichkeiten a. LL	470	9,4	1.200	30	– 730
Kurzfr. Fremdkapital	470	9,4	1.200	30	– 730
Gesamtkapital	5.000	100	4.000	100	+ 1.000

zu **420**

2. a) **Kennzahlen der Finanzierung**

	Berichtsjahr	Vorjahr
Grad der finanziellen Unabhängigkeit	60 %	40 %
Grad der Verschuldung	40 %	60 %
Anteil der langfristigen Verschuldung	30,6 %	30 %
Anteil der kurzfristigen Verschuldung	9,4 %	30 %
b) Kennzahlen der Anlagendeckung		
Deckungsgrad I	132,74 %	123,08 %
Deckungsgrad II	200,44 %	215,38 %
c) Kennzahlen der Liquidität		
Liquidität I	115 %	37,5 %
Liquidität II	285 %	87,5 %
Liquidität III	583 %	225 %
d) Kennzahlen der Vermögensstruktur		
Anteil des Anlagevermögens	45,2 %	32,5 %
Anteil des Umlaufvermögens	54,8 %	67,5 %
Anteil der Vorräte	28 %	41,25 %
Anteil der Forderungen a. LL	16 %	15 %
Anteil der flüssigen Mittel	10,8 %	11,25 %

3. Eine positive Entwicklung wurde durch die Erhöhung der eigenen Mittel (Erhöhung der Eigenkapitalbasis) sowie den Abbau der kurzfristigen Fremdmittel (Umschuldung) eingeleitet. Dadurch wurden die Finanzierung, Liquidität und Anlagenfinanzierung im Berichtsjahr ganz entscheidend verbessert, wie die Kennzahlen zum Ausdruck bringen.

421

zu 1.

Mittelverwendung — Bewegungsbilanz — Mittelherkunft

Mittelverwendung			Mittelherkunft	
I. Zunahme der Aktiva			**I. Zunahme der Passiva**	
1. Investitionen im AV			1. Eigenkapital	1.400
Sachanlagen		960		
			2. Fremdkapital	
2. Zugänge im UV			langfristiges FK	330
Forderungen	200			
Flüssige Mittel	90	290	**II. Abnahme der Aktiva**	
II. Abnahme der Passiva			Vorräte	250
Rückzahlung kurzfr. FK		730		
		1.980		1.980

zu 2. Der Möbelfabrik Peter Möbs e. K. standen im Berichtsjahr 1.980 T€ Finanzierungsmittel zur Verfügung. Die finanziellen Mittel stammen primär aus der Kapitalerhöhung (1.400 T€). Durch die Aufnahme langfristigen Fremdkapitals (330 T€) und den Abbau des Vorratsvermögens (250 T€) flossen der Unternehmung weitere Mittel zu. Die Mittelverwendung erfolgte durch Investitionen im AV (960 T€) und durch den Abbau kurzfristiger Verbindlichkeiten (730 T€). Im UV nahmen Forderungen und flüssige Mittel um 290 T€ zu.

422

zu 1.

Mittelverwendung		Bewegungsbilanz	Mittelherkunft	
I. Zunahme der Aktiva			**I. Zunahme der Passiva**	
1. Investitionen im AV			1. Eigenkapital	640
Sachanlagen		440		
			2. Fremdkapital	
2. Zugänge im UV			langfristiges FK	380
Forderungen	450			
Flüssige Mittel	160	610	**II. Abnahme der Aktiva**	
II. Abnahme der Passiva			Vorräte	650
Rückzahlung kurzfr. FK		620		
		1.670		1.670

zu 2: Vgl. Ausführungen zu Aufgabe 421.

423

zu 1.	Zugänge (Investitionen)	1.970
–	Abgänge	120
=	Nettozugänge	1.850

zu 2. 48,6 %

zu 3. Die Unternehmung hat im Berichtsjahr erheblich investiert. Die gesamten Anlageinvestitionen machen nahezu 50 % aus, insbesondere im Bereich der Sachanlagen. Im Hinblick darauf kann die 49%ige Finanzierung aus Abschreibungen, die voll verdient sind (kein Verlustausweis), nur als sehr gut bezeichnet werden.

zu 4. Vgl. Kapitel „Abschreibungen" auf S. 54 im Lehrbuch.

424

1.

MV		Bewegungsbilanz	MH		
I. Anlageinvestitionen			**I. Finanzierung aus**		
1. Sachanlagen	1.800		1. Anlageabgängen	120	
2. Finanzanlagen	170	1.970	2. Abschreibungen	900	1.020
II. Zugänge im UV			**II. Eigenkapitalerhöhung**		1.800
1. Forderungen	725		**III. Langfristiges FK**		950
2. Flüssige Mittel	400	1.125			
			IV. Abbau der Vorräte		1.075
III. Abbau von FK					
Kurzfr. Fremdkapital		1.750			
		4.845			4.845

2. Die Bewegungsbilanz macht vor allem deutlich, dass die gesamten Anlageinvestitionen durch eigene Mittel (I + II) finanziert wurden. Kurzfristige Fremdmittel wurden in erheblichem Maße abgebaut durch Umschuldung (langfristiges FK 950 T€) und eigene Mittel.

425

zu 1. und 2.

	Berichtsjahr		Vorjahr		+ bzw. –
Aktiva	T€	%	T€	%	T€
1. Sachanlagen	4.190	37	3 977	39	+ 213
2. Finanzanlagen	162	2	153	1	+ 9
Anlagevermögen	4.352	39	4.130	40	+ 222
1. Vorräte	5.258	47	4.121	41	+ 1.137
2. Forderungen aus LL	1.355		1.570		
+ Sonst. Forderungen	100		280		
+ ARA	15		17		
	1.470	13	1.867	18	– 397
3. Flüssige Mittel	110	1	102	1	+ 8
Umlaufvermögen	6.838	61	6.090	60	+ 748
Gesamtvermögen	11.190	100	10.220	100	+ 970
Passiva					
Gezeichnetes Kapital	2.000		2.000		
+ Gewinnrücklagen	1.280		1.380		– 100
+ Bilanzgewinn	230		410		– 180
	3.510		3.790		– 280
– Dividende (kurzfr. FK)	220		300		– 80
Eigenkapital	3.290	29	3.490	34	– 200
Pensionsrückstellungen	970		790		+ 180
+ 50 % andere Rückstell.	290		305		– 15
+ langfr. Verbindlichk.	1.320		1.360		– 40
Langfristiges Fremdkapital	2.580	23	2.455	24	+ 125
50 % andere Rückstell.	290		305		– 15
+ Dividende (siehe EK)	220		300		– 80
+ kurzfr. Verbindlichk.	4.800		3.650		+ 1.150
+ PRA	10		20		– 10
Kurzfristiges Fremdkapital	5.320	48	4.275	42	+ 1.045
Gesamtkapital	11.190	100	10.220	100	+ 970

zu 3. a) **Kennzahlen der Finanzierung**

	Berichtsjahr	**Vorjahr**
Grad der finanziellen Unabhängigkeit	29 %	34 %
Grad der Verschuldung	71 %	66 %
Anteil des langfristigen Fremdkapitals	23 %	24 %
Anteil des kurzfristigen Fremdkapitals	48 %	42 %
Grad der Selbstfinanzierung	11,4 %	13,5 %

b) **Kennzahlen der Anlagendeckung**

Deckungsgrad I	76 %	84,5 %
Deckungsgrad II	135 %	144 %

zu **425**

zu 3. b) **Deckungsrechnung in Staffelform**

		Berichtsjahr	Vorjahr	+ bzw. –
	Eigenkapital (EK)	3.290	3.490	– 200
–	Anlagevermögen	4.352	4.130	+ 222
=	Über- bzw. Unterdeckung durch EK	– 1.062	– 640	– 422
+	langfristiges Fremdkapital	2.580	2.455	+ 125
=	langfristiges Kapital zur Finanzierung des Umlaufvermögens	1.518	1.815	– 297
–	Umlaufvermögen	6.838	6.090	+ 748
=	kurzfristiges Fremdkapital zur Finanzierung des Umlaufvermögens	5.320	4.275	+ 1.045

c) **Kennzahlen der Konstitution**

	Berichtsjahr	**Vorjahr**
Anlagenintensität	39 %	40 %
Anteil des Umlaufvermögens	61 %	60 %
Ausnutzungsgrad der Sachanlagen	4,3 %	4,7 %
Vorratsquote am Gesamtvermögen	47 %	40 %
Forderungsquote am Gesamtvermögen	13 %	18 %
Anteil der flüssigen Mittel	1 %	1 %

d) **Kennzahlen der Liquidität**

	Berichtsjahr	Vorjahr
Liquidität I	2 %	2,4 %
Liquidität II	30 %	46 %
Liquidität III	129 %	142 %

Liquiditäts-Staffelrechnung

		Berichtsjahr	Vorjahr
	Flüssige Mittel	110	102
–	Kurzfristiges Fremdkapital	5.320	4.275
=	Unterdeckung (1. Stufe)	– 5.210	– 4.173
+	Forderungen	1.470	1.867
=	Unterdeckung (2. Stufe)	– 3.740	– 2.306
+	Vorräte	5.258	4.121
=	Überdeckung (3. Stufe)	1.518	1.815

zu 4. Die Kennzahlen der Finanzierung sowie der Anlagendeckung und Liquidität zeigen deutlich die im Berichtsjahr eingetretene Verschlechterung der Finanzierung des Unternehmens. Der Rückgang der eigenen Mittel beruht vor allem auf der für die beabsichtigte Dividendenausschüttung notwendigen Entnahme aus Rücklagen, die zugleich zu einem erheblichen Substanzverlust führt und deshalb wirtschaftlich nicht vertretbar ist. Besorgniserregend – vor allem auch im Hinblick auf die Liquidität – ist der außerordentlich hohe Anteil der kurzfristigen Fremdmittel, der im Berichtsjahr 48 % des Gesamtkapitals ausmacht.

zu 5. und 6. Vgl. Ausführungen zu 4.

zu 7. Die Zahlungsbereitschaft kann erst unter Berücksichtigung des Vorratsvermögens als gesichert angesehen werden. Im Übrigen ist die negative Entwicklung im Berichtsjahr auf die beachtliche Zunahme der kurzfristigen Fremdmittel zurückzuführen.

zu 8. Absatzrückgang (vgl. Angaben zur Erfolgsrechnung: Abnahme der Umsatzerlöse, Zunahme der Bestände an Erzeugnissen).

zu 9. Durchaus gute Finanzierung des Anlagevermögens. Erhebliche Teile des Umlaufvermögens (im Berichtsjahr noch 22 %) werden noch langfristig finanziert. Die negative Entwicklung der Deckungsgrade I und II sowie der Deckungsrechnung steht vor allem im Zusammenhang mit dem Abbau der eigenen Mittel.

zu 425

zu 10. Vor allem Abbau der kurzfristigen Fremdmittel durch Umfinanzierung (Umschuldung). Stärkung der EK-Basis durch Gewinnthesaurierung (Rücklagenbildung). Evtl. Kapitalerhöhung durch Ausgabe neuer Aktien.

zu 11. Vgl. Ausführungen zu 4.

zu 12. Konjunkturbedingt (Rezession).

zu 13. Gewinnthesaurierung, evtl. Kapitalerhöhung, Abbau der kurzfristigen Bankverbindlichkeiten.

426

1./2.

	Berichtsjahr	Vorjahr
Zugänge in T€	613	325
– Abgänge in T€	10	–
Nettoinvestitionen in T€	603	325
Abschreibungen in T€	390	468
Abschreibungen in % der Nettoinvestitionen	65 %	144 %

427

Vgl. auch aufbereitete Bilanzen der Aufgabe 425.

MV	Bewegungsbilanz		MH
I. Anlageinvestitionen		**I. Finanzierung aus**	
1. Sachanlagen (vgl. Aufg. 426)	613	1. Anlagenabgängen	10
2. Finanzanlagen	9	2. Abschreibungen	390
II. Erhöhung des Umlaufvermögens		**II. Erhöhung des langfristigen FK**	125
1. Vorräte	1.137	**III. Erhöhung des kurzfristigen FK**	1.045
2. Flüssige Mittel	8		
		IV. Abnahme der Forderungen	397
III. Abnahme des EK	200		
	1.967		1.967

Anmerkungen zur BB

Die Investitionen im AV von insgesamt 622 T€ wurden nur in Höhe von 400 T€ aus Anlagenabgängen und Abschreibungen finanziert. Die BB macht deutlich, dass die verbleibenden 222 T€ Anlagenzugänge zum Teil (97 T€) durch Aufnahme eines kurzfristigen Bankkredits finanziert worden sind. Das ist besonders auch unter Berücksichtigung der sehr schlechten Erfolgslage des Unternehmens mehr als bedenklich. Im Übrigen zeigt die BB die beachtliche Zunahme der kurzfristigen Verschuldung (1.045 T€ von einem Gesamtmittelzufluss von 1.967 T€). Die Abnahme des EK ist vor allem auf die Entnahmen aus Rücklagen zurückzuführen. Die Erhöhung der Vorräte ist insbesondere eine Folge des Absatzrückgangs.

428

1.

	1. Jahr	2. Jahr	3. Jahr
Lagerdurchschnittsbestand	100.000,00	130.000,00	120.000,00
Lagerumschlagshäufigkeit	8	9	12
Lagerdauer	45 Tage	40 Tage	30 Tage

2. Vgl. Lehrbuch, S. 338.

429

1.

	1. Jahr	2. Jahr	3. Jahr
∅ Forderungsbestand	515.000,00	690.000,00	1.000.000,00
Umschlagshäufigkeit der Außenstände	10	12	12
∅ Kundenkreditdauer	36 Tage	30 Tage	30 Tage

Positive Entwicklung, jedoch im Hinblick auf die Liquidität nicht ausreichend.

2. Vgl. Lehrbuch, S. 339.

430

1.

	1. Jahr	2. Jahr	3. Jahr
Umschlagshäufigkeit des EK	7,5	6,6	5,3
Umschlagsdauer des EK	48 Tage	55 Tage	68 Tage
Umschlagshäufigkeit des Gesamtkapitals	5	4,1	4,3
Umschlagsdauer des Gesamtkapitals	72 Tage	88 Tage	84 Tage

Negative Entwicklung. Absatzsteigerung muss forciert werden.

2. Vgl. Lehrbuch, S. 340.

431

		1. Jahr	2. Jahr	3. Jahr
1.	Bereinigter Jahresgewinn	460	640	820
2.	Rentabilität des EK	18,4 %	21,3 %	20,5 %
	Rentabilität des Gesamtkapitals	13,8 %	14,0 %	15,4 %
	Umsatzrentabilität	3,3 %	4,0 %	4,3 %

3. Vgl. Lehrbuch, S. 341 f.

432

1.

	1. Jahr	2. Jahr	3. Jahr
Cashflow	720	820	910
Cashflow-Umsatzverdienstrate	8,6 %	8,8 %	8,7 %

2./3. Vgl. Lehrbuch, S. 343.

4. Das Unternehmen hat Anlageinvestitionen getätigt.

433

1.

Geschäftsjahre	**01**	**02**	**03**
Investiertes Gesamtkapital in T€	900	920	1.000
Umsatzerlöse in T€	16.000	18.000	20.000
Gewinn + Zinsen in T€	1.600	1.800	2.000
Umsatzrentabilität	10 %	10 %	10 %
Kapitalumschlagshäufigkeit	17,8	19,6	20
Return on Investment in %	177,8 %	195,6 %	200 %

2. Die Steigerung der Rentabilität wird bei gleich hoher Umsatzrentabilität allein durch eine Erhöhung des Kapitalumschlags erreicht.

434

1.

Produktgruppen	A	B	insgesamt
Investiertes Kapital in T€	1.000	1.000	2.000
Umsatzerlöse in T€	3.000	1.000	4.000
Gewinn in T€	300	100	400
Umsatzrentabilität	10 %	10 %	10 %
Kapitalumschlagshäufigkeit	3	1	2
Return on Investment (ROI) in %	30 %	10 %	20 %

2. Dreifacher Kapitalumschlag der Produktgruppe A.
3. Der Kapitalumschlag nimmt bei gleicher Umsatzrentabilität grundsätzlich ab.
4. Steigerung der Umsatzrendite und des Kapitalumschlags erhöhen den ROI.
5. Betriebsnotwendiges Kapital, Betriebsgewinn, Umsatz, Umschlag des betriebsnotwendigen Kapitals.

435

zu 1. **Die Kapitalbestände der aufbereiteten Bilanzen gelten als Durchschnittswerte.**

	Berichtsjahr	Vorjahr
∅ Eigenkapital	4.950	3.150
∅ Gesamtkapital	10.000	9.000
Umsatzerlöse	21.000	13.000
Umschlagshäufigkeit des EK	4,2	4,1
Umschlagsdauer des EK	86 Tage	88 Tage
Umschlagshäufigkeit des Gesamtkapitals	2,1	1,4
Umschlagsdauer des Gesamtkapitals	171 Tage	257 Tage

	Berichtsjahr	Vorjahr
Jahresüberschuss	1.125	475
+ a. o. Aufwendungen	20	130
	1.145	605
– a. o. Erträge	125	75
= Bereinigter Jahresgewinn	1.020	530
Rentabilität des EK	20,6 %	16,8 %
Jahresgewinn + Zinsaufwendungen	1.330	870
Rentabilität des Gesamtkapitals	13,3 %	9,7 %
Umsatzrentabilität	4,9 %	4,1 %
Jahresüberschuss	1.125	475
+ Abschreibungen	900	600
+ Zuführungen zu langfr. Rückstellungen	25	–
Cashflow	2.050	1.075
Cashflow-Umsatzverdienstrate	9,8 %	8,3 %

zu **435**

2. **Betriebsergebnisrechnung**

	Berichtsjahr		Vorjahr	
Jahresüberschuss		1.125		475
– neutrale Erträge:				
Sonstige Erträge	63		50	
Zinserträge	30		10	
a. o. Erträge	125		75	
		218		135
+ neutrale Aufwendungen:				
a. o. Aufwendungen	20		130	
Steuern	380		210	
		400		340
= Betriebsgewinn		1.307		680
Erfolgsstruktur				
Jahresüberschuss	1.125	100 %	475	100 %
– Betriebsgewinn	1.307	116 %	680	143 %
= neutrales Ergebnis	– 182	16 %	– 205	43 %

Kostenartenstruktur/-intensität

	Berichtsjahr		Vorjahr	
Materialkosten	12.916	63,3 %	7.525	58,7 %
Personalkosten	5.975	29,3 %	4.150	32,4 %
Abschreibungen	900	4,4 %	600	4,7 %
Betriebssteuern	92	0,5 %	70	0,5 %
Zinsaufwendungen	310	1,5 %	340	2,7 %
Sonst. betriebl. Aufwendungen	200	1,0 %	135	1,0 %
Gesamtkosten	20.393	100,0 %	12.820	100,0 %
Gesamtleistung	21.700	100,0 %	13.500	100,0 %
– Gesamtkosten	20.393	94,0 %	12.820	95,0 %
= Betriebsgewinn	1.307	6,0 %	680	5,0 %

Arbeitsproduktivität

	Berichtsjahr	Vorjahr
Gesamtleistung	21.700 T€	13.500 T€
Beschäftigtenzahl	140	115
Arbeitsproduktivität je Beschäftigten	155 T€	117,4 T€

3. Deutliche Verbesserung des Betriebsergebnisses, wozu insbesondere die Steigerung der Umsatzerlöse und die günstige Entwicklung der Kostenstruktur beigetragen haben.
   Bemerkenswert ist dabei die erhebliche Erhöhung der Arbeitsproduktivität. Die Verbesserung der Erfolgslage hat sich somit auch sehr positiv auf die Rentabilitätskennzahlen und den Cashflow ausgewirkt.

4. Vgl. Lehrbuch, S. 342.

5. Die zu zahlenden Zinsen für das Fremdkapital mindern als Aufwand den Gewinn und damit die gewinnabhängigen Steuern (Einkommensteuer, Körperschaftsteuer, Gewerbesteuer).

436

	Berichtsjahr	Vorjahr
Jahresüberschuss	20	320
+ a. o. Aufwendungen	50	70
	70	390
– a. o. Erträge	40	50
Bereinigtes Jahresergebnis	30	340
Rentabilität des EK (vgl. aufbereitete Bilanzen: EK)	0,9 %	9,7 %
Umsatzrentabilität	0,2 %	1,8 %

Betriebsergebnisermittlung	Berichtsjahr	Vorjahr
Jahresüberschuss	20	320
– Neutrale Erträge (Pos. 3 und 10)	160	80
	– 140	240
+ Neutrale Aufwendungen:		
Position 12: Körperschaftsteuer	+ 40	+ 260
Position 11: a. o. Aufwendungen	+ 50	+ 70
= Betriebsergebnis	– 50	570

Erfolgsstruktur	Berichtsjahr	Vorjahr
Jahresüberschuss	20	320
Betriebsergebnis	– 50	570
Neutrales Ergebnis	+ 70	– 250

Kostenstrukturanalyse/-intensität	Berichtsjahr		Vorjahr	
	T€	%	T€	%
Materialkosten	7.135	39	7.290	40
Personalkosten	7.217	40	6.982	38
Abschreibungen	390	2	468	3
Zinsaufwendungen	198	1	138	1
Kostensteuern (d. h. ohne Körperschaftst.)	837	5	950	5
Sonstige betriebliche Aufwendungen	2.270	13	2.332	13
Gesamtkosten	18.047	100	18.160	100
Gesamtleistung	17.997		18.730	
– Gesamtkosten	18.047		18.160	
Betriebsergebnis	– 50		+ 570	
Arbeitsproduktivität	32 T€		33 T€	

437

zu 1.

Bilanzstruktur	1. Jahr	2. Jahr	3. Jahr	4. Jahr	5. Jahr
Anlagevermögen	62 %	65 %	61 %	57 %	63 %
Umlaufvermögen	38 %	35 %	39 %	43 %	37 %
Gesamtvermögen	100 %	100 %	100 %	100 %	100 %
Eigenkapital	47 %	47 %	44 %	42 %	46 %
Langfristiges Fremdkapital	35 %	33 %	27 %	24 %	25 %
Kurzfristiges Fremdkapital	18 %	20 %	29 %	34 %	29 %
Fremdkapital	53 %	53 %	56 %	58 %	54 %
Gesamtkapital	100 %	100 %	100 %	100 %	100 %

zu 2.: Die Finanzierung des Unternehmens kann in allen fünf Vergleichsjahren noch als zufriedenstellend bezeichnet werden. Das Eigenkapital wurde zwar absolut durch Kapitalerhöhungen (Aktienausgabe) und Gewinnthesaurierung erhöht, ist jedoch relativ gleich hoch geblieben. Von einer Umschuldung kann keine Rede sein. Im Gegenteil, dem Abbau der langfristigen Fremdmittel steht ein hoher Anstieg der kurzfristigen Verbindlichkeiten gegenüber, wodurch die Liquidität des Unternehmens beeinträchtigt wurde. Die sehr starke Zunahme der Rückstellungen hat zudem die Erfolgsrechnungen der letzten beiden Geschäftsjahre in besonderem Maße belastet. Die Deckung des Anlagevermögens, das zur Hälfte aus Beteiligungen an anderen Unternehmen besteht, wird nur unter Berücksichtigung des langfristigen Fremdkapitals erreicht.

zu 3. **Investitionsfinanzierung**

	1. Jahr	2. Jahr	3. Jahr	4. Jahr	5. Jahr
Abschreibungen + Abgänge in % der Anlageinvestitionen	167 %	131 %	83 %	76 %	92 %

zu 4. Hohe Beteiligungen.

zu 5. **Umsatzrentabilität**

1. Jahr	2. Jahr	3. Jahr	4. Jahr	5. Jahr
4,4 %	4,7 %	4,4 %	3,5 %	3,3 %

zu 6. **Cashflow-Entwicklung**

	1. Jahr	2. Jahr	3. Jahr	4. Jahr	5. Jahr
Cashflow	754	877,5	854,5	1.260,5	885,5
Cashflow-Umsatzverdienstrate	14,5 %	14,8 %	12,4 %	12,4 %	10,5 %

zu 7. **Grad der Selbstfinanzierung**

1. Jahr	2. Jahr	3. Jahr	4. Jahr	5. Jahr
120 %	120 %	125 %	121 %	121 %

zu 8. **Dividende**

	1. Jahr	2. Jahr	3. Jahr	4. Jahr	5. Jahr
Bilanzgewinn: Grundkapital	15 %	15 %	16 %	17 %	14 %

zu 9. langfristig: Pensionsrückstellungen; kurzfristig: die übrigen (vgl. Lehrbuch, S. 248).

zu 10. Pensionsrückstellungen stellen zwar juristisch Fremdkapital, wirtschaftlich jedoch eigenkapitalähnliche Mittel dar, da sie dem Unternehmen langfristig und zinslos zur Verfügung stehen. Dies gilt umso mehr, wenn das Ereignis, das der Grund für die Bildung der Rückstellung war, nicht oder früher als vermutet eintritt.

438

a) Aufwendungen für Roh-, Hilfs- und Betriebsstoffe
b) Verluste aus Wertpapierverkäufen, außerordentliche Aufwendungen

439

a) Umsatzerlöse für eigene Erzeugnisse
b) Mieterträge für ein vermietetes Lagergebäude

440

1. Ausgaben
2. Einnahmen
3. Ausgaben
4. Einnahmen
5. Ausgaben

441

1. a) Dokumentation der Geschäftsfälle, Jahresabschluss
   b) Ermittlung der Selbstkosten und des Betriebsergebnisses, Kontrolle der Wirtschaftlichkeit, Kalkulation der Angebotspreise, Grundlagen für Planungen und Entscheidungen im Produktions- und Absatzbereich.
2. a) Betriebsbedingte Aufwendungen werden durch den Betriebszweck verursacht und gehen als Grundkosten in die Kostenrechnung ein. Nicht betriebsbedingte (neutrale) Aufwendungen können betrieblich veranlasst sein, gehen aber nicht oder nicht in der ausgewiesenen Höhe in die KLR ein, weil sie periodenfremden oder außerordentlichen Charakter haben; sie können auch betriebsfremden Charakter haben und werden dann von der KLR ferngehalten.

   b)

Neutrale Aufwendungen:	6979	Anlagenabgänge
	6990	Periodenfremde Aufwendungen
	7600	Außerordentliche Aufwendungen
Neutrale Erträge:	5400	Mieterträge
	5410	Erlöse aus Anlagenabgängen
	5490	Periodenfremde Erträge
	5710	Zinserträge
	5800	Außerordentliche Erträge
Kosten:	6000	Aufwendungen für Rohstoffe
	6200	Löhne
	6300	Gehälter
	6700	Mieten, Pachten
	68..	Aufwendungen für Kommunikation
Leistungen:	5000	Umsatzerlöse für eigene Erzeugnisse
	5300	Aktivierte Eigenleistungen
	5420	Entnahme von Erzeugnissen

3. a) Das Gesamtergebnis wird im RK I als Differenz aus Erträgen minus Aufwendungen errechnet.
   b) Das Betriebsergebnis wird im RK II als Differenz aus Leistungen minus Kosten errechnet.

442

1. a) Umsatzerlöse für eigene Erzeugnisse, Umsatzerlöse für Handelswaren, Umsatzerlöse aus Abfallmaterial
   b) Mehrbestand an unfertigen Erzeugnissen, Mehrbestand an fertigen Erzeugnissen

zu **442**

c) Herstellungskosten einer selbst erstellten Maschinenanlage, Herstellungskosten einer selbst erstellten Transportanlage, Lagereinrichtung oder Prüfanlage, Herstellungskosten einer werterhöhenden Reparatur

d) Entnahme von Gegenständen (Erzeugnissen) für den privaten Gebrauch oder Verbrauch, private Nutzung betrieblicher Gegenstände, private Inanspruchnahme betrieblicher Leistungen

2. a)

<table>
<tr><td colspan="4">Aufwendungen im Sinne der Finanzbuchhaltung (FB)</td></tr>
<tr><td colspan="3">Nicht betriebsbedingte (neutrale Aufwendungen)</td><td>Betriebsbedingte Aufwendungen</td></tr>
<tr><td colspan="3">= Nicht-Kosten</td><td rowspan="3">↓
Kosten in der KLR</td></tr>
<tr><td>betriebsfremd</td><td>außerordentlich</td><td>periodenfremd</td></tr>
</table>

b)

<table>
<tr><td colspan="4">Erträge der Finanzbuchhhaltung</td></tr>
<tr><td colspan="3">Nicht betriebsbedingte (neutrale) Erträge</td><td>Betriebsbedingte Erträge</td></tr>
<tr><td>betriebsfremd</td><td>außerordentlich</td><td>periodenfremd</td><td>↓</td></tr>
<tr><td></td><td></td><td></td><td>Leistungen in der KLR</td></tr>
</table>

3. Neutrale Aufwendungen entstehen (vgl. Lehrbuch, S. 357):
   - bei der Verfolgung betriebsfremder Ziele,
   - durch Verlust aus Vermögensabgängen,
   - durch Verluste aus Schadensfällen,
   - aus betrieblichen periodenfremden Vorgängen,
   - als außerordentliche Aufwendungen.

4. Zu den Einnahmen gehören nur solche Vorgänge, die das Geldvermögen erhöhen. Die Kreditaufnahme erhöht zwar den Zahlungsmittelbestand, gleichzeitig aber auch die Verbindlichkeiten, sodass das Geldvermögen gleich bleibt.

5. Zielsetzung:
   1) FB ist nach außen gerichtet → Dokumentation, Jahresabschluss
      KLR ist betriebsbezogen → Betriebsergebnis, Kalkulation, Vorbereitung betrieblicher Entscheidungen
   2) FB arbeitet mit pagatorischen (geldlichen) Werten
      KLR arbeitet mit kalkulatorischen Werten
   3) Klare begriffliche Trennung:
      FB spricht von Aufwendungen und Erträgen,
      KLR spricht von Kosten und Leistungen

443

1. falsch
2. falsch (vgl. zeitliche Abgrenzung, S. 238 f.)
3. richtig
4. falsch
5. falsch
6. richtig
7. richtig

444

1. Neutrale Aufwendg.	2. Neutrale Erträge	3. Betriebl. Aufwendg.	4. Betriebl. Erträge
b, d, e, h	l, o, p	a, c, f, g, i, j, k	m, n

445

Ergebnistabelle der Möbelfabrik Schneider OHG

Finanzbuchhaltung (= RK I)			Kosten- und Leistungsrechnung (= RK II)			
Gesamtergebnisrechnung der FB			Abgrenzungsrechnung		Betriebsergebnisrechnung	
Kto.-Nr.	Aufwendungen	Erträge	neutrale Aufwendungen	neutrale Erträge	Kosten	Leistungen
5000		1.280.000,00				1.280.000,00
5202		120.000,00				120.000,00
5400		14.000,00		14.000,00		
5410		56.000,00		56.000,00		
5500		30.000,00		30.000,00		
5710		4.000,00		4.000,00		
60..	330.000,00				330.000,00	
6160	3.000,00				3.000,00	
6200	520.000,00				520.000,00	
6300	130.000,00				130.000,00	
6400	140.000,00				140.000,00	
6520	60.000,00		5.000,00		55.000,00	
6979	47.000,00		47.000,00			
7030	10.000,00				10.000,00	
7460	16.000,00		16.000,00			
	1.256.000,00	1.504.000,00	68.000,00	104.000,00	1.188.000,00	1.400.000,00
	248.000,00		36.000,00		212.000,00	
	1.504.000,00	1.504.000,00	104.000,00	104.000,00	1.400.000,00	1.400.000,00

Abstimmung der Ergebnisse

1. Gesamtergebnis im RK I		(+) 248.000,00 €
2. Neutrales Ergebnis	(+) 36.000,00 €	
3. Betriebsergebnis	(+) 212.000,00 €	
4. Gesamtergebnis im RK II		(+) 248.000,00 €

446

Finanzbuchhaltung (= RK I)			Kosten- und Leistungsrechnung (= RK II)			
Gesamtergebnisrechnung der FB			Abgrenzungsrechnung		Betriebsergebnisrechnung	
Konto	Aufwendungen	Erträge	neutrale Aufwendg.	neutrale Erträge	Kosten	Leistungen
5000		800.000,00				800.000,00
5400		45.000,00		45.000,00		
5410		10.000,00		10.000,00		
5710		20.000,00		20.000,00		
6000	270.000,00				270.000,00	
6020	50.000,00				50.000,00	
6200	350.000,00				350.000,00	
6300	90.000,00				90.000,00	
6400	40.000,00				40.000,00	
6800	3.000,00				3.000,00	
6979	9.000,00		9.000,00			
7510	10.000,00				10.000,00	
70/77	25.000,00				25.000,00	
	847.000,00	875.000,00	9.000,00	75.000,00	838.000,00	800.000,00
	28.000,00		66.000,00			38.000,00
	875.000,00	875.000,00	75.000,00	75.000,00	838.000,00	838.000,00

zu **446**

Abstimmung der Ergebnisse

1. Gesamtergebnis im RK I		(+) 28.000,00 €
2. Neutrales Ergebnis	(+) 66.000,00 €	
3. Betriebsergebnis	(–) 38.000,00 €	
4. Gesamtergebnis im RK II		(+) 28.000,00 €

447

Finanzbuchhaltung (= RK I)			Kosten- und Leistungsrechnung (= RK II)			
Gesamtergebnisrechnung der FB			Abgrenzungsrechnung		Betriebsergebnisrechnung	
Konto	Aufwendungen	Erträge	neutrale Aufwendg.	neutrale Erträge	Kosten	Leistungen
5000		1.450.000,00				1.450.000,00
5202		40.000,00				40.000,00
5410		8.000,00		8.000,00		
5710		3.000,00		3.000,00		
60..	510.000,00				510.000,00	
6200	620.000,00				620.000,00	
6300	175.000,00				175.000,00	
6400	95.000,00				95.000,00	
6700	15.000,00				15.000,00	
6979	7.000,00		7.000,00			
70/77	34.000,00				34.000,00	
7510	12.000,00				12.000,00	
	1.468.000,00	1.501.000,00	7.000,00	11.000,00	1.461.000,00	1.490.000,00
	33.000,00		4.000,00		29.000,00	
	1.501.000,00	1.501.000,00	11.000,00	11.000,00	1.490.000,00	1.490.000,00

Abstimmung der Ergebnisse

1. Gesamtergebnis im RK I		(+) 33.000,00 €
2. Neutrales Ergebnis	(+) 4.000,00 €	
3. Betriebsergebnis	(+) 29.000,00 €	
4. Gesamtergebnis im RK II		(+) 33.000,00 €

448

Finanzbuchhaltung (= RK I)			Kosten- und Leistungsrechnung (= RK II)			
Gesamtergebnisrechnung der FB			Abgrenzungsrechnung		Betriebsergebnisrechnung	
Konto	Aufwendungen	Erträge	neutrale Aufwendg.	neutrale Erträge	Kosten	Leistungen
5000		3.245.000,00				3.245.000,00
5400		25.000,00		25.000,00		
60..	1.220.000,00		6.200,00		1.213.800,00	
62–64	1.550.000,00		24.000,00		1.526.000,00	
6520	215.000,00		4.500,00		210.500,00	
	2.985.000,00	3.270.000,00	34.700,00	25.000,00	2.950.300,00	3.245.000,00
	285.000,00			9.700,00	294.700,00	
	3.270.000,00	3.270.000,00	34.700,00	34.700,00	3.245.000,00	3.245.000,00

449

1. Ergebnistabelle Wilhelm KG

Finanzbuchhaltung (= RK I)			Kosten- und Leistungsrechnung (= RK II)			
Gesamtergebnisrechnung der FB			Abgrenzungsrechnung		Betriebsergebnisrechnung	
Kto.-Nr.	Aufwendungen	Erträge	neutrale Aufwendungen	neutrale Erträge	Kosten	Leistungen
5000		1.870.500,00				1.870.500,00
5100		200.000,00				200.000,00
5201		42.000,00				42.000,00
5300		31.500,00				31.500,00
5400		5.200,00		5.200,00		
5410		1.900,00		1.900,00		
5600		8.200,00		8.200,00		
5700		4.100,00		4.100,00		
6000	300.000,00				300.000,00	
6080	150.000,00				150.000,00	
6200	798.000,00				798.000,00	
6300	401.000,00				401.000,00	
6400	185.100,00				185.100,00	
6510	31.200,00		31.200,00			
6520	92.500,00				92.500,00	
6700	4.900,00				4.900,00	
6870	12.200,00				12.200,00	
6979	55.600,00		55.600,00			
70/77	22.400,00				22.400,00	
	2.052.900,00	2.163.400,00	86.800,00	19.400,00	1.966.100,00	2.144.000,00
	110.500,00			67.400,00	177.900,00	
	2.163.400,00	2.163.400,00	86.800,00	86.800,00	2.144.000,00	2.144.000,00

2. Bei einem Betriebsgewinn von 177.900,00 € und Umsatzerlösen von 2.070.500,00 € ergibt sich eine gute Umsatzrentabilität von ca. 8,6 %.

   Diesem günstigen Betriebsergebnis steht ein Gesamtergebnis von nur 110.500,00 € gegenüber. Der hohe neutrale Verlust von 67.400,00 € verursacht diese Verschlechterung des Gesamtergebnisses. Der neutrale Verlust wird vor allem durch die Verluste aus dem Abgang von betrieblich genutzten Anlagegegenständen hervorgerufen. Es ist anzunehmen, dass es sich hierbei um einen einmaligen Vorgang handelt.

450

Ergebnistabelle Heinz Schnell e. K.

Finanzbuchhaltung (= RK I)			Kosten- und Leistungsrechnung (= RK II)			
Gesamtergebnisrechnung der FB			Abgrenzungsrechnung		Betriebsergebnisrechnung	
Kto.-Nr.	Aufwendungen	Erträge	neutrale Aufwendungen	neutrale Erträge	Kosten	Leistungen
5000		1.381.500,00				1.381.500,00
5202	14.200,00				14.200,00	
5300		13.700,00				13.700,00
5400		36.300,00		36.300,00		
5410		4.800,00		4.800,00		
5600		22.500,00		22.500,00		
5710		7.800,00		7.800,00		
5780		8.200,00		8.200,00		
6000	225.000,00				225.000,00	
6150	28.500,00				28.500,00	
6160	39.600,00				39.600,00	
6200	375.000,00				375.000,00	
6300	410.000,00				410.000,00	
6400	165.000,00				165.000,00	
6420	13.200,00				13.200,00	
6440	28.400,00				28.400,00	
6520	42.800,00				42.800,00	
6700	21.200,00				21.200,00	
6870	36.100,00				36.100,00	
6979	2.200,00		2.200,00			
70/77	8.400,00				8.400,00	
7400	5.200,00		5.200,00			
7510	33.900,00				33.900,00	
	1.448.700,00	1.474.800,00	7.400,00	79.600,00	1.441.300,00	1.395.200,00
	26.100,00		72.200,00			46.100,00
	1.474.800,00	1.474.800,00	79.600,00	79.600,00	1.441.300,00	1.441.300,00

Die Erfolgssituation des Unternehmens stellt sich äußerst bedenklich dar:

Der geringe Gesamterfolg von 26.100,00 € wird aus betriebsfremdem Gewinn erzielt. Aus der eigentlichen betrieblichen Tätigkeit ergibt sich ein Verlust von 46.100,00 €, der auf ungewöhnlich hohe Personalaufwendungen und Instandhaltungsaufwendungen zurückgeführt werden muss.

451

Ergebnistabelle

Finanzbuchhaltung (= RK I)			Kosten- und Leistungsrechnung (= RK II)			
Gesamtergebnisrechnung der FB			Abgrenzungsrechnung		Betriebsergebnisrechnung	
Kto.-Nr.	Aufwendungen	Erträge	Aufwendungen	Verrechn. Kosten	Kosten	Leistungen
5000		35.000,00				35.000,00
6520	24.000,00		24.000,00	35.000,00	35.000,00	
	24.000,00	35.000,00	24.000,00	35.000,00	35.000,00	35.000,00
	11.000,00		11.000,00			
	35.000,00	35.000,00	35.000,00	35.000,00		

452

1.

Bilanziell	Kalkulatorisch
72.000 : 9 = 8.000,00	96.000 : 5 = 19.200,00

2. In der FB ergibt sich der Abschreibungsbetrag aufgrund rechtlicher Vorschriften durch die historischen Anschaffungskosten (Bewertung nach dem Vorsichtsprinzip). Bilanzielle Abschreibungen berücksichtigen keine Preisveränderungen bis zur Wiederbeschaffung. Die Nutzungsdauer orientiert sich an AfA-Tabellen der Finanzbehörden. In der Regel führen bilanzielle Abschreibungen daher zu einer Finanzierungslücke im Zeitpunkt der Wiederbeschaffung; im Beispiel: 24.000,00 € (= 90.000,00 € – 72.000,00 €).

   In der KLR orientiert sich die Bewertung am Prinzip der Substanzerhaltung zum Wiederbeschaffungszeitpunkt. Es greifen keine gesetzlichen Vorschriften. Vielmehr ergibt sich der Abschreibungsbetrag aufgrund betriebsindividueller Erfahrungen und Entscheidungen (Nutzungsdauer) und der Marktpreisentwicklung des Anlagegegenstandes bis zum Wiederbeschaffungszeitpunkt.

3. Durch die Berücksichtigung der kalkulatorischen Abschreibungen wird der Verkaufspreis höher ausfallen, da gilt: kalkulatorische Abschreibung > bilanzielle Abschreibung. Wird unterstellt, dass über den Markt die höheren Preise akzeptiert werden, stehen genügend finanzielle Mittel zum Zeitpunkt der Wiederbeschaffung zur Verfügung.

453

	Betriebsnotwendiges Anlagevermögen:	
1.	Gebäude	750.000,00 €
	Maschinelle Anlagen	220.000,00 €
	Betriebs- und Geschäftsausstattung	170.000,00 €
	Fuhrpark	260.000,00 €
+	Betriebsnotwendiges Umlaufvermögen:	
	Vorräte	530.000,00 €
	Forderungen	280.000,00 €
	Zahlungsmittel	190.000,00 €
	Betriebsnotwendiges Vermögen	2.400.000,00 €
–	Abzugskapital	200.000,00 €
	Betriebsnotwendiges Kapital	2.200.000,00 €
	9 % von 2.200.000,00 €	= 198.000,00 €
	Die jährlichen kalkulatorischen Zinsen betragen	198.000,00 €
	Die monatlichen kalkulatorischen Zinsen betragen	16.500,00 €

2. Ergebnistabelle siehe nächste Seite.

zu **453**

2.

Ergebnistabelle

Finanzbuchhaltung (= RK I)			Kosten- und Leistungsrechnung (= RK II)					
Gesamtergebnisrechnung der FB			Abgrenzungsrechnung				Betriebsergebnisrechnung	
			Unternehmensbezogene Abgrenzungen		Kostenrechnerische Korrekturen			
			unternehmensbezogene		Aufwendungen	Verrechnete		
Kto.-Nr.	Aufwendungen	Erträge	Aufwendungen	Erträge	lt. FB	Kosten lt. KLR	Kosten	Leistungen
7510	135.000,00				135.000,00	16.500,00	16.500,00	
5000		198.000,00[1]				16.500,00	16.500,00	198.000,00[1]
						.	.	
						.	.	
						.	.	
	135.000,00	198.000,00			135.000,00	198.000,00	198.000,00	198.000,00
	63.000,00				63.000,00			
	198.000,00	198.000,00			198.000,00	198.000,00		

1 Es wird unterstellt, dass die kalkulatorischen Zinsen in voller Höhe über die Umsatzerlöse an das Unternehmen zurückfließen.
In der Gesamtergebnisrechnung wird dadurch ein Gewinn von 63.000,00 € ausgewiesen.

454

1.

	Kalkulatorische Restwerte	8.000.000,00 €
–	ungenutztes Grundstück	250.000,00 €
–	vermietete Lagerhalle	320.000,00 €
=	**Betriebsnotwendiges AV**	**7.430.000,00 €**
	Vorräte (Kalk. Mittelwerte)	4.000.000,00 €
+	Forderungen	1.200.000,00 €
+	Kassenbestand/Bankguthaben	900.000,00 €
=	**Betriebsnotwendiges UV**	**6.100.000,00 €**
	Verbindlichkeiten a. LL	2.500.000,00 €
+	Kundenanzahlungen	1.200.000,00 €
=	**Abzugskapital**	**2.800.000,00 €**
	Betriebsnotwendiges Kapital	**10.730.000,00 €**

Kalk. Zinsen = Betriebsnotwendiges Kapital · Marktzinssatz (lfr. Darlehen)
(10.730.000,00 · 4) : 100 = 429.200,00

2. Kalk. Zinsen (= 429.200,00 €) > Zinsaufwand (= 258.000,00 €)
   Unter sonst gleichen Bedingungen folgt: Betriebsergebnis < Unternehmensergebnis
3. Kalk. Zinsen (= 429.200,00 €) > Zinsaufwand (= 258.000,00 €)
   Unter sonst gleichen Bedingungen folgt: Verkaufspreis steigt, da Selbstkosten steigen
4. – gleiche Kalkulationsgrundlage aller Betriebe unabhängig von der Finanzierung
   – unerwartete und unregelmäßige Schwankungen werden vermieden
   – betriebsfremde Vermögenswerte bleiben unberücksichtigt
   – Eigenkapitalgeber erhalten eine Verzinsung des überlassenen Kapitals durch höhere Umsatzerlöse

455

1. Die Ergebnistabelle (siehe nächste Seite) zeigt deutlich, dass die tatsächlich gezahlten Fremdkapitalzinsen die kalkulatorischen Zinsen um 22.000,00 €/Jahr (= 1.833,33 €/Monat) übersteigen.
2. a) Wegen des Kostenersatzes über die Umsatzerlöse von nur 90.000,00 € ergibt sich ein um 22.000,00 € niedrigeres Gesamtergebnis.
   b) Das Betriebsergebnis wird nicht beeinflusst.
   c) Im Neutralen Ergebnis wirken sich die kalkulatorischen Zinsen mit 90.000,00 € als Ertrag aus. Dem stehen 112.000,00 € Fremdkapitalzinsen als neutraler Aufwand gegenüber. Insgesamt zeigt sich in der Abgrenzungsrechnung ein Verlust von 22.000,00 €.

zu **455**

Ergebnistabelle

Finanzbuchhaltung (= RK I)			Kosten- und Leistungsrechnung (= RK II)					
Gesamtergebnisrechnung der FB			Abgrenzungsrechnung				Betriebsergebnisrechnung	
			Unternehmensbezogene Abgrenzungen		Kostenrechnerische Korrekturen			
Kto.-Nr.	Aufwendungen	Erträge	unternehmensbezogene Aufwendungen	Erträge	Aufwendungen lt. FB	Verrechnete Kosten lt. KLR	Kosten	Leistungen
5000		90.000,00[1]						90.000,00[1]
7510	112.000,00		–	–	112.000,00	90.000,00	90.000,00	
	112.000,00	90.000,00 22.000,00			112.000,00	90.000,00 22.000,00	90.000,00	90.000,00
	112.000,00	112.000,00	–	–	112.000,00	112.000,00		

1 über die Umsatzerlöse erstattete kalkulatorische Zinsen

456

1.

Ergebnistabelle

Finanzbuchhaltung (= RK I)			Kosten- und Leistungsrechnung (= RK II)					
Gesamtergebnisrechnung der FB			Abgrenzungsrechnung				Betriebsergebnisrechnung	
			Unternehmensbezogene Abgrenzungen		Kostenrechnerische Korrekturen			
Kto.-Nr.	Aufwendungen	Erträge	unternehmensbezogene Aufwendungen	Erträge	Aufwendungen lt. FB	Verrechnete Kosten lt. KLR	Kosten	Leistungen
Erlöse		949.800,00						949.800,00
Kosten	864.700,00						864.700,00	
6520	27.600,00				27.600,00	75.000,00	75.000,00	
7510	32.700,00				32.700,00	46.800,00	46.800,00	
	925.000,00 24.800,00	949.800,00			60.300,00 61.500,00	121.800,00	986.500,00	949.800,00 36.700,00
	949.800,00	949.800,00			121.800,00	121.800,00	986.500,00	986.500,00

2. Die hohen kalkulatorischen Kosten verursachen den Betriebsverlust. Andererseits werden sie als neutrale Erträge gebucht (und offensichtlich über die Umsatzerlöse „verdient“) und wirken so erhöhend auf das Gesamtergebnis.

457

Ergebnistabelle der Möbelfabrik Schneider OHG

Finanzbuchhaltung (= RK I)			Kosten- und Leistungsrechnung (= RK II)					
Gesamtergebnisrechnung der FB			Abgrenzungsrechnung				Betriebsergebnisrechnung	
			Untern.-bez. Abgrenzungen		Kostenrechnerische Korrekturen			
Kto.-Nr.	Aufwendungen	Erträge	unternehmensbezogene Aufwendungen	unternehmensbezogene Erträge	Aufwendungen lt. FB	Verrechnete Kosten lt. KLR	Kosten	Leistungen
5000		1.280.000,00						1.280.000,00
5202		120.000,00						120.000,00
5400		14.000,00		14.000,00				
5410		56.000,00		56.000,00				
5500		30.000,00		30.000,00				
5710		4.000,00		4.000,00				
60..	330.000,00						330.000,00	
6160	3.000,00						3.000,00	
6200	520.000,00						520.000,00	
6300	130.000,00						130.000,00	
6400	140.000,00						140.000,00	
6520	60.000,00		5.000,00		55.000,00	45.000,00	45.000,00	
6979	47.000,00		47.000,00					
7030	10.000,00						10.000,00	
7460	16.000,00		16.000,00					
U.-Lohn						8.000,00	8.000,00	
	1.256.000,00	1.504.000,00	68.000,00	104.000,00	55.000,00	53.000,00	1.186.000,00	1.400.000,00
	248.000,00		36.000,00			2.000,00	214.000,00	
	1.504.000,00	1.504.000,00	104.000,00	104.000,00	55.000,00	55.000,00	1.400.000,00	1.400.000,00

Abstimmung der Ergebnisse

Gesamtergebnis im RK I			(+) 248.000,00 €
Ergebnis aus unternehmensbezogenen Abgrenzungen	(+)	36.000,00 €	
+ Ergebnis aus kostenrechnerischen Korrekturen	(–)	2.000,00 €	
Neutrales Ergebnis	(+)	34.000,00 €	
+ Betriebsergebnis	(+)	214.000,00 €	
Gesamtergebnis im RK II			(+) 248.000,00 €

Da die kalkulatorischen Wertansätze insgesamt mit 53.000,00 € niedriger sind als die Aufwendungen der FB (55.000,00 €), entsteht ein Verlust aus kostenrechnerischen Korrekturen von 2.000,00 €. Das Betriebsergebnis wird um diesen Betrag höher ausgewiesen.

458

Vgl. Ergebnistabelle auf S. 362:

Der Unternehmerlohn würde im KLR-Bereich die Kosten um 300.000,00 € erhöhen und somit das Betriebsergebnis auf 1.737.000,00 € senken.
Zugleich ergäben sich im Abgrenzungsbereich neutrale Erträge von 555.000,00 € und hier somit ein neutraler Gewinn von 113.000,00 €.

459

Da 70 % des Unternehmerlohns (= 210.000,00 €) über die Umsatzerlöse erwirtschaftet werden, verschlechtert sich das Betriebsergebnis gegenüber der Situation in Aufgabe 452 nur um 90.000,00 € auf 1.947.000,00 €.
Die neutralen Erträge erhöhen sich um 300.000,00 € auf 555.000,00 € (vgl. S. 362); es ergibt sich ein neutraler Gewinn von 113.000,00 €.
Das Gesamtergebnis im RK I wird um 210.000,00 € höher ausfallen (= 2.060.000,00 €).

460

In Kapitalgesellschaften beziehen die Vorstandsmitglieder (AG) und die Geschäftsführer (GmbH) Gehälter, die als Aufwand in der FB gebucht werden und als Kosten in die KLR eingehen.
Bei Personengesellschaften erhalten hingegen die mitarbeitenden Inhaber oder Gesellschafter keine Gehälter. Ihre Arbeitsleistung wird durch den Unternehmungsgewinn abgegolten. Dieser wird aber nur erwirtschaftet, wenn zuvor für die Arbeitskraft des Unternehmers ein entsprechender Betrag als Kosten angesetzt wird. Dieses „fiktive" Gehalt darf nur in der KLR und nicht in der FB erfasst werden.
Durch die Einrechnung des Unternehmerlohns wird erreicht, dass Kapitalgesellschaften und Personengesellschaften in der Selbstkosten- und Betriebsergebnisrechnung gleichgestellt sind.

461

1. Der Widerspruch entsteht dadurch, dass in der Aussage zwei unterschiedliche Gewinnbegriffe verwendet werden.

   Der 1. Satz bezieht sich auf den Gesamtgewinn im RK I. Dieser Gewinn muss langfristig so hoch ausfallen, dass er Arbeitsentgelt, Eigenkapitalverzinsung und Risikoprämie für den Unternehmer abdeckt.

   Der 2. Satz bezieht sich auf den Betriebsgewinn im RK II. Dieser Gewinn stellt – bei Berücksichtigung aller Kosten, also auch der kalkulatorischen Kosten – einen Restgewinn zur Abdeckung des allgemeinen Unternehmerrisikos und zur Finanzierung von Zusatzinvestitionen dar.

2. Nominelle Kapitalerhaltung = Die Summe der in den Umsatzerlösen abgegoltenen Abschreibungsbeträge entspricht dem Anschaffungswert des Anlagegutes (= bilanzmäßige lineare Abschreibung).

   Substanzielle Kapitalerhaltung = Die Summe der in den Umsatzerlösen abgegoltenen Abschreibungsbeträge entspricht dem Wiederbeschaffungswert des Anlagegutes (= kalkulatorische Abschreibung).

462

Anlagewagnis	Katastrophen (z. B. Brand, Unwetter), technischer Fortschritt
Beständewagnis	Alterung, Verderb, Diebstahl, Schwund etc.
Gewährleistungswagnis	Verpflichtung zur Nacharbeit durch Fehler
Vertriebswagnis	Währungsverluste, Forderungsausfälle
Fertigungswagnis	Ausschuss, Nacharbeit durch Fehler
Entwicklungswagnis	Fehlentwicklung

463

a)

1. Jahr	1,25 %	Wagnis
2. Jahr	2,0 %	„
3. Jahr	1,8 %	„
4. Jahr	1,4 %	„
5. Jahr	2,2 %	„

b)

durchschnittl. Risiko	24.980,00 €
durchschnittl. Umsatz	1.410.000,00 €
Wagnis für das 6. Jahr	1,77 %

464

1. In der Kostenrechnung werden kalkulatorische Wagniskosten angesetzt, um die Abrechnungsperioden gleichmäßig belasten zu können (Ausschaltung von Zufallsschwankungen).
2. Kalkulatorische Wagniskosten treten in der Kostenrechnung an die Stelle von tatsächlich eingetretenen Wagnisaufwendungen, sie sind somit Anderskosten.
3. Die ein Unternehmen in seiner Gesamtheit betreffenden Risiken haben keinen Kostencharakter und können nicht kalkulatorisch erfasst werden. Einzelwagnisse betreffen konkrete Geschäftsvorgänge, die mit Risiken belastet sind; für sie können entweder Fremdversicherungen abgeschlossen oder kalkulatorische Kosten angesetzt werden.

465

a) Beständewagnis	16.000,00 €
b) Entwicklungswagnis	9.000,00 €
c) Gewährleistungswagnis	126.000,00 €
d) Fertigungswagnis	31.000,00 €
ges. Wagniskosten	182.000,00 €

466 Ergebnistabelle Wilhelm KG

Finanzbuchhaltung (= RK I)			Kosten- und Leistungsrechnung (= RK II)					
			Abgrenzungsrechnung					
Gesamtergebnisrechnung der FB			Untern.-bez. Abgrenzungen		Kostenrechnerische Korrekturen		Betriebsergebnisrechnung	
			unternehmensbezogene					
Kto.-Nr.	Aufwendungen	Erträge	Aufwendungen	Erträge	Aufwendungen lt. FB	Verrechnete Kosten lt. KLR	Kosten	Leistungen
5000		1.870.500,00						1.870.500,00
5100		200.000,00						200.000,00
5201		42.000,00						42.000,00
5300		31.500,00						31.500,00
5400		5.200,00		5.200,00				
5410		1.900,00		1.900,00				
5600		8.200,00		8.200,00				
5700		4.100,00		4.100,00				
6000	300.000,00				300.000,00	312.000,00	312.000,00	
6080	150.000,00						150.000,00	
6200	798.000,00						798.000,00	
6300	401.000,00						401.000,00	
6400	185.100,00						185.100,00	
6510	31.200,00		31.200,00					
6520	92.500,00				92.500,00	96.000,00	96.000,00	
6700	4.900,00						4.900,00	
6870	12.200,00						12.200,00	
6979	55.600,00		55.600,00					
7700	22.400,00						22.400,00	
U.-Lohn						18.000,00	18.000,00	
	2.052.900,00	2.163.400,00	86.800,00	19.400,00	392.500,00	426.000,00	1.999.600,00	2.144.000,00
	110.500,00			67.400,00	33.500,00		144.400,00	
	2.163.400,00	2.163.400,00	86.800,00	86.800,00	426.000,00	426.000,00	2.144.000,00	2.144.000,00

Abstimmung der Ergebnisse

	Gesamtergebnis im RK I			(+) 110.500,00 €
	Ergebnis aus unternehmensbezogenen Abgrenzungen	(–)	67.400,00 €	
+	Ergebnis aus kostenrechnerischen Korrekturen	(+)	33.500,00 €	
	Neutrales Ergebnis	(–)	33.900,00 €	
+	Betriebsergebnis	(+)	144.400,00 €	
	Gesamtergebnis im RK II			(+) 110.500,00 €

Da die kalkulatorischen Wertansätze insgesamt um 33.500,00 € höher sind als die zu korrigierenden Aufwendungen der FB, entsteht ein Gewinn aus kostenrechnerischen Korrekturen, der in der Betriebsergebnisrechnung den Betriebsgewinn entsprechend niedriger ausfallen lässt.

467 Ergebnistabelle Heinz Schnell e. K.

Finanzbuchhaltung (= RK I)			Kosten- und Leistungsrechnung (= RK II)					
Gesamtergebnisrechnung der FB			Abgrenzungsrechnung				Betriebsergebnisrechnung	
			Untern.-bez. Abgrenzungen		Kostenrechnerische Korrekturen			
Kto.-Nr.	Aufwendungen	Erträge	unternehmensbezogene Aufwendungen	unternehmensbezogene Erträge	Aufwendungen lt. FB	Verrechnete Kosten lt. KLR	Kosten	Leistungen
5000		1.381.500,00						1.381.500,00
5202	14.200,00						14.200,00	
5300		13.700,00						13.700,00
5400		16.300,00		16.300,00				
5410		24.800,00		24.800,00				
5600		22.500,00		22.500,00				
5710		7.800,00		7.800,00				
5780		8.200,00		8.200,00				
6000	225.000,00				225.000,00	212.000,00	212.000,00	
6150	28.500,00						28.500,00	
6160	39.600,00						39.600,00	
6200	375.000,00						375.000,00	
6300	410.000,00						410.000,00	
6400	165.000,00						165.000,00	
6420	13.200,00						13.200,00	
6440	28.400,00						28.400,00	
6520	42.800,00				42.800,00	36.000,00	36.000,00	
6700	21.200,00						21.200,00	
6870	36.100,00						36.100,00	
6979	2.200,00		2.200,00					
70/77	8.400,00						8.400,00	
7400	5.200,00		5.200,00					
7510	33.900,00				33.900,00	44.000,00	44.000,00	
U.-Lohn						15.000,00	15.000,00	
	1.448.700,00	1.474.800,00	7.400,00	79.600,00	301.700,00	307.000,00	1.446.600,00	1.395.200,00
	26.100,00		72.200,00		5.300,00			51.400,00
	1.474.800,00	1.474.800,00	79.600,00	79.600,00	307.000,00	307.000,00	1.446.600,00	1.446.600,00

Abstimmung der Ergebnisse

	Gesamtergebnis im RK I			(+) 26.100,00 €
	Ergebnis aus unternehmensbezogenen Abgrenzungen	(+)	72.200,00 €	
+	Ergebnis aus kostenrechnerischen Korrekturen	(+)	5.300,00 €	
	Neutrales Ergebnis	(+)	77.500,00 €	
+	Betriebsergebnis	(–)	51.400,00 €	
	Gesamtergebnis im RK II			(+) 26.100,00 €

Die kalkulatorischen Wertansätze übersteigen die zu korrigierenden Aufwendungen um 5.300,00 €. Um diesen Betrag werden die Kosten in der Betriebsergebnisrechnung höher ausgewiesen. Dies führt zu einer Zunahme des Betriebsverlustes von 46.100,00 € (vgl. Aufgabe 450) auf nunmehr 51.400,00 €.

468

2.000 Mio. € · 10 % = 200 Mio. €
Höhe jährlicher Forderungen = 1.800 Mio. €
Höhe der monatlichen Forderungen = 1.800 : 12 = 150 Mio. €
Kalkulatorische Wagnisse = 150 · 3 % = 4,5 Mio. €

469

1.

KK	Rechenweg		
Kalk. Abschreibung	Wert angegeben		1.410.000,00
Kalk. Zinsen	+ Kalkulatorische Restwerte – nicht betrieblich genutztes AV (20 %) = **Betriebsnotwendiges AV**	8.000.000,00 € 1.600.000,00 € **6.400.000,00 €**	896.000,00
	+ Vorräte (Kalkulatorische Mittelwerte) – Wertpapiere = **Betriebsnotwendiges UV**	6.000.000,00 € 400.000,00 € **5.600.000,00 €**	
	– Verbindlichkeiten a. LL – Kundenanzahlungen = **Abzugskapital**	400.000,00 € 400.000,00 € **800.000,00 €**	
	Betriebsnotwendiges Kapital Kalk. Zinsen = 11.200.000,00 · 0,08 = 896.000,00 €	**11.200.000,00 €**	
Kalk. Wagnisse	Kalk. Wagniszuschlag = (600.000,00 : 15.000.000,00) · 100 = 4 % Kalk. Wagnisse = 500.000,00 · 0,04 = 20.000,00 €		20.000,00
Korrektur Verrechnungspreise	Kalk. Wert des Werkstoffeinsatzes = 470 · 10 · 1000 = 4.700.000,00 €		4.700.000,00

Begründung für die Berücksichtigung:

- Verursachungs- und periodengerechte Ermittlung der Kosten
- unerwartete und unregelmäßige Schwankungen werden vermieden
- Berücksichtigung nur betriebliche relevanter Sachverhalte

2.

	Aufwand	**Korrektur**	**Kosten**
Werkstoffeinsatz	4.500.000,00	+ 200.000,00	4.700.000,00
Abschreibungen	900.000,00	+ 510.000,00	1.410.000,00
Zinsen	600.000,00	+ 296.000,00	896.000,00
Wagnisse	66.000,00	– 46.000,00	20.000,00
Summe	6.066.000,00	**+ 960.000,00**	7.026.000,00

Unter sonst gleichen Bedingungen wird das Unternehmensergebnis einen um 960.000,00 € positiveren Wert gegenüber dem Betriebsergebnis aufweisen, weil durch die kostenrechnerischen Korrekturen in der KLR eben dieser Betrag zusätzlich an Kosten anfällt.

470

Ergebnistabelle Klaus Barth e. K.

Finanzbuchhaltung (= RK I)			Kosten- und Leistungsrechnung (= RK II)					
Gesamtergebnisrechnung der FB			Abgrenzungsrechnung				Betriebsergebnisrechnung	
			Untern.-bez. Abgrenzungen		Kostenrechnerische Korrekturen			
Kto.-Nr.	Aufwendungen	Erträge	unternehmensbezogene Aufwendungen	unternehmensbezogene Erträge	Aufwendungen lt. FB	Verrechnete Kosten lt. KLR	Kosten	Leistungen
5000		1.885.000,00						1.885.000,00
5100		40.000,00						40.000,00
5200		12.000,00						12.000,00
5300		8.000,00						8.000,00
5410		4.000,00		4.000,00				
5500		6.000,00		6.000,00				
60..	650.000,00						650.000,00	
6100	25.000,00						25.000,00	
6200	720.000,00						720.000,00	
6300	120.000,00						120.000,00	
6400	160.000,00						160.000,00	
6520	180.000,00				180.000,00	140.000,00	140.000,00	
6930	7.000,00				7.000,00	12.000,00	12.000,00	
6979	3.000,00		3.000,00					
7510	25.000,00				25.000,00	40 000,00	40.000,00	
UL						6.000,00	6.000,00	
Miete						2.000,00	2.000,00	
	1.890.000,00	1.955.000,00	3.000,00	10.000,00	212.000,00	200.000,00	1.875.000,00	1.945.000,00
	65.000,00		7.000,00			12.000,00	70.000,00	
	1.955.000,00	1.955.000,00	10.000,00	10.000,00	212.000,00	212.000,00	1.945.000,00	1.945.000,00

Abstimmung der Ergebnisse

	Gesamtergebnis im RK I			(+) 65.000,00 €
	Ergebnis aus unternehmensbezogenen Abgrenzungen	(+)	7.200,00 €	
+	Ergebnis aus kostenrechnerischen Korrekturen	(–)	12.000,00 €	
	Neutrales Ergebnis	(–)	5.000,00 €	
+	Betriebsergebnis	(+)	70.000,00 €	
	Gesamtergebnis im RK II			(+) 65.000,00 €

471 Ergebnistabelle Walter KG

Finanzbuchhaltung (= RK I)			Kosten- und Leistungsrechnung (= RK II)					
Gesamtergebnisrechnung der FB			Abgrenzungsrechnung				Betriebsergebnisrechnung	
			Untern.-bez. Abgrenzungen		Kostenrechnerische Korrekturen			
			unternehmensbezogene					
Kto.-Nr.	Aufwendungen	Erträge	Aufwendungen	Erträge	Aufwendungen lt. FB	Verrechnete Kosten lt. KLR	Kosten	Leistungen
	(–)	(+)	(–)	(+)	(–)	(+)	(–)	(+)
5000		3.100.000						3.100.000
5100		450.000						450.000
5202	20.000						20.000	
5400		65.000		65.000				
5710		30.000		30.000				
6000	750.000						750.000	
6080	300.000						300.000	
6200	900.000						900.000	
6300	520.000						520.000	
6400	250.000						250.000	
6520	210.000				210.000	180.000	180.000	
6700	45.000						45.000	
6900	60.000						60.000	
7000	80.000						80.000	
7510	45.000				45.000	120.000	120.000	
UL						20.000	20.000	
	3.180.000	3.645.000	0	95.000	255.000	320.000	3.245.000	3.550.000
	(+) 465.000		(+) 95.000		(+) 65.000		(+) 305.000	
	3.645.000	3.645.000	95.000	95.000	320.000	320.000	3.550.000	3.550.000

Abstimmung der Ergebnisse

Gesamtergebnis im RK I: Unternehmensgewinn			(+) 465.000,00 €
Ergebnis aus unternehmensbezogenen Abgrenzungen	(+) 95.000,00 €		
+ Ergebnis aus kostenrechnerischen Korrekturen	(+) 65.000,00 €		
Neutraler Gewinn		(+) 160.000,00 €	
+ Betriebsergebnis		(+) 305.000,00 €	
Gesamtergebnis im RK II			(+) 465.000,00 €

$$\text{Rentabilität} = \frac{465.000,00\ € - 20.000,00\ €}{5.500.000,00\ €} = \underline{\underline{8,1\ \%}} \qquad \text{Wirtschaftlichkeit} = \frac{3.550.000,00\ €}{3.245.000,00\ €} = \underline{\underline{1,094}}$$

Rentabilität und Wirtschaftlichkeit sind zufrieden stellend.

472

1.

Ergebnistabelle

Finanzbuchhaltung (= RK I)			Kosten- und Leistungsrechnung (= RK II)					
Gesamtergebnisrechnung der FB			Abgrenzungsrechnung: Untern.-bez. Abgrenzungen		Abgrenzungsrechnung: Kostenrechnerische Korrekturen		Betriebsergebnisrechnung	
Kto.-Nr.	Aufwendungen	Erträge	unternehmensbezogene Aufwendungen	unternehmensbezogene Erträge	Aufwendungen lt. FB	Verrechnete Kosten lt. KLR	Kosten	Leistungen
5000		670.000,00						670.000,00
5202	32.000,00						32.000,00	
5300		35.000,00						35.000,00
5420		2.200,00						2.200,00
5410		29.600,00		29.600,00				
5710		3.100,00		3.100,00				
60..	185.500,00						185.500,00	
6160	1.850,00						1.850,00	
6200	138.600,00						138.600,00	
6300	159.800,00						159.800,00	
6400	27.400,00						27.400,00	
6520	61.000,00				61.000,00	45.000,00	45.000,00	
6700	10.500,00						10.500,00	
6800	5.600,00						5.600,00	
6930	45.000,00				45.000,00	24.000,00	24.000,00	
6979	16.200,00		16.200,00					
70/77	21.400,00						21.400,00	
7510	2.300,00				2.300,00	31.500,00	31.500,00	
UL						24.500,00	24.500,00	
	707.150,00	739.900,00	16.200,00	32.700,00	108.300,00	125.000,00	707.650,00	707.200,00
	32.750,00		16.500,00		16.700,00			450,00
	739.900,00	739.900,00	32.700,00	32.700,00	125.000,00	125.000,00	707.650,00	707.650,00

Abstimmung der Ergebnisse

Gesamtergebnis im RK I			(+) 32.750,00 €
Ergebnis aus unternehmensbezogenen Abgrenzungen	(+)	16.500,00 €	
+ Ergebnis aus kostenrechnerischen Korrekturen	(–)	16.700,00 €	
Neutrales Ergebnis	(–)	33.200,00 €	
+ Betriebsergebnis	(+)	450,00 €	
Gesamtergebnis im RK II			(+) 32.750,00 €

2. $\text{Rentabilität} = \dfrac{32.750,00\text{ €} - 24.500,00\text{ €}}{11.500.000,00\text{ €}} = \underline{\underline{0,07\ \%}}$ $\qquad$ $\text{Wirtschaftlichkeit} = \dfrac{707.200,00\text{ €}}{707.650,00\text{ €}} = \underline{\underline{0,999}}$

Einer völlig unzureichenden Eigenkapitalrentabilität steht eine ebenso unbefriedigende Wirtschaftlichkeit gegenüber. Der Grund liegt in dem schlechten Ergebnis aus der betrieblichen Tätigkeit.

473

Vgl. Ausführungen im Lehrbuch, S. 388 bis 391.

474

1. Istzuschlägssätze

$$\text{MGK-Zuschlagssatz} = \frac{\text{Materialgemeinkosten}}{\text{Materialeinzelkosten}} = \frac{8.600{,}00\ €}{172.000{,}00\ €} = 5{,}00\ \%$$

$$\text{FGK-Zuschlagssatz} = \frac{\text{Fertigungsgemeinkosten}}{\text{Fertigungslöhne}} = \frac{132.750{,}00\ €}{73.750{,}00\ €} = 180{,}00\ \%$$

$$\text{VwGK-Zuschlagssatz} = \frac{\text{Verwaltungsgemeinkosten}}{\text{Herstellkosten des Umsatzes}} = \frac{33.939{,}00\ €}{377.100{,}00\ €} = 9{,}00\ \%$$

$$\text{VtGK-Zuschlagssatz} = \frac{\text{Vertriebsgemeinkosten}}{\text{Herstellkosten des Umsatzes}} = \frac{18.855{,}00\ €}{377.100{,}00\ €} = 5{,}00\ \%$$

Selbstkosten des Umsatzes

	EUR
1. Fertigungsmaterial	172.000,00
2. Materialgemeinkosten	8.600,00
3. Materialkosten	180.600,00
4. Fertigungslöhne	73.750,00
5. Fertigungsgemeinkosten	132.750,00
6. Sondereinzelkosten der Fertigung	0,00
7. Fertigungskosten	206.500,00
8. Herstellkosten der Erzeugung	**387.100,00**
9. + AB unfertige Erzeugnisse	140.000,00
10. – EB unfertige Erzeugnisse	130.000,00
11. Herstellkosten der fertigen Erzeugnisse	**397.100,00**
12. + AB fertige Erzeugnisse	450.000,00
13. – EB fertige Erzeugnisse	470.000,00
14. Herstellkosten des Umsatzes	**377.100,00**
15. Verwaltungsgemeinkosten	33.939,00
16. Vertriebsgemeinkosten	18.801,00
17. Sondereinzelkosten des Vertriebs	0,00
18. Selbstkosten des Umsatzes	**429.840,00**

2. Auswirkungen von Bestandsveränderungen

Auswirkung auf	**a) Bestandsmehrungen**	**b) Bestandsminderungen**
HK des Umsatzes (HK_U) und HK der Erzeugung (HK_{Erz})	$HK_{Erz} > HK_U$	$HK_{Erz} < HK_U$
Ist-Zuschlagssätze für VwGK und VtGK	Zuschlagssätze steigen (geringerer Wert der Bezugsgröße gegenüber keinen BVÄ)	Zuschlagssätze sinken (geringerer Wert der Bezugsgröße gegenüber keinen BVÄ)
Selbstkosten des Umsatzes	sinken	steigen

475

Selbstkostenrechnung (Istkosten)

1.	Fertigungsmaterial	440.000,00 €	
3. +	Materialgemeinkosten	24.500,00 €	
	Materialkosten		464.500,00 €
	Fertigungslöhne	123.000,00 €	
+	Fertigungsgemeinkosten	168.000,00 €	
	Fertigungskosten		291.000,00 €
	Herstellkosten der Erzeugung		755.500,00 €
–	Mehrbestand		40.000,00 €
+	Minderbestand		15.000,00 €
	Herstellkosten des Umsatzes		730.500,00 €
+	Verwaltungsgemeinkosten		51.000,00 €
+	Vertriebsgemeinkosten		32.500,00 €
	Selbstkosten des Umsatzes		814.000,00 €

2. MGK-Zuschlag 5,6 % VwGK-Zuschlag 7 %
FGK-Zuschlag 136,6 % VtGK-Zuschlag 4,4 %

476

BAB

Gemeinkosten	Zahlen der BER	I Material	II Fertigung	III Verwaltung	IV Vertrieb
Hilfsstoffaufwendg.	11.500,00	200,00	10.700,00	–,—	600,00
Betriebsstoffaufwendg.	2.600,00	240,00	1.820,00	360,00	180,00
Hilfslöhne	18.000,00	1.390,00	15.730,00	280,00	600,00
Gehälter	32.800,00	1.600,00	5.400,00	15.300,00	10.500,00
Soz. Abgaben	19.500,00	650,00	10.550,00	5.940,00	2.360,00
Abschreibungen	8.600,00	2.646,00	3.969,00	1.323,00	662,00
Betriebssteuern	4.400,00	–,—	3.300,00	1.100,00	–,—
Sonst. betr. Aufwendg.	10.700,00	1.260,00	2.240,00	5.300,00	1.900,00
Summe der Gemeinkosten	108.100,00	7.986,00 MGK	53.709,00 FGK	29.603,00 Verw.-GK	16.802,00 Vertr.-GK
		FM 49.600,00	FL 61.000,00	HK d. U. 170.595,00	HK d. U. 170.595,00
2. Zuschlagssatz		16,1 %	88,05 %	17,35 %	9,85 %

1./3. Selbstkostenrechnung (Istkosten)

Fertigungsmaterial	49.600,00 €	
+ Materialgemeinkosten	7.986,00 €	
Materialkosten		57.586,00 €
Fertigungslöhne	61.000,00 €	
+ Fertigungsgemeinkosten	53.709,00 €	
Fertigungskosten		114.709,00 €
Herstellkosten der Erzeugung		172.295,00 €
+ Minderbestand		4.500,00 €
– Mehrbestand		6.200,00 €
Herstellkosten des Umsatzes		170.595,00 €
+ Verwaltungsgemeinkosten		29.603,00 €
+ Vertriebsgemeinkosten		16.802,00 €
Selbstkosten des Umsatzes		217.000,00 €

zu 476

4.

	Umsatzerlöse	250.000,00 €
–	Selbstkosten	217.000,00 €
	Betriebsgewinn	33.000,00 €

5.

Kalkulationsschema	Kostenträger A	Kostenträger B
Fertigungsmaterial + 16,1 % Materialgemeinkosten	100,00 € 16,10 €	300,00 € 48,30 €
Materialkosten	116,10 €	348,30 €
Fertigungslöhne + 88,05 % Fertigungsgemeinkosten	50,00 € 44,03 €	120,00 € 105,66 €
Fertigungskosten	94,03 €	225,66 €
Herstellkosten + 17,35 % VwGK + 9,85 % VtGK	210,13 € 36,46 € 20,70 €	573,96 € 99,58 € 56,54 €
Selbstkosten je Stück	267,29 €	730,08 €

477

1.

BAB					
Gemeinkosten	Zahlen der BER	I Material	II Fertigung	III Verwaltung	IV Vertrieb
Hilfsstoffaufwendg.	162.500,00	3.500,00	145.200,00	4.500,00	9.300,00
Betriebsstoffaufw.	17.650,00	2.800,00	9.000,00	4.200,00	1.650,00
Hilfslöhne	152.800,00	13.400,00	121.400,00	8.200,00	9.800,00
Gehälter	199.400,00	18.500,00	33.400,00	108.900,00	38.600,00
Soz. Abgaben	153.500,00	9.800,00	89.700,00	32.600,00	21.400,00
Abschreibungen	20.000,00	2.000,00	12.000,00	4.000,00	2.000,00
Zinsen	22.500,00	3.375,00	11.250,00	4.500,00	3.375,00
Betr.-Steuern	90.500,00	–,—	71.600,00	18.900,00	–,—
Miete	120.000,00	24.000,00	72.000,00	14.400,00	9.600,00
Büro/Werbung	70.800,00	6.800,00	23.400,00	31.500,00	9.100,00
Versicherung	31.200,00	3.120,00	18.720,00	6.240,00	3.120,00
	1.040.850,00	87.295,00	607.670,00	237.940,00	107.945,00
		FM	FL	HK d. U.	HK d. U.
		513.500,00	413.380,00	1.616.100,00	1.616.100,00
3.	Zuschlagssatz	17 %	147 %	14,7 %	6,7 %

2. Selbstkostenrechnung (Istkosten)

Fertigungsmaterial	513.500,00 €	
+ Materialgemeinkosten	87.295,00 €	
Materialkosten		600.795,00 €
Fertigungslöhne	413.380,00 €	
+ Fertigungsgemeinkosten	607.670,00 €	
Fertigungskosten		1.021.050,00 €
Herstellkosten der Erzeugung		1.621.845,00 €
+ Minderbestand		25.660,00 €
– Mehrbestand		31.405,00 €
Herstellkosten des Umsatzes		1.616.100,00 €
+ Verwaltungsgemeinkosten		237.940,00 €
+ Vertriebsgemeinkosten		107.945,00 €
Selbstkosten des Umsatzes		1.961.985,00 €

478

1. – Verteilung der Gemeinkosten auf Kostenstellen
   – Ermittlung der Istzuschlagssätze für Kostenkontrolle
   – Aufstellung der Gesamtkalkulation
2. Istzuschlagssätze dienen in der Nachkalkulation der Kostenkontrolle. Sie sind außerdem Grundlage für die Berechnung der Normalzuschlagssätze.
3. Zuschlagsgrundlagen sind nach dem Gesichtspunkt der Verursachung auszuwählen.
4. In den Bestandsveränderungen unterscheiden sich die beiden Herstellkosten.
5. Bestandsmehrungen weisen darauf hin, dass ein Teil der produzierten Menge auf Lager genommen wurde. Um die Herstellkosten des Umsatzes zu berechnen, ist der Wert dieser Lagerleistung von den Herstellkosten der erzeugten Menge zu subtrahieren.

   Bestandsminderungen weisen darauf hin, dass zusätzlich zu der produzierten Menge auch auf Lager liegende Erzeugnisse abgesetzt wurden. Die Herstellkosten der abgesetzten Menge sind also um den Wert der vom Lager verkauften Erzeugnisse **höher** als die Herstellkosten der erzeugten Menge.
6. Sie ermittelt die tatsächlich angefallenen Selbstkosten der Periode und gestattet die Berechnung der Ist-Zuschlagssätze im BAB. Somit ermöglicht sie – im Vergleich mit früheren Rechnungen und mit Normalkosten (vgl. Lehrbuch, S. 426 f.) – die Kosten und Zuschlagssätze zu kontrollieren.

479

1.

MGK-Zuschlag	=	8 %	FGK-Zuschlag Montage	=	90 %
FGK-Zuschlag Dreherei	=	120 %	VwGK-Zuschlag	=	22 %
FGK-Zuschlag Bohrerei	=	110 %	VtGK-Zuschlag	=	7 %
FGK-Zuschlag Fräserei	=	125 %			

2. Selbstkostenrechnung (Istkosten)

	FM	65.000,00 €	
+	MGK	5.200,00 €	
	MK		70.200,00 €
	FL Dreherei	48.000,00 €	
+	FGK Dreherei	57.600,00 €	105.600,00 €
	FL Bohrerei	25.000,00 €	
+	FGK Bohrerei	27.500,00 €	52.500,00 €
	FL Fräserei	18.000,00 €	
+	FGK Fräserei	22.500,00 €	40.500,00 €
	FL Montage	35.000,00 €	
+	FGK Montage	31.500,00 €	66.500,00 €
	HK d. E.		335.300,00 €
+	Minderbestand		24.700,00 €
	HK d. U.		360.000,00 €
+	VwGK		79.200,00 €
+	VtGK		25.200,00 €
	SK d. U.		464.400,00 €

480

1.

BAB

	Zahlen der BER	Material	Fertigungshauptstellen I	II	Verwaltung	Vertrieb
Hilfsstoffe	12.150,00	750,00	5.000,00	6.000,00	150,00	250,00
Hilfslöhne	70.400,00	1.500,00	32.900,00	34.500,00	1.000,00	500,00
Gehälter	180.700,00	4.700,00	38.000,00	25.000,00	92.000,00	21.000,00
Soz. Abgaben	80.000,00	3.200,00	22.400,00	19.200,00	28.800,00	6.400,00
Abschreib.	78.000,00	2.000,00	33.500,00	28.000,00	8.000,00	6.500,00
Steuern	110.000,00	20.000,00	30.000,00	20.000,00	30.000,00	10.000,00
Übr. Kosten	24.000,00	2.400,00	4.800,00	4.800,00	7.200,00	4.800,00
	555.250,00	34.550,00	166.600,00	137.500,00	167.150,00	49.450,00
Zuschlagsgrundlagen		290.800,00	114.825,00	86.437,50	799.800,00	799.800,00
Istzuschläge		11,9 %	145,09 %	159,07 %	20,9 %	6,2 %

2. Selbstkostenrechnung mit Istkosten

	FM	290.800,00 €	
+	MGK	34.550,00 €	
	MK		325.350,00 €
	FL I	114.825,00 €	
	FGK	166.600,00 €	281.425,00 €
	FL II	86.437,50 €	
	FGK	137.500,00 €	223.937,50 €
	HK d. E.		830.712,50 €
–	Mehrbestand		30.912,50 €
	HK d. U.		799.800,00 €
+	VwGK		167.150,00 €
+	VtGK		49.450,00 €
	SK d. U.		1.016.400,00 €

481

1. Vgl. Ausführungen im Lehrbuch, S. 390, 403, 404.
2. Vgl. Ausführungen im Lehrbuch, S. 390.
3. Selbstkostenrechnung mit Istzuschlägen

	FM	124.000,00 €	
+	12 % MGK	14.880,00 €	138.880,00 €
	FL I	86.500,00 €	
+	110 % FGK	95.150,00 €	181.650,00 €
	FL II	67.300,00 €	
+	140 % FGK	94.220,00 €	161.520,00 €
	FL III	78.400,00 €	
+	90 % FGK	70.560,00 €	148.960,00 €
	HK d. E.		631.010,00 €
+	Minderbestand UE		48.000,00 €
–	Mehrbestand FE		83.500,00 €
	HK d. U.		595.510,00 €
+	24 % VwGK		142.922,40 €
+	8 % VtGK		47.640,80 €
	SK d. U.		786.073,20 €

482

Selbstkostenrechnung mit Istkosten

	FM	300.000,00 €	
+	MGK	120.168,00 €	420.168,00 €
	FL I	150.000,00 €	
+	FGK	225.548,00 €	375.548,00 €
	FL II	180.000,00 €	
+	FGK	257.568,00 €	437.568,00 €
	FL III	200.000,00 €	
+	FGK	301.092,00 €	501.092,00 €
	HK d. E. = HK d. U.		1.734.376,00 €
+	VwGK		209.556,00 €
+	VtGK		196.568,00 €
	SK d. U.		2.140.500,00 €

Betriebsabrechnungsbogen siehe nächste Seite.

483

1. Selbstkostenrechnung mit Istkosten

Fertigungsmaterial	KSt III	630.000,00 €	
+ Materialgemeinkosten		69.000,00 €	
Materialkosten			699.000,00 €
Fertigungslöhne Schweißerei	KSt VI	220.000,00 €	
+ Fertigungsgemeinkosten		243.000,00 €	
Fertigungskosten			463.000,00 €
Fertigungslöhne Dreherei	KSt VII	160.000,00 €	
+ Fertigungsgemeinkosten		181.000,00 €	
Fertigungskosten			341.000,00 €
Fertigungslöhne Montage	KSt VIII	100.000,00 €	
+ Fertigungsgemeinkosten		96.000,00 €	
Fertigungskosten			196.000,00 €
Herstellkosten			1.699.000,00 €
+ Verwaltungsgemeinkosten	KSt IX		212.000,00 €
+ Vertriebsgemeinkosten	KSt X		124.000,00 €
Selbstkosten			2.035.000,00 €

Betriebsabrechnungsbogen siehe übernächste Seite.

2.

Umsatzerlöse 18 000 Stück · 120,00 €	=	2.160.000,00 €
– Selbstkosten		2.035.000,00 €
Gewinn		125.000,00 €

3. a) Die Umsatzerlöse decken die Selbstkosten, wenn der Preis auf 113,06 € gesenkt wird:
   2.035.000,00 € : 18 000 Stück = 113,06 €/Stück

   b) 40 % fixe Kosten = 40 % von 350.000,00 € = 140.000,00 €
   Die Umsatzerlöse müssen dann noch 2.035.000,00 € – 140.000,00 € = 1.895.000,00 € betragen.
   Das wird bei einem Stückpreis von 105,28 € (= 1.895.000,00 € : 18 000 Stück) erreicht.

zu **482**

Kostenart	Kostenstellen I	II	III	IV	V	VI	VII	VIII	IX
1.	4.000	5.000	4.000	2.000	5.000	6.000	3.000	1.000	2.000
2.	18.500	16.600	5.800	6.400	38.100	30.600	33.000	–	8.000
3.	7.300	5.200	11.200	7.500	10.900	18.200	21.400	23.700	24.600
4.	4.400	8.800	4.400	22.000	8.800	13.200	17.600	4.400	4.400
5.	9.000	6.000	3.000	6.000	3.000	6.000	6.000	3.000	3.000
6.	2.400	2.200	15.900	2.100	3.100	3.200	4.100	43.600	33.400
7.	34.100	24.900	54.800	34.800	52.200	76.100	89.900	93.200	101.000
8.	1.200	1.200	2.400	4.800	4.800	4.800	8.400	6.000	2.400
9.	15.900	3.900	3.100	2.200	34.100	43.600	33.300	13.200	2.200
	96.800 →	73.800	104.600	87.800	160.000	201.700	216.700	188.100	181.000
		14.520	9.680	14.520	19.360	9.680	9.680	9.680	9.680
		88.320 →	114.280	102.320	179.360	211.380	226.380	197.780	190.680
			5.888	11.776	17.664	17.664	17.664	11.776	5.888
			120.168	114.096 →	197.024	229.044	244.044	209.556	196.568
					28.524	28.524	57.048		
					225.548	257.568	301.092		
Zuschlagsgrundlagen			300.000		150.000	180.000	200.000	1.734.376	1.734.376
Zuschlagssätze (Ist)			40,06 %		150,37 %	143,09 %	150,55 %	12,08 %	11,33 %

zu **483**

Kostenart	Zahlen der BER	Kostenstellen I	II	III	IV	V	VI	VII	VIII	IX	X
3.	70.000,00	---	5.000	---	---	5.000	25.000	25.000	10.000	---	---
4.	120.000,00	---	20.000	10.000	5.000	5.000	35.000	20.000	15.000	---	10.000
5.	175.000,00	5.000	15.000	10.000	10.000	20.000	40.000	20.000	10.000	40.000	5.000
6.	30.000,00	5.000	2.000	1.000	1.000	2.000	10.000	5.000	2.000	1.000	1.000
7.	80.000,00	10.000	8.000	---	---	---	32.000	25.000	3.000	---	2.000
8.	60.000,00	---	---	4.000	9.000	3.000	---	---	---	44.000	---
9.	40.000,00	---	---	---	---	---	---	---	---	---	40.000
10.	180.000,00	---	5.000	15.000	25.000	15.000	13.000	15.000	10.000	60.000	22.000
11.	10.000,00	---	---	---	---	---	---	---	---	10.000	---
12.	5.000,00	3.000	---	1.000	---	---	1.000	---	---	---	---
13.	95.000,00	15.000	5.000	5.000	---	---	25.000	20.000	10.000	10.000	5.000
14.	45.000,00	10.000	---	5.000	---	5.000	10.000	5.000	5.000	5.000	---
15.	15.000,00	---	---	---	---	---	---	---	---	12.000	3.000
	925.000,00	48.000 →	60.000	51.000	50.000 →	55.000 →	191.000	135.000	65.000	182.000	88.000
			6.000	6.000			12.000	6.000	6.000	6.000	6.000
			66.000 →								
				12.000						24.000	30.000
							20.000	20.000	10.000		
							20.000	20.000	15.000		
				69.000			243.000	181.000	96.000	212.000	124.000
Zuschlagsgrundlagen				630.000			220.000	160.000	100.000	1.699.000	1.699.000
Istzuschläge:				11 %			110,5 %	113,1 %	96 %	12,5 %	7,3 %

484

1./2.

Kosten-art	Zahlen der BER	Kostenstellen							
		I	II	III	IV	V	VI	VII	VIII
1.	43.000	6.000	4.000	5.000	3.000	12.000	10.000	2.000	1.000
2.	184.000	35.000	28.000	19.000	13.000	45.000	38.000	---	6.000
3.	210.000	32.000	17.000	25.000	8.000	36.000	31.000	46.000	15.000
4.	87.500	14.000	14.000	7.000	14.000	17.500	14.000	3.500	3.500
5.	52.000	4.000	4.000	8.000	---	4.000	4.000	12.000	16.000
6.	94.000	9.000	8.000	7.000	5.000	12.000	11.000	24.000	18.000
7.	518.000	68.000	37.000	42.000	18.000	84.000	76.000	154.000	39.000
8.	48.000	3.000	3.000	6.000	6.000	6.000	6.000	12.000	6.000
9.	28.000	2.000	4.000	2.000	2.000	6.000	6.000	4.000	2.000
10.	165.000	33.000	22.000	11.000	11.000	33.000	33.000	11.000	11.000
11.	116.000	34.000	12.000	2.000	8.000	27.000	25.000	6.000	2.000
	1.545.500	240.000	153.000	134.000	88.000	282.500	254.000	274.500	119.500
			12.000	12.000	36.000	72.000	60.000	36.000	12.000
			165.000	146.000	124.000	354.500	314.000	310.500	131.500
				30.000	15.000	22.500	15.000	37.500	45.000
				176.000	139.000	377.000	329.000	348.000	176.500
						83.400	55.600		
						460.400	384.600		
3. Zuschlagsgrundlagen:				1.100.000		420.000	320.500	2.705.500	2.705.500
Istzuschläge:				16 %		109,6 %	120 %	12,9 %	6,5 %

zu **484**

Selbstkostenrechnung mit Istkosten

4. FM	1.100.000,00 €	
+ MGK	176.000,00 €	
MK		1.276.000,00 €
FL Dreherei	420.000,00 €	
+ FGK	460.400,00 €	
FK		880.400,00 €
FL Fräserei	320.500,00 €	
+ FGK	384.600,00 €	
FK		705.100,00 €
HK d. E.		2.861.500,00 €
– Mehrbestand		156.000,00 €
HK d. U.		2.705.500,00 €
+ VwGK		348.000,00 €
+ VtGK		176.500,00 €
SK d. U.		3.230.000,00 €

485

1. Die Kostenstelle **HI 1** hat keine Leistungen empfangen und Leistungen in der Größenordnung von 1 920 h abgegeben. Die Leistungseinheit 1 h hat damit einen Wert von
48.000,00 € : 1 920 h = 25,00 €/h.

An die nachgeordneten Kostenstellen HI 2, HA 1 und HA 2 wurden also folgende Leistungen in € abgegeben:
HI 2 empfängt 200 h · 25,00 € = 5.000,00 €
HA 1 empfängt 1 000 h · 25,00 € = 25.000,00 €
HA 2 empfängt 720 h · 25,00 € = 18.000,00 €

Für die Kostenstelle **HI 2** ergibt sich nach der ersten Umlage folgende Rechnung:
80.000,00 € : 2 000 h = 40,00 €/h.
HI 2 gibt also an die nachgeordneten Stellen HA 1 und HA 2 folgende Leistungen ab:
HA 1 empfängt 1 200 h · 40,00 € = 48.000,00 €
HA 2 empfängt 800 h · 40,00 € = 32.000,00 €

2.

	HI 1	**HI 2**	**HA 1**	**HA 2**
Primäre Gemeinkosten	48.000,00 €	75.000,00 €	240.000,00 €	280.000,00 €
	– 48.000,00 €	5.000,00 €	25.000,00 €	18.000,00 €
Zwischensumme	0,00 €	80.000,00 €	265.000,00 €	298.000,00 €
		– 80.000,00 €	48.000,00 €	32.000,00 €
Summe der Gemeinkosten in den Kostenstellen	0,00 €	0,00 €	313.000,00 €	330.000,00 €
Einzelkosten			391.250,00 €	300.000,00 €
Zuschlagssätze			80 %	110 %

486

1. **HI 1:**
25.200,00 € : 180 VE = 140,00 €/VE
Die abgebenden Leistungen berechnen sich, indem man 140,00 €/VE nacheinander mit den abgegebenen Verrechnungseinheiten multipliziert.
HI 2:
23.500,00 € : 100 VE = 235,00 €/VE
Die abgebenden Leistungen berechnen sich, indem man 235,00 €/VE nacheinander mit den abgegebenen Verrechnungseinheiten multipliziert.
HI 3:
36.550,00 € : 125 VE = 292,40 €/VE
Die abgebenden Leistungen berechnen sich, indem man 292,40 €/VE nacheinander mit den abgegebenen Verrechnungseinheiten multipliziert.

zu **486**

2.

	HI 1	HI 2	HI 3	HA 1	HA 2
Primäre Gemeinkosten	25.200,00 – 25.200,00	20.000,00 3.500,00	30.000,00 4.200,00	110.000,00 7.700,00	140.000,00 9.800,00
Zwischensumme	0,00	23.500,00	34.200,00	117.700,00	149.800,00
		– 23.500,00	2.350,00	9.400,00	11.750,00
Zwischensumme		0,00	36.550,00	127.100,00	161.550,00
			– 36.550,00	17.544,00	19.006,00
Gemeinkosten in HA 1 und HA 2			0,00	144.644,00	180.556,00
Einzelkosten				124.690,00	139.960,00
Zuschlagssätze				116 %	129 %

487

1.

Kosten-arten	Gemein-kosten	Ver-teilung	Hilfskostenstellen		Hauptkostenstellen			
			Ent-wicklung	Arbeitsvor-bereitung	Material	Fertigung	Ver-waltung	Vertrieb
6020	15.000	Belege; €	500	500	0	14.000	0	0
6030	4.000	A.-Std.; h	80	240	80	2.880	560	160
6300	100.000	Liste; h	2.500	11.250	2.500	58.750	21.250	3.750
6400	20.000	A.-Std.; h	500	2.250	250	14.250	1.750	1.000
Abschr.	25.000	Verm.; €	1.000	2.000	500	15.000	4.000	2.500
6700	6.000	Raum; m²	300	450	750	3.000	900	600
Summe	170.000		4.880	16.690	4.080	107.880	28.460	8.010
Einzel-kosten					FM 104.425	FL 146.360		

von \ nach	Entwicklung	Arbeits-vorbereitung	Material-stelle	Fertigungs-stelle	Verwaltungs-stelle	Vertriebs-stelle
Entwicklung	0	2	1	4	1	2
AV	4	0	2	3	2	1

2. **Gleichungssystem:**

Entwicklung: $4\,880 + 4 \cdot q2 = 10 \cdot q1$

AV: $16\,690 + 2 \cdot q1 = 12 \cdot q2$

Material: $4\,080 + q1 + 2 \cdot q2 = Q3$

Fertigung: $107\,880 + 4 \cdot q1 + 3 \cdot q2 = Q4$

Verwaltung: $28\,460 + q1 + 2 \cdot q2 = Q5$

Vertrieb: $8\,010 + 2 \cdot q1 + q2 = Q6$

Entwicklung:
$$4q2 = 10q1 - 4\,880$$
$$q2 = 2{,}5q1 - 1\,220$$

AV:
$$2q1 = 12(2{,}5q1 - 1220) - 16\,690$$
$$q1 = 6(2{,}5q1 - 1220) - 8\,345$$
$$-14q1 = -15\,665$$
$$q1 = 1\,118{,}928571$$
$$q2 = 1\,577{,}321428$$

zu **487**

Material:	4 080 + 1 118,928571 + 3 154,642855 = 8 353,571426	≅	8.354,00 €
Fertigung:	107 880 + 4 475,71428 + 4 731,96428 = 117 087,6786	≅	117.088,00 €
Verwaltung:	28 460 + 1 118,928571 + 3 154,64286 = 32 733,57143	≅	32.733,00 €
Vertrieb:	8 010 + 2 237,847142 + 1 577,321428 = 11 825,18	≅	11.825,00 €
			170.000,00 €

Kostenstellen-Gemeinkosten nach der betriebsinternen Leistungsverrechnung

Kosten-arten	Gemein-kosten	Ver-teilung	Hilfskostenstellen		Hauptkostenstellen			
			Ent-wicklung	Arbeitsvor-bereitung	Material	Fertigung	Ver-waltung	Vertrieb
Summe	170.000		0	0	8.354	117.088	32.733	11.825
Einzel-kosten					Material 104.425	Löhne 146.360	Herstellkosten der Erz. 376.227	
Zuschlags-sätze					8,00 %	80,00 %	8,70 %	3,14 %

3. Berechnung der Selbstkosten:

		€	€
	Fertigungsmaterial	104.425,00	
+ 8,00 %	Materialgemeinkosten	8.354,00	
	Materialkosten		112.779,00
	Fertigungslöhne	146.360,00	
+ 80,00 %	Fertigungsgemeinkosten	117.088,00	
	Fertigungskosten		263.448,00
	Herstellkosten		376.227,00
+ 8,70 %	Verwaltungsgemeinkosten		32.733,00
+ 3,14 %	Vertriebsgemeinkosten		11.825,00
	Selbstkosten		420.785,00

4.

	Umsatzerlöse (25 000 · 20,00 € =)	500.000,00
–	Selbstkosten	420.785,00
	Gewinn	79.215,00

Damit erzielt das Unternehmen einen Gewinn von 18,83 %.

488

1. Die Mengenbeziehungen in der Tabelle zeigen, dass die Hilfskostenstelle HI 1 Leistungen für die beiden Hauptkostenstellen erbringt. HI 2 erbringt Leistungen für die Hilfskostenstelle HI 1 sowie für beide Hauptkostenstellen. Ein Eigenverbrauch findet hier nicht statt. Die Hauptkostenstellen tauschen untereinander keine Leistungen aus. Sie stellen auch keine Leistungen für die Hilfskostenstellen bereit. Ihre Leistungen gehen direkt in die zu fertigenden Erzeugnisse ein.

von \ nach	HI 1	HI 2	HA 1	HA 2
HI 1	0	0	32	30
HI 2	10	0	35	47

2. Gesucht sind die Verrechnungspreise q1 und q2, zu denen die Hilfskostenstellen ihre Leistungen abgeben. Das Gleichungssystem lautet:

HI 1:	297000	+ 10q2	=	62q1
HI 2:	261000 +		=	92q2
HA 1:	225000 + 32q1	+ 35q2	=	Q3
HA 2:	180000 + 30q1	+ 47q2	=	Q4

zu **488**

HI 1:	10q2 = 62q1 – 297000
	q2 = 6,2q1 – 29700
HI 2:	261000 = 92(6,24q1 – 29700)
	261000 = 570,4q1 – 2732400
	570,4q1 = 2993400
	q1 = 5247,896213
	q2 = 2836,95652
HA 1:	225000 + 167932,6788 + 99293,47820 = 492.226,16 € ≅ 492.226 €
HA 2:	180000 + 157436,8863 + 133336,9564 = 470.773,84 € ≅ 470.774 €

Die Hauptkostenstelle HA 1 weist nach der innerbetrieblichen Leistungsverrechnung Gemeinkosten von insgesamt 492.226,00 € aus, die Hauptkostenstelle HA 2 Gemeinkosten von insgesamt 470.774,00 €.

489

1.

Kosten-arten	Gemein-kosten	Ver-teilungs-schlüssel	Allgemeine Kostenstellen			Hauptkostenstellen	
			Soziale Einrichtg.	Reparatur	Fuhrpark	Weberei	Färberei
diverse	440.000,00	–	20.000,00	40.000,00	80.000,00	180.000,00	120.000,00
Hilfslöhne	24.000,00	Beschäftigte	6.000,00	4.000,00	2.000,00	8.000,00	4.000,00
Kalk. Abschr.	40.000,00	Anl.-Verm.	2.500,00	2.500,00	5.000,00	20.000,00	10.000,00
Summe	504.000,00		28.500,00	46.500,00	87.000,00	208.000,00	134.000,00

2. Die Mengenbeziehungen in der Tabelle zeigen, dass von den drei Hilfskostenstellen zwei in einer wechselseitigen Beziehung zueinander stehen (Reparatur und Fuhrpark). Ein Eigenverbrauch findet hier nicht statt. Die Hauptkostenstellen tauschen untereinander keine Leistungen aus. Sie stellen auch keine Leistungen für die Hilfskostenstellen bereit. Als Verfahren für die innerbetriebliche Leistungsverrechnung bietet sich das Gleichungsverfahren an.

3. **Gleichungssystem:**

Soz. Einrichtg.:	$28500 + 10 \cdot q3 = 100 \cdot q1$
Reparatur:	$46500 + 10 \cdot q1 + 20 \cdot q3 = 80 \cdot q2$
Fuhrpark:	$87000 + 10 \cdot q1 + 10 \cdot q2 = 120 \cdot q3$
Weberei:	$208000 + 50 \cdot q1 + 40 \cdot q2 + 60 \cdot q3 = Q4$
Färberei:	$134000 + 30 \cdot q1 + 30 \cdot q2 + 30 \cdot q3 = Q5$

Das lineare Gleichungssystem mit drei Variablen lässt sich mit den ersten drei Gleichungen eindeutig lösen: Die in die letzten beiden Gleichungen eingesetzten Werte für q1, q2 und q3 ermöglichen die Berechnung der gesamten Gemeinkosten für die beiden Hauptkostenstellen.

Soz. Einrichtg.:	10q3 = 100q1 – 28500
	q3 = 10q1 – 2850
Reparatur:	46500 + 10q1 + 20(10q1 – 2850) = 80q2
	46500 + 210q1 – 57000 = 80q2
	210q1 – 80q2 = 10500
Fuhrpark:	87000 + 10q1 + 10q2 = 120(10q1 – 2850)
	87000 + 10q1 + 10q2 = 1200q1 – 342000
	–1190q1 + 10q2 = –429000
	q2 = 119q1 – 42900

zu **488**

Reparatur:	210q1 – 80(119q1 – 42900)	=	10500
	210q1 – 9520q1 + 3432000	=	10500
	9310q1	=	3421500
	q1	=	367,5080558
Fuhrpark:	q2	=	833,45864
Soz. Einrichtg.:	q3	=	825,080558
Weberei:	208000 + 50 · 367,5080558 + 40 · 833,45864 + 60 · 825,080558 = Q4		
	Q4	=	309218,5817
	Q4	**=**	**309.218,58 €**
Färberei:	134000 + 30 · 367,5080558 + 30 · 833,45864 + 30 · 825,080558 = Q5		
	Q5	=	194781,4175
	Q5	**=**	**194.781,42 €**

490

1\.

BAB						
Gemeinkosten	Zahlen der BER	I Material	II Fertigung	III Verwaltung	IV Vertrieb	gesamt
GK-Mat.	30.000,00	300,00	27.000,00	2.000,00	700,00	
Energie	38.700,00	5.000,00	23.700,00	7.500,00	2.500,00	
Gehälter	96.800,00	14.800,00	28.500,00	31.900,00	21.600,00	
Soz. Abgaben	18.900,00	2.520,00	11.340,00	3.780,00	1.260,00	
Steuern u. a.	56.000,00	2.240,00	33.600,00	13.440,00	6.720,00	
Versch. Kosten	98.000,00	9.800,00	49.000,00	23.520,00	15.680,00	
Abschreibg.	12.500,00	1.667,00	8.333,00	1.667,00	833,00	
Zinsen	17.500,00	2.500,00	10.000,00	3.750,00	1.250,00	
	368.400,00	38.827,00	191.473,00	87.557,00	50.543,00	
		FM	FL	HK d. U.	HK d. U.	
		290.000,00	219.400,00	739.700,00	739.700,00	
2. Istzuschlagssätze		13,39 %	87,27 %	11,84 %	6,83 %	
Normalzuschlagssätze		9 %	110 %	15 %	10 %	
Normalgemeinkosten		26.100,00	241.340,00	116.526,00	77.684,00	
4. Kostenüber-/-unterdeckung		(–) 12.727,00	(+) 49.867,00	(+) 28.969,00	(+) 27.141,00	(+) 93.250,00

3\. Selbstkostenrechnung mit Normalzuschlägen

FM	290.000,00 €	
+ 9 % MGK	26.100,00 €	
MK		316.100,00 €
FL	219.400,00 €	
+ 110 % FGK	241.340,00 €	
FK		460.740,00 €
HK d. E. = HK d. U.		776.840,00 €
+ 15 % VwGK		116.526,00 €
+ 10 % VtGK		77.684,00 €
SK d. U.		971.050,00 €

491

1. Selbstkostenrechnung mit Normalkosten			Kostenüber-deckung	Kostenunter-deckung	Gesamt-abweichung (Unterdeckung)
	Fertigungsmaterial	630.000,00			
+	10 % Materialgemeinkosten	63.000,00	–	6.000,00	
	Materialkosten	693.000,00			
	Fertigungslöhne Schweißerei	220.000,00			
+	110 % Fertigungsgemeinkosten	242.000,00	–	1.000,00	
	Fertigungskosten	462.000,00			
	Fertigungslöhne Dreherei	160.000,00			
+	115 % Fertigungsgemeinkosten	184.000,00	3.000,00	–	
	Fertigungskosten	344.000,00			
	Fertigungslöhne Montage	100.000,00			
+	95 % Fertigungsgemeinkosten	95.000,00	–	1.000,00	
	Fertigungskosten	195.000,00			
	Herstellkosten	1.694.000,00			
+	11 % Verwaltungsgemeinkosten	186.340,00		25.660,00	
+	6 % Vertriebsgemeinkosten	101.640,00		22.360,00	53.020,00
	Selbstkosten	1.981.980,00			

Die hohen Kostenunterdeckungen im Verwaltungs- und Vertriebsbereich stimmen bedenklich. Hier ist dringend eine Anhebung der Normalzuschlagssätze geboten.

492

Selbstkostenrechnung mit Ist- und Normalsätzen

		Istkosten		Normalkosten	Kostendeckung	
FM		400.000,00		400.000,00		
+ MGK	10,5 %	42.000,00	10 %	40.000,00	(–)	2.000,00 €
MK		442.000,00		440.000,00		
FL		280.000,00		280.000,00		
+ FGK	160 %	448.000,00	150 %	420.000,00	(–)	28.000,00 €
FK		728.000,00		700.000,00		
HK d. E.		1.170.000,00		1.140.000,00		
– Mehrbestand UE		10.000,00		10.000,00		
+ Minderbestand FE		20.000,00		20.000,00		
HK d. U.		1.180.000,00		1.150.000,00		
+ VwGK	13,6 %	161.000,00	20 %	230.000,00	(+)	69.000,00 €
+ VtGK	5,8 %	69.000,00	5 %	57.500,00	(–)	11.500,00 €
Selbstkosten		1.410.000,00		1.437.500,00	(+)	27.500,00 €

Nettoumsatzerlöse	1.540.000,00
Umsatzergebnis	102.500,00
+ Kostenüberdeckung	27.500,00 ←
Betriebsergebnis	130.000,00

493

BAB						
Kostenart	Zahlen der BER	Material	Fertigung	Verwaltung	Vertrieb	gesamt
Gemeinkosten	127.910,00	9.640,00	88.450,00	21.340,00	8.480,00	127.910,00
Zuschlagsgrundlagen		85.000,00	46.000,00	219.090,00	219.090,00	
Istzuschlagssätze		11,3 %	192,3 %	9,7 %	3,9 %	
Normalzuschlagssätze		11 %	200 %	10 %	6 %	
Normalgemeinkosten		9.350,00	92.000,00	22.235,00	13.341,00	136.926,00
Kostenüber-/-unterdeckung		(–) 290,00	(+) 3.550,00	(+) 895,00	(+) 4.861,00	(+) 9.016,00

Kostenträgerblatt

	Verrechnete Normalkosten		
	insgesamt €	Kostenträger A €	Kostenträger B €
FM	85.000,00	52.000,00	33.000,00
+ 11 % MGK	9.350,00	5.720,00	3.630,00
MK	94.350,00	57.720,00	36.630,00
FL	46.000,00	34.000,00	12.000,00
+ 200 % FGK	92.000,00	68.000,00	24.000,00
FK	138.000,00	102.000,00	36.000,00
HK d. E.	232.350,00	159.720,00	72.630,00
– Mehrbestand an UE/FE	10.000,00	8.000,00	2.000,00
HK d. U.	222.350,00	151.720,00	70.630,00
+ 10 % VwGK	22.235,00	15.172,00	7.063,00
+ 6 % VtGK	13.341,00	9.103,20	4.237,80
SK d. U.	257.926,00	175.995,20	81.930,80
Nettoumsatzerlöse	289.600,00	188.400,00	101.200,00
Umsatzergebnis	31.674,00	12.404,80	19.269,20
+ Überdeckung	9.016,00		
Betriebsergebnis	40.690,00		
Umsatzergebnisrate		6,58 %	19,04 %

Aufgrund der hohen Kostenüberdeckung fällt das Betriebsergebnis deutlich höher aus als das Umsatzergebnis.

494

BAB						
Kostenart	Zahlen der BER	Material	Fertigung	Verwaltung	Vertrieb	gesamt
Gemeinkosten	221.060,00	15.200,00	128.500,00	52.890,00	24.470,00	221.060,00
Zuschlagsgrundlagen		146.000,00	88.000,00	377.700,00	377.700,00	
Istzuschlagssätze		10,4 %	146 %	14 %	6,5 %	
Normalzuschlagssätze		10 %	150 %	15 %	5 %	
Normalgemeinkosten		14.600,00	132.000,00	57.090,00	19.030,00	222.720,00
Kostenüber-/-unterdeckung		(–) 600,00	(+) 3.500,00	(+) 4.200,00	(–) 5.440,00	(+) 1.660,00

zu **494**

Kostenträgerblatt

	Verrechnete Normalkosten			
	insgesamt €	Kostenträger A €	Kostenträger B €	Kostenträger C €
FM	146.000,00	58.000,00	37.000,00	51.000,00
+ 10 % FGK	14.600,00	5.800,00	3.700,00	5.100,00
MK	160.600,00	63.800,00	40.700,00	56.100,00
FL	88.000,00	34.000,00	18.000,00	36.000,00
+ 150 % FGK	132.000,00	51.000,00	27.000,00	54.000,00
FK	220.000,00	85.000,00	45.000,00	90.000,00
HK d. E.	380.600,00	148.800,00	85.700,00	146.100,00
+ Minderbestand UE	7.000,00	3.000,00	3.000,00	1.000,00
– Mehrbestand FE	7.000,00	2.000,00	4.000,00	1.000,00
HK d. U.	380.600,00	149.800,00	84.700,00	146.100,00
+ 15 % VwGK	57.090,00	22.470,00	12.705,00	21.915,00
+ 5 % VtGK	19.030,00	7.490,00	4.235,00	7.305,00
Selbstkosten d. U.	456.720,00	179.760,00	101.640,00	175.320,00
Nettoumsatzerlöse	434.800,00	198.600,00	144.500,00	91.700,00
Umsatzergebnis	(–) 21.920,00	(+) 18.840,00	(+) 42.860,00	(–) 83.620,00
+ Kostenüberdeckung	(+) 1.660,00			
Betriebsergebnis	(–) 20.260,00			

495

BAB

Gemeinkosten	Zahlen der BER	Material	FHS A	FHS B	Verwaltung	Vertrieb	gesamt
Hilfsstoffe	25.000,00	3.000,00	11.000,00	9.000,00	–,—	2.000,00	
Gehälter	115.000,00	5.000,00	8.000,00	7.000,00	85.000,00	10.000,00	
Soz. Abgaben	52.000,00	2.000,00	14.000,00	11.000,00	22.000,00	3.000,00	
Abschreib.	75.000,00	5.000,00	30.000,00	25.000,00	10.000,00	5.000,00	
Miete/Pacht	20.000,00	2.000,00	7.000,00	5.000,00	4.000,00	2.000,00	
Komm.	22.000,00	1.000,00	3.000,00	2.000,00	12.000,00	4.000,00	
Versicher.	3.000,00	500,00	875,00	625,00	1.000,00	–,—	
Kalk. Wagnis	15.000,00	3.000,00	3.000,00	3.000,00	1.500,00	4.500,00	
Betr. Steuern	25.000,00	2.000,00	7.000,00	5.000,00	8.000,00	3.000,00	
Kalk. Zinsen	20.000,00	2.000,00	7.000,00	8.000,00	2.000,00	1.000,00	
Untern.-Lohn	12.000,00	2.000,00	2.000,00	2.000,00	4.000,00	2.000,00	
	384.000,00	27.500,00	92.875,00	77.625,00	149.500,00	36.500,00	
Z.-Grundlagen		130.000,00	120.000,00	100.000,00	508.000,00	508.000,00	
Istzuschläge		21,15 %	77,4 %	77,6 %	29,43 %	7,19 %	
Normalzuschläge		15 %	80 %	75 %	25 %	6 %	
Normalgemeinkosten		19.500,00	96.000,00	75.000,00	125.125,00	30.030,00	
Kostenüber-/		–,—	3.125,00	–,—	–,—	–,—	
-unterdeckung		8.000,00	–,—	2.625,00	24.375,00	6.470,00	38.345,00

zu **495**

Ergebnistabelle der Stahlbau Körner KG

Finanzbuchhaltung (= RK I)			Kosten- und Leistungsrechnung (= RK II)					
Gesamtergebnisrechnung der FB			Abgrenzungsrechnung: Untern.-bez. Abgrenzungen		Abgrenzungsrechnung: Kostenrechnerische Korrekturen		Betriebsergebnisrechnung	
Kto.-Nr.	Aufwendungen	Erträge	unternehmensbezogene Aufwendungen	unternehmensbezogene Erträge	Aufwendungen lt. FB	Verrechnete Kosten lt. KLR	Kosten	Leistungen
5000		880.000,00						880.000,00
5202		40.000,00						40.000,00
5400		50.000,00		50.000,00				
5410		5.000,00		5.000,00				
5480		20.000,00		20.000,00				
5500		20.000,00		20.000,00				
5710		15.000,00		15.000,00				
6000	120.000,00				120.000,00	130.000,00	130.000,00	
6020	25.000,00						25.000,00	
6200	220.000,00						220.000,00	
6300	115.000,00						115.000,00	
6400	52.000,00						52.000,00	
6520	80.000,00		5.000,00		75.000,00	75.000,00	75.000,00	
6700	20.000,00						20.000,00	
68..	22.000,00						22.000,00	
6900	3.000,00						3.000,00	
6930	8.000,00				8.000,00	15.000,00	15.000,00	
6979	10.000,00		10.000,00					
70/77	25.000,00						25.000,00	
7510	2.000,00				2.000,00	20.000,00	20.000,00	
U.-L.						12.000,00	12.000,00	
	702.000,00 328.000,00	1.030.000,00	15.000,00 95.000,00	110.000,00	205.000,00 47.000,00	252.000,00	734.000,00 186.000,00	920.000,00
	1.030.000,00	1.030.000,00	110.000,00	110.000,00	252.000,00	252.000,00	920.000,00	920.000,00

Abstimmung der Ergebnisse

Gesamtergebnis im RK I (Unternehmungsgewinn)			(+) 328.000,00 €
Ergebnis aus unternehmensbezogenen Abgrenzungen	(+)	95.000,00 €	
Ergebnis aus kostenrechnerischen Korrekturen	(+)	47.000,00 €	
Neutrales Ergebnis	(+)	142.000,00 €	
+ Betriebsergebnis	(+)	186.000,00 €	
Gesamtergebnis im RK II			(+) 328.000,00 €

zu **495**

Kostenträgerblatt

	Verrechnete Normalkosten insgesamt €	Kostenträger X €	Kostenträger Y €
FM	130.000,00	80.000,00	50.000,00
+ 15 % MGK	19.500,00	12.000,00	7.500,00
MK	149.500,00	92.000,00	57.500,00
FL FHS A	120.000,00	70.000,00	50.000,00
+ 80 % FGK	96.000,00	56.000,00	40.000,00
FK	216.000,00	126.000,00	90.000,00
FL FHS B	100.000,00	60.000,00	40.000,00
+ 75 % FGK	75.000,00	45.000,00	30.000,00
FK	175.000,00	105.000,00	70.000,00
HK d. E.	540.500,00	323.000,00	217.500,00
– Mehrbestand an UE	30.000,00	20.000,00	10.000,00
– Mehrbestand an FE	10.000,00	20.000,00	–,—
+ Minderbestand an FE	–,—	–,—	10.000,00
HK d. U.	500.500,00	283.000,00	217.500,00
+ 25 % VerwGK	125.125,00	70.750,00	54.375,00
+ 6 % VertrGK	30.030,00	16.980,00	13.050,00
SK d. U.	655.655,00	370.730,00	284.925,00
Nettoumsatzerlöse	880.000,00	550.000,00	330.000,00
Umsatzergebnis	224.345,00	179.270,00	45.075,00
– Kostenunterdeckung	38.345,00		
Betriebsergebnis	186.000,00		
Umsatzergebnisrate		32,6 %	13,7 %

Kostenträger X ist mit 80 % am Umsatzergebnis beteiligt.
Kostenträger Y ist mit 20 % am Umsatzergebnis beteiligt.

Wirtschaftlichkeitskoeffizient für Kostenträger X = 1,48
Wirtschaftlichkeitskoeffizient für Kostenträger Y = 1,16

Die Kostenunterdeckung ist ungewöhnlich hoch. Im Wiederholungsfall müssten die Normalzuschlagssätze – insbesondere im Material- und Verwaltungsbereich – angehoben werden. Ergänzend dazu sollten die Gemeinkosten einer genauen Kontrolle unterworfen werden.

496

1. **Istzuschläge**

$$\text{Material} = \frac{36.850 \cdot 100\,\%}{670.000} = 5{,}5\,\% \qquad \text{Fertigung} = \frac{716.880 \cdot 100\,\%}{477.920} = 150\,\%$$

$$\text{Verwaltung} = \frac{281.573 \cdot 100\,\%}{1.901.650} = 14{,}8\,\% \qquad \text{Vertrieb} = \frac{140.78650 \cdot 100\,\%}{1.901.650} = 7{,}4\,\%$$

2. **Vorkalkulation**

	FM	650,00 €	
+	MGK 6 %	39,00 €	
	MK		689,00 €
	FL	882,00 €	
+	FGK 160 %	1.411,20 €	
	FK		2.293,20 €
	HK		2.982,20 €
+	VwGK 15 %		447,33 €
+	VtGK 6 %		178,93 €
	Selbstkosten		3.608,46 €

497

	Fertigungsmaterial	25.000,00 €	
+	Materialgemeinkosten (8 %)	2.000,00 €	
=	Materialkosten		27.000,00 €
	Fertigungslöhne	21.500,00 €	
+	Fertigungsgemeinkosten (120 %)	25.800,00 €	
+	Sondereinzelkosten der Fertigung	1.700,00 €	
	Fertigungskosten		49.000,00 €
	Herstellkosten		76.000,00 €
+	Verwaltungsgemeinkosten (15 %)		11.400,00 €
+	Vertriebsgemeinkosten (6 %)		4.560,00 €
+	Sondereinzelkosten des Vertriebs		1.040,00 €
	Selbstkosten		93.000,00 €
+	Gewinnzuschlag (15 %)		13.950,00 €
	Barverkaufspreis		106.950,00 €
+	Skonto (2 %)		2.325,00 €
+	Vertriebsprovision (6 %)		6.975,00 €
	Zielverkaufspreis		116.250,00 €
+	Einführungsrabatt (7 %)		8.750,00 €
	(Netto-) Listenverkaufspreis (LVP)		**125.000,00 €**

498

Vorkalkulation – Auftrag

	FM		32.000,00 €	
+	MGK	5 %	1.600,00 €	
	MK			33.600,00 €
	FL I		8.000,00 €	
+	FGK	180 %	14.400,00 €	
	FK I			22.400,00 €
	FL II		5.800,00 €	
+	FGK	200 %	11.600,00 €	
	FK II			17.400,00 €
	FL III		4.400,00 €	
+	FGK	160 %	7.040,00 €	
	FK III			11.440,00 €
	HK			84.840,00 €
+	VwGK	15 %		12.726,00 €
+	VtGK	8 %		6.787,20 €
	SK			104.353,20 €
+	Gewinn	18 %		18.783,58 €
	Barverkaufspreis			123.136,78 €

Selbstkosten je Stück 2,09 €
Barverkaufspreis je Stück 2,46 €

499

	Fertigungsmaterial	750,00 €	
+	12 % MGK	90,00 €	
	Materialkosten		840,00 €
	Fertigungslöhne I	297,50 €	
+	160 % FGK	476,00 €	
	Fertigungskosten I		773,50 €
	Fertigungslöhne II	364,50 €	
+	200 % FGK	729,00 €	
	Fertigungslöhne II		1.093,50 €
	Herstellkosten		2.707,00 €
+	10 % VwGK		270,70 €
+	8 % VtGK		216,56 €
	Selbstkosten		3.194,26 €
+	15 % Gewinn		479,14 €
	Barverkaufspreis		3.673,40 €
+	3 % Skonto		118,50 €
+	4 % Vertriebsprovision		158,00 €
	Rechnungspreis		3.949,90 €

$$\text{Selbstkosten für 1 Feile} = \frac{3.194,26\ €}{500\ \text{Stück}} = 6,39\ €$$

$$\text{Rechnungspreis für 1 Feile} = \frac{3.949,90\ €}{500\ \text{Stück}} = 7,90\ €$$

500

	Fertigungsmaterial	12.500,00 €	
+	15 % MGK	1.875,00 €	
	Materialkosten		14.375,00 €
	Fertigungslöhne Dreherei	2.950,00 €	
+	115 % FGK	3.392,50 €	
	Fertigungskosten Dreherei		6.342,50 €
	Fertigungslöhne Fräserei	1.410,00 €	
+	120 % FGK	1.692,00 €	
	Fertigungskosten Fräserei		3.102,00 €
	Herstellkosten		23.819,50 €
+	15 % VwGK		3.572,93 €
+	5 % VtGK		1.190,97 €
	Selbstkosten		28.583,40 €
+	20,7 % Gewinn		5.916,78 €
	Barverkaufspreis		34.500,18 €
+	3 % Skonto		1.067,02 €
	Zielverkaufspreis		35.567,20 €
+	8 % Rabatt		3.092,80 €
	Angebotspreis		38.660,00 €

Der Gewinn beträgt 5.916,78 €; das entspricht 20,7 % der Selbstkosten.

501

Vorkalkulation (für 100 Stück)

1.	FM: Gehäuse	400,00 €	
	Armatur	1.200,00 €	
	+ MGK 5 % auf 1.600,00 € =	80,00 €	
	MK		1.680,00 €
	FL: Schneiden 450 Min.		
	= 7,5 Std. zu 30,00 € =	225,00 €	
	+ 100 % FGK	225,00 €	450,00 €
+	FL: Schweißen 300 Min.		
	= 5 Std. zu 30,00 € =	150,00 €	
	+ 140 % FGK	210,00 €	360,00 €
+	FL: Lackieren 270 Min.		
	= 4,5 Std. zu 30,00 € =	135,00 €	
	+ 90 % FGK	121,50 €	256,50 €
+	FL: Montieren 200 Min.		
	= 3 1/3 Std. zu 30,00 € =	100,00 €	
	+ 110 % FGK	110,00 €	210,00 €
	HK		2.956,50 €
	+ VwGK 20 %		591,30 €
	+ VtGK 6 %		177,39 €
	SK		3.725,19 €
	+ Gewinn 15 %		558,78 €
	Barverkaufspreis		4.283,97 €
	+ Skonto 2 %		87,43 €
	Ziel-VKP		4.371,40 €
	+ Rabatt 10 %		485,71 €
	Listenpreis		4.857,11 €
	Listenpreis je Gerät		48,57 €
2.	Selbstkosten je Gerät		37,25 €
	+ Gewinn		5,75 €
	Barverkaufspreis d. Konkurrenz		43,00 €

Es wird ein Gewinn von 5,75 €/Stück (^;= 15,4 %) bei Vollkostenkalkulation eintreten.

502

	Reparaturmaterial	45,00 €	
+	8 % MGK	3,60 €	
	Materialkosten		48,60 €
+	Fertigungslöhne (1,5 · 31,50 € =)		47,25 €
+	Maschinenkosten (1,5 · 45,40 € =)		68,10 €
	Herstellkosten		163,95 €
+	20 % Verw.-/Vertr.-GK		32,79 €
	Selbstkosten		196,74 €
+	15 % Gewinn		29,51 €
	Preis der Reparatur		226,25 €

503

Nachkalkulation (vgl. Aufgabe 505)

	Fertigungsmaterial	750,00 €	
+	10 % MGK	75,00 €	
	Materialkosten		825,00 €
	Fertigungslöhne I (7,5 · 43,50 =)	326,25 €	
+	150 % FGK	489,38 €	
	Fertigungskosten I		815,63 €
	Fertigungslöhne II (10 · 38,40 =)	384,00 €	
+	180 % FGK	691,20 €	
	Fertigungskosten II		1.075,20 €
	Herstellkosten		2.715,83 €
+	12,5 % VwGK		339,48 €
+	10 % VtGK		271,58 €
	Selbstkosten		3.326,89 €

Gegenüber der Vorkalkulation liegen die Selbstkosten um 132,63 € höher; das würde den Gewinn auf 346,51 € mindern.

1. Verwaltungs- und Vertriebsbereich sind zu überprüfen, da hier die Istzuschlagssätze über den Normalzuschlagssätzen liegen.
2. Die Erhöhung der Selbstkosten ist vor allem auf eine längere Bearbeitungszeit – vgl. FHS II – zurückzuführen. Die Ursache kann in einem Wechsel der Arbeitskraft liegen: Die weniger eingearbeitete Arbeitskraft verursacht – trotz niedrigeren Stundenlohns – einen höheren Zeitverbrauch.

504

1. Die Vorkalkulation basiert auf geplanten oder normierten Kosten; sie dient der Angebotsabgabe. Die Nachkalkulation basiert auf Istkosten (Vergangenheitswerten); sie dient der Kostenkontrolle.
2. Normalzuschlagssätze werden als Durchschnittszahlen aus Vergangenheitswerten berechnet.
3. Überschreitung der Verbrauchsvorgaben, Verteuerung der Werkstoffe und der Löhne. Anpassung der Normalzuschläge an die erhöhten Istzuschläge.

505

1.

maschinenabhängige Fertigungsgemeinkosten	monatl. fixe Fertigungsgemeink.	monatl. variable Fertigungsgemeink.	variable Fertigungsgemeink. je Laufst.
Kalk. Abschreibungen	2.388,89	0,00	0,00
Kalk. Zinsen	1.066,67	0,00	0,00
Energie	50,00	1.200,00	8,00
Platzkosten	1.800,00	0,00	0,00
Wartungskosten/Instandhaltung	700,00	300,00	2,00
Werkzeugkosten	600,00	0,00	0,00
	6.605,56	1.500,00	10,00

2.

Variable Maschinenkosten je Stunde		10,00 €
+ fixe Maschinenkosten je Stunde:	$\frac{6.605,56}{150} =$	44,04 €
Maschinenstundensatz		54,04 €

zu **505**

3. Variable Maschinenkosten je Stunde 10,00 €
   + fixe Maschinenkosten je Stunde: $\frac{6.605,56}{105}$ = 62,91 €
   Maschinenstundensatz 72,91 €

4. Fixe Kosten 6.605,56 €
   – ersetzbare fixe Kosten (44,04 € · 105 =) 4.624,20 €
   nicht ersetzbare fixe Kosten 1.981,36 €

5. Variable Maschinenkosten je Stunde 10,00 €
   + fixe Maschinenkosten je Stunde: $\frac{6.605,56}{280}$ = 23,59 €
   Maschinenstundensatz 33,59 €

506

1. Maschinenabhängige Fertigungsgemeink.	Monatliche Fertigungsgemeinkosten (160 Laufst.)
Kalkulatorische Abschreibung	5.916,67 €
Kalkulatorische Zinsen	1.950,00 €
Instandhaltung/Rep.	5.200,00 €
Platzkosten	255,00 €
Energiekosten	880,00 €
Gesamte maschinenabhängige Gemeink.	14.201,67 € /Monat

Maschinenstundensatz = $\frac{14.201,67\ €/Monat}{160\ Std.}$ = 88,76 €

1. Maschinenabhängige Gemeinkosten 14.201,67 €
   + Fertigungslöhne 30.000,00 €
   + Lohnabhängige Gemeinkosten 40.000,00 €
   Gesamte Maschinenplatzkosten 84.201,67 €
2. Maschinenabhängige fixe Gemeinkosten 14.201,67 €
   – 40 % variable Kosten der Instandhaltung 2.080,00 €
   – variable Stromkosten 800,00 €
   11.321,67 €

   davon 60 % zu decken 6.793,00 €
   + variable Gemeinkosten 2.880,00 €
   maschinenabhängige FGK 9.673,00 €
   Maschinenstundensatz = $\frac{9.673,00\ €}{160\ Std.}$ = 60,46 €

507

1. MGK-Zuschlag = $\frac{320.000,00\ €}{800.000,00\ €}$ = 40 %

   Masch.-Stundensatz I = $\frac{120.000,00\ €}{1\ 500\ Std.}$ = 80,00 €/Std.

   Masch.-Stundensatz II = $\frac{145.000,00\ €}{1\ 650\ Std.}$ = 87,88 €/Std.

   Restgemeinkostensatz = $\frac{96.000,00\ €}{120.000,00\ €}$ = 80 %

   VwGK-Zuschlag = $\frac{265.000,00\ €}{1.577.000,00\ €}$ = 16,8 % $\frac{\text{VtGK-Zuschlag} = 110.000,00\ €}{1.577.00000\ €}$ = 7 %

zu **507**

2.

	FM	800.000,00 €	
+	MGK	320.000,00 €	
	MK		1.120.000,00 €
	Masch.-Kosten I	120.000,00 €	
+	Masch.-Kosten II	145.000,00 €	
+	FL	120.000,00 €	
+	RGK	96.000,00 €	
	FK		481.000,00 €
	HK d. Erzeugung		1.601.000,00 €
–	Mehrbestand		24.000,00 €
	HK d. Umsatzes		1.577.000,00 €
+	VwGK		265.000,00 €
+	VtGK		110.000,00 €
	SK		1.952.000,00 €

3. Die Auswirkungen lassen sich nur vermuten, da keine Aussagen über fixe und variable Maschinenkosten gemacht werden. Unter der Annahme, dass die Maschinenkosten
   a) **fix** sind, erhöhen sich (bei vollem Kostenersatz) die Maschinenstundensätze auf 100,00 € bei Maschine I und auf 96,67 € bei Maschine II;
   b) **variabel** sind, verändern sich die Maschinenstundensätze nicht, da die Kosten bei Beschäftigungsrückgang – proportional? – abgebaut werden können.

508

1.

B A B								
Kostenart	Zahlen der BER	Materialstelle	Abrichtanlage maschinenabh. Fertigungskosten fix	variabel	Restgemein-kosten	Übrige Ferti-gungsstellen	Verwaltungs-stelle	Vertriebsstelle
Allg. B.-Kosten	8.000,00	1.000,00	–,—	–,—	3.000,00	4.000,00	–,—	–,—
Energie	3.000,00	300,00	80,00	600,00	–,—	1.400,00	500,00	120,00
B-Stoffkosten	6.000,00	–,—	–,—	1.000,00	–,—	5.000,00	–,—	–,—
Gehälter	20.000,00	2.000,00	2.500,00	–,—	–,—	4.500,00	11.000,00	–,—
H.-Löhne	35.000,00	3.000,00	–,—	–,—	7.000,00	21.500,00	–,—	3.500,00
Soz. Abgaben	19.000,00	1.200,00	–,—	–,—	3.000,00	9.400,00	4.000,00	1.400,00
Kalk. Zinsen	5.000,00	500,00	800,00	–,—	–,—	2.600,00	600,00	500,00
Abschr. a. Anl.	9.000,00	200,00	2.500,00	–,—	–,—	5.500,00	500,00	300,00
Abschreibung auf Gebäude	18.000,00	1.800,00	3.500,00	–,—	–,—	9.000,00	2.200,00	1.500,00
Rep.-Kosten	6.500,00	–,—	770,00	1.200,00	–,—	4.200,00	–,—	330,00
Sonst. Kosten	7.000,00	1.000,00	–,—	–,—	–,—	4.000,00	1.500,00	500,00
	136.500,00	11.000,00	10.150,00	2.800,00	13.000,00	71.100,00	20.300,00	8.150,00
Zuschlagsgrundlagen		88.000,00	250 Std.		10.400,00	47.400,00	253.850,00	253.850,00
Zuschlagssätze		12,5 %	51,80 €		125 %	150 %	8 %	3,2 %

zu **508**

2. **Selbstkosten der Abrechnungsperiode**

FM	88.000,00 €	
+ MGK	11.000,00 €	
MK		99.000,00 €
FL Abrichtanlage	10.400,00 €	
+ Restgemeinkosten	13.000,00 €	
+ maschinenabhängige FGK	12.950,00 €	
FK Abrichtanlage		36.350,00 €
FL übrige F.-Stellen	47.400,00 €	
+ FGK	71.100,00 €	
FK übrige F.-Stellen		118.500,00 €
HK		253.850,00 €
+ VwGK		20.300,00 €
+ VtGK		8.150,00 €
Selbstkosten		282.300,00 €

3. Variable Maschinenkosten je Stunde: $\frac{2.800\ €}{250\ \text{Std.}}$ = 11,20 €/Std.

   + fixe Maschinenkosten je Stunde: $\frac{10.150\ €}{200\ \text{Std.}}$ = 50,75 €/Std.

   Maschinenstundensatz bei 200 Std. 61,95 €/Std.

4. Maschinenabhängige fixe FGK 10.150,00 €
   davon ersetzbar bei 200 Maschinenstd.
   (40,60 € fixe FGK · 200 Std. =) 8.120,00 €
   nicht ersetzbare fixe FGK 2.030,00 €

509

1.

	Maschinenabhängige Fertigungskosten je Monat		
	Stanze I	Stanze II	Stanze III
Kalk. Abschreibung	583,33	1.041,67	1.666,67
Kalk. Zinsen	315,00	562,50	900,00
Energiekosten	330,00	512,00	820,00
Instandhaltungskosten	333,33	666,67	833,33
Platzkosten	800,00	1.000,00	1.200,00
Werkzeugkosten	150,00	200,00	400,00
Betriebsstoffkosten	40,00	50,00	70,00
	2.551,66	4.032,84	5.890,00
Laufzeiten je Monat	150	120	100
Maschinenstundensatz	17,01	33,61	58,90

2. Restgemeinkostenzuschlag = $\frac{13.500,00}{7.500,00}$ = 180 %

510

Restgemeinkostenzuschlag = $\frac{14.400,00\ €}{12.000,00\ €}$ = 120 %

Die Periodenkosten betragen:

	Bohrmaschine 45,00 € · 150 Std. =	6.750,00 €
	Drehmaschine 68,00 € · 150 Std. =	10.200,00 €
	Fräsmaschine 52,00 € · 150 Std. =	7.800,00 €
+	Fertigungslöhne	12.000,00 €
+	Fertigungsgemeinkosten	14.400,00 €
		51.150,00 €

511

B A B								
		Kostenstellen						
		Webautomat						
		Maschinengemeinkosten		Restgemein-				
Kostenart	Material	fix	variabel	kosten	Färberei	Veredlung	Verwaltung	Vertrieb
3.				20.000	15.000	5.000		
4.	15.000			25.000	40.000	20.000		
5.	5.000			30.000	20.000	10.000	40.000	15.000
6.		5.000	25.000		10.000	5.000	5.000	
7.		5.000	15.000		5.000	5.000		
8.	10.000	10.000					100.000	40.000
9.							20.000	
10.	10.000	30.000			20.000	15.000	15.000	10.000
11.		30.000			10.000	10.000	10.000	
	40.000	80.000	40.000	75.000	120.000	70.000	190.000	65.000
	FM	Maschinenstunden:		FL	FL	FL	HK. d. U.	HK d. U.
Zuschlagsgrundl.:	400.000	480 Std.		60.000	100.000	40.000	1.000.000	1.000.000
Zuschlagssätze:	10 %	250,00 €/Std.		125 %	120 %	175 %	19 %	6,5 %

	FM	400.000,00 €	
+	MGK	40.000,00 €	440.000,00 €
	Masch.-abhängige GK	120.000,00 €	
+	Restgemeinkosten	75.000,00 €	
+	FL Webautomat	60.000,00 €	255.000,00 €
	FL Färberei	100.000,00 €	
+	FGK	120.000,00 €	220.000,00 €
	FL Veredlung	40.000,00 €	
+	FGK	70.000,00 €	110.000,00 €
	HK d. Erzeugung		1.025.000,00 €
–	Mehrbestand		25.000,00 €
	HK d. Umsatzes		1.000.000,00 €

512

1. $\frac{14.250,00\ €}{12.800,00\ €} = 111,33\ \%$ RGK-Zuschlag

2.

Monatliche fixe FGK	6.605,56 €
Monatliche variable FGK	1.500,00 €
Lohnabhängige Gemeinkosten	14.250,00 €
Fertigungslöhne	12.800,00 €
Fertigungskosten	35.155,56 €

3.

Maschinenabhängige FGK (3,5 · 54,04 €) =	189,14 €
Fertigungslöhne	195,00 €
+ Restgemeinkosten	217,09 €
Auftragsbezogene Maschinenkosten	601,23 €

513

			Vorkalkulation		Nachkalkulation
	Fertigungsmaterial		520,00		535,00
+	MGK	5 %	26,00	5,5 %	29,43
	Materialkosten		546,00		564,43
	Maschinenkosten		495,00		491,40
	Fertigungslöhne		506,00		497,20
	Herstellkosten		1.547,00		1.553,03
+	VwGK	12,5 %	193,38	12,7 %	197,23
+	VtGK	8 %	123,76	7,6 %	118,03
	Selbstkosten		1.864,14		1.868,29
1. +	Gewinn	12 %	223,70	11,75 %	219,55
	Barverkaufspreis		2.087,84 →		2.087,84
+	Skonto	3 %	64,57		
	Zielverkaufspreis		2.152,41		
+	Rabatt	6 %	137,39		
	Angebotspreis		2.289,80		

514

	Auftrag A		Auftrag B		Auftrag C	
	Vorkal-kulation	Nachkal-kulation	Vorkal-kulation	Nachkal-kulation	Vorkal-kulation	Nachkal-kulation
F.-Material	1.100,00	1.210,00	800,00	870,00	3.200,00	3.200,00
+ 4 % MGK	44,00	48,40	32,00	34,80	128,00	137,60
Materialkosten	1.144,00	1.258,40	832,00	904,80	3.328,00	3.337,60
F.-Löhne	1.715,00	1.788,50	980,00	1.004,00	2.450,00	2.450,00
+ Restgemeinkosten	3.087,00	3.219,30	1.764,00	1.807,20	4.410,00	4.410,00
+ Maschinenkosten	2.352,70	2.235,07	680,40	700,81	5.890,00	5.890,00
+ SEK d. Fertigung	500,00	500,00	200,00	200,00	400,00	360,00
Herstellkosten	8.798,70	9.001,27	4.456,40	4.616,81	16.478,00	16.447,60
HK je Stück	1,76	1,80	0,56	0,58	4,12	4,11

515

Sorte	Produktions-menge	Äquivalenz-ziffern	Umrechnungs-zahlen	Gemeink. je Stück	Einzelk. je Stück	Stück-kosten	Selbstkosten
7 W	6 000 000	0,8	4 800 000	0,26	0,28	0,54	3.234.000,00
11 W	8 000 000	1,0	8 000 000	0,33	0,30	0,63	5.040.000,00
15 W	2 000 000	1,4	2 800 000	0,46	0,38	0,84	1.674.000,00
			15 600 000				

5.148.000 : 15 600 000 = 0,33
0,33 · 0,8 = 0,264
0,33 · 1,4 = 0,462

(II) 0,33 · 8 000 000 = 2.640.000,00 + 2.400.000,00 = 5.040.000,00
(I) 0,264 · 6 000 000 = 1.584.000,00 + 1.650.000,00 = 3.234.000,00
(III) 0,462 · 2 000 000 = 924.000,00 + 750.000,00 = 1.674.000,00

516

Sorte	Äquivalenz-ziffern	Produktions-menge	Umrechnungs-zahlen	Stückkosten	Selbstkosten
I	0,75	400 000	300 000	0,27	108.000,00
II	1,0	800 000	800 000	0,36	288.000,00
III	1,2	300 000	360 000	0,43	129.600,00
IV	1,6	250 000	400 000	0,58	144.000,00
			1 860 000		

669.600 : 1 860 000 = 0,36	0,27	· 400 000	=	108.000,00
0,36 · 0,75 = 0,27	0,36	· 800 000	=	288.000,00
0,36 · 1,2 = 0,432	0,432	· 300 000	=	129.600,00
0,36 · 1,6 = 0,576	0,576	· 250 000	=	144.000,00

517

1.

Sorte	Produktions-menge	Äquivalenz-ziffern	Umrechnungs-zahlen	Selbstkosten je Stück	Selbstkosten je Sorte
A	4 000 Stück	1	4 000	255,00 €	1.020.000,00 €
B	2 500 Stück	0,9	2 250	229,50 €	573.750,00 €
C	1 200 Stück	1,25	1 500	318,75 €	382.500,00 €
			7 750		1.976.250,00 €
		1.976.250,00 € : 7 750	=	255,00 €	

518

1.

Typ	Produktions-menge	Äquivalenz-ziffern	Umrechnungs-zahlen	Selbstkosten je Stück	Selbstkosten je Typ
I	15 000 Stück	0,9	13 500	21,12 €	316.800,00 €
II	20 000 Stück	1,0	20 000	23,47 €	469.320,00 €
III	12 500 Stück	0,8	10 000	18,772 €	234.650,00 €
IV	8 500 Stück	1,4	11 900	32,852 €	279.242,00 €
V	10 000 Stück	1,2	12 000	28,159 €	281.590,00 €
			67 400		1.581.602,00 €
		1.581.602,00 € : 67 400	=	23,466 € (23,4659)	

2.

Typ	Gewinn/Stück	Gewinn/Sorte
I	– 3,12 €	– 46.800,00 €
II	– 3,47 €	– 69.320,00 €
III	+ 6,23 €	+ 77.850,00 €
IV	+ 7,15 €	+ 60.758,00 €
V	+ 1,84 €	+ 18.410,00 €
		+ 40.898,00 €

3. Typ I und Typ II verursachen Verluste. Diese Typen werden entweder – zugunsten der anderen Typen – aus dem Programm genommen, oder deren Verkaufspreise müssen erhöht werden. Kurzfristig kann die Gewinnsituation so hingenommen werden, dass insgesamt ein Betriebsgewinn von 40.898,00 € erwirtschaftet wird.

519

Siehe Lehrbuch, Seite 445.

520

1. $\frac{2.244.000}{336\,000}$ = 6,68 € Selbstkosten je Stück

2. $\frac{1.952.500}{336\,000} + \frac{291.500}{300\,000}$ = 6,78 € Selbstkosten je Stück

3. $\frac{1.952.500}{336\,000} + \frac{291.500}{360\,000}$ = 6,62 € Selbstkosten je Stück

4. a) $\frac{1.636.000}{336\,000} + \frac{608.000}{300\,000}$ = 6,90 € Selbstkosten je Stück

   b) $\frac{1.636.000}{336\,000} + \frac{608.000}{360\,000}$ = 6,56 € Selbstkosten je Stück

521

a) $\frac{84.220}{3.800} + \frac{9.800}{3.600}$ = 24,89 € Selbstkosten je 1 t

b) $\frac{79.020}{3.800} + \frac{15.000}{3.600}$ = 24,96 € Selbstkosten je 1 t

522

1.

Material	55.500,00 €
Löhne	96.800,00 €
Fertigungsgemeinkosten	140.200,00 €
Herstellkosten	292.500,00 €
Verwaltungskosten	81.600,00 €
Vertriebskosten	36.000,00 €
Selbstkosten gesamt	410.100,00 €
Selbstkosten für 1 000 Stück	512,63 €
+ 15 % Gewinnzuschlag	76,89 €
Nettoverkaufspreis für 1 000 Stück	589,52 €

2.

Herstellkosten für 1 000 Stück = $\frac{292.500}{800}$ =	365,63 €
Vertriebskosten für 1 000 Stück = $\frac{117.600}{640}$ =	183,75 €
Selbstkosten für 1 000 Stück	549,38 €
+ 15 % Gewinnzuschlag	82,41 €
Nettoverkaufspreis	631,79 €

523

1. Die Kostenfunktion lautet: K (x) = 3,2 · x + 220.000

2. K (50 000) = 3,2 · 50 000 + 220.000 = 380.000,00 €

3. $\frac{K(x)}{x}$ = Durchschnittskosten ⇒

$\frac{3{,}2 \cdot x + 220.000}{x} = 7 \quad \Leftrightarrow \quad 3{,}8 \cdot x = 220.000$

x = 57 894,73

x ~ 57 895 Stück

524

zum Beispiel:

Bestellungen	Mengenrabatt	Besch.-Preis	Gesamtpreis
100	0	40,00	4.000,00
200	5 %	38,00	7.600,00
300	10 %	36,00	10.800,00
400	15 %	34,00	13.600,00
500	20 %	32,00	16.000,00

525

1. Variable Kosten sind beschäftigungsabhängige Kosten: Sie erhöhen sich mit zunehmender Produktion und vermindern sich mit rückläufiger Produktion. Das Ausmaß der Veränderung kann proportional, über- oder unterproportional sein.

   Fixe Kosten sind zeitabhängige Kosten: Sie fallen jährlich oder monatlich in (fast) unveränderter Höhe unabhängig von der Produktionsmenge an (z. B. Abschreibungen).

2. Das Gehalt des Meisters ist in der Regel keinen leistungsabhängigen Schwankungen unterworfen, also fix.

3.

	variabel	fix	teils variabel/teils fix
Kalk. Abschreibungen		x	
Gewerbesteuer	x		
Soz. Abgaben			x
Energiekosten			x
Entwicklungskosten		x	
Transportkosten	x		
Werbekosten		x	
SEK des Vertriebs	x		

4. Nur mengenabhängige Lohnkosten sind variabel (z. B. Akkordlohn), zeitabhängige Lohnkosten haben fixen Charakter.

5. $k\,(1\,000) = \frac{40 \cdot 1\,000 + 50.000}{1\,000} = \frac{90.000}{1\,000} = 90{,}00$ €/Stück

   $k\,(1\,500) = \frac{40 \cdot 1\,500 + 50.000}{1\,500} = \frac{110.000}{1\,500} = 73{,}33$ €/Stück

   Die Durchschnittskosten sinken mit zunehmender Produktion, da die (konstanten) fixen Kosten auf eine größere Menge verteilt werden.

526

12 500 kg	zu je 80,00 €	=	1.000.000,00 €
8 500 kg	zu je 76,00 €	=	646.000,00 €
10 000 kg	zu je 82,00 €	=	820.000,00 €
7 000 kg	zu je 85,00 €	=	595.000,00 €
38 000 kg			3.061.000,00 €

Verrechnungspreis

$$= \frac{3.061.000,00\ €}{38\ 000\ kg} = \underline{\underline{80,55\ €/kg}}$$

527

Monat	Beschäftigung in Stück	Fertigungsmaterial
März	4 000	300.000,00 €
April	5 200	390.000,00 €
Mai	4 800	360.000,00 €

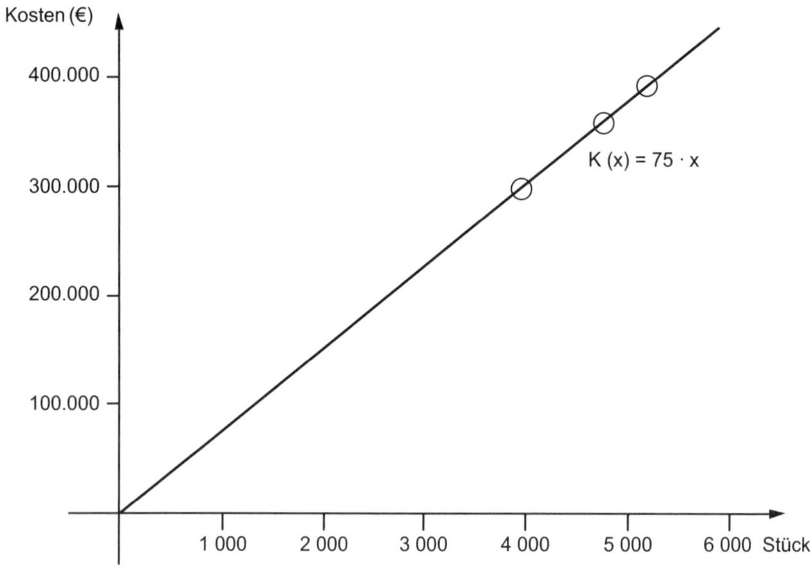

528

1. Die verursachungsgerechte Verteilung der fixen Kosten auf die Kostenträger ist nicht möglich, weil die fixen Kosten für eine Abteilung, einen Betrieb oder das Unternehmen insgesamt anfallen.
2. Unter den Sondereinzelkosten der Fertigung gibt es sowohl variable als auch fixe Kosten; die für einen Auftrag anfallenden Modellkosten sind z. B. auftragsfixe Kosten; die für jede Produktionseinheit zu entrichtenden Lizenzkosten sind z. B. variable Kosten.
3. Bei den auf die Produktionseinheit umgerechneten Mischkosten wirkt der Fixkostenanteil Kosten senkend bei Ausdehnung der Produktion.
4. Variable Kosten sind beschäftigungsabhängige Kosten.
5. Bei guter Auslastung der Anlagen wird mit niedrigeren Stückkosten produziert als bei schlechter Auslastung.
6. Moderne Industriebetriebe sind in der Regel anlageintensiv. Hohes Anlagevermögen verursacht hohe fixe Kosten.
7. In den genannten Kostenarten sind sowohl fixe als auch variable Kostenanteile enthalten.

529

Monat	Beschäftigung in Stück	Abschreibungsbetrag/Stück
August	32 000	1,13 €
September	30 000	1,20 €
Oktober	38 000	0,95 €

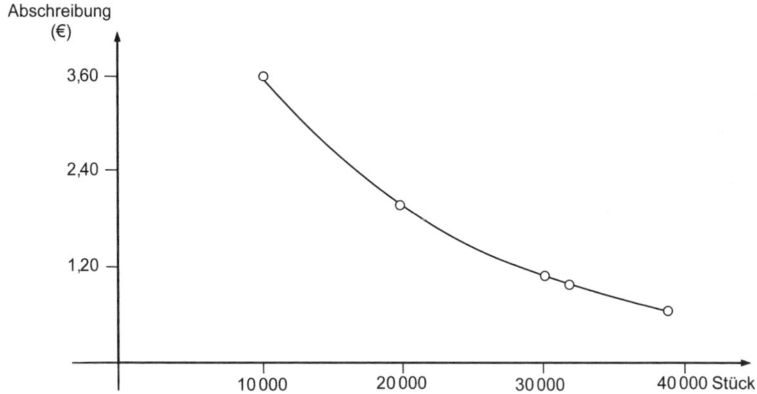

530

1./2.

Prod.-Menge	Fixe Kosten in € gesamt	Fixe Kosten je Stück	Proportionale Kosten in € gesamt	Proportionale Kosten je Stück	Gesamtkosten	Stückkosten
500	120.000,00	240,00	110.000,00	220,00	230.000,00	460,00
800	120.000,00	150,00	176.000,00	220,00	296.000,00	370,00
1 000	120.000,00	120,00	220.000,00	220,00	340.000,00	340,00
1 200	120.000,00	100,00	264.000,00	220,00	384.000,00	320,00
1 500	120.000,00	80,00	330.000,00	220,00	450.000,00	300,00

3.

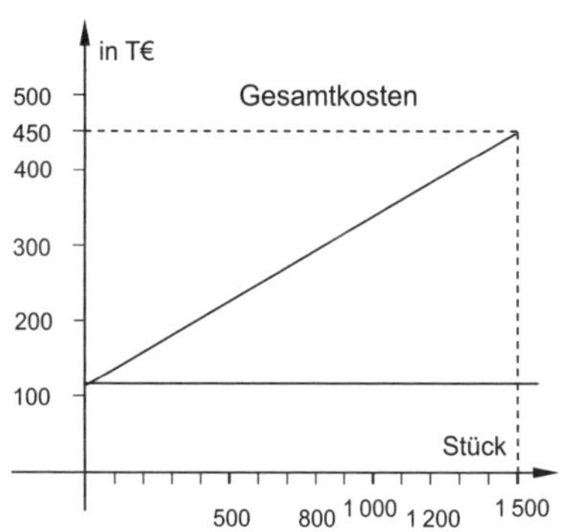

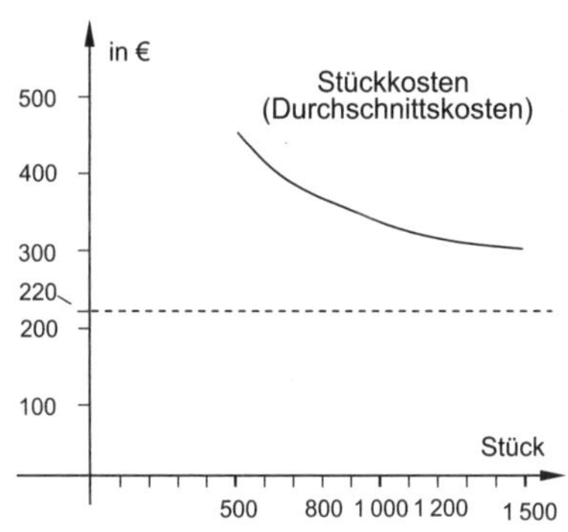

531

1.

Beschäftigung in Stück	proportionale Kosten	fixe Kosten	Gesamtkosten	Stückkosten
10 000	55.000,00	42.000,00	97.000,00	9,70
12 000	62.400,00	42.000,00	104.400,00	8,70
14 000	70.000,00	42.000,00	112.000,00	8,00
16 000	80.000,00	42.000,00	122.000,00	7,63
18 000	95.400,00	42.000,00	137.400,00	7,63
20 000	116.000,00	42.000,00	158.000,00	7,90

zu **531**

2.

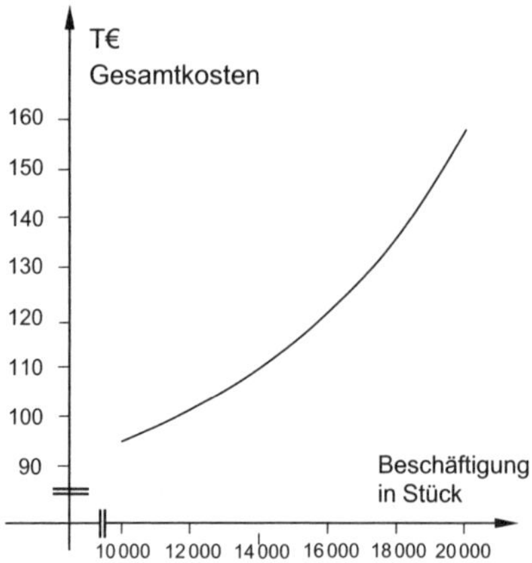

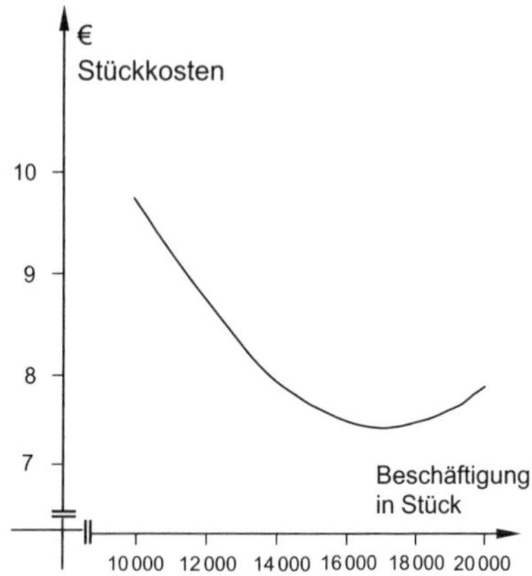

Die Gesamtkosten steigen über den gesamten Beschäftigungsbereich – teils überproportional – an. Die Stückkosten zeigen zunächst – bis zu einem Tiefpunkt zwischen 16 000 und 18 000 Stück – fallenden Verlauf. Danach steigen sie überproportional an.

532

$$\left.\begin{aligned} E &= K \\ E &= 61 \cdot x \\ K &= 35 \cdot x + 65.000 \end{aligned}\right\} \Longrightarrow \begin{aligned} 61 \cdot x &= 35 \cdot x + 65.000 \\ 26 \cdot x &= 65.000 \\ x &= 2\,500 \end{aligned}$$

Bei einer Produktionsmenge von 2 500 Stück beträgt der Gewinn 0 Geldeinheiten (= Gewinnschwelle). Gewinn wird erst bei Produktionsmengen > 2 500 erzielt.

533

1. Kostenfunktion der 1. Maschine: $K_1(x) = 41 \cdot x + 4.400$

   Kostenfunktion der 2. Maschine: $K_2(x) = 54 \cdot x + 2.450$

   Kritische Menge:

   $$\begin{aligned} K_1(x) &= K_2(x) \\ 41x + 4.400 &= 54x + 2.450 \\ 1\,950 &= 13x \\ 150 &= x \end{aligned}$$

   Bei einer Produktion **unter** 150 Stück/Monat arbeitet die Maschine II kostengünstiger, **über** 150 Stück/Monat die Maschine I.

2. Beschäftigungsgrad der 1. Maschine $= \dfrac{150 \text{ Stück}}{200 \text{ Stück}} = 75\ \%$

   Beschäftigungsgrad der 2. Maschine $= \dfrac{150 \text{ Stück}}{250 \text{ Stück}} = 60\ \%$

534

1. Bei einer Auslastung von 80 % werden 40 000 Stück hergestellt.

	E (40 000)	=	$55 \cdot 40\,000$	=	2.200.000 GE
–	K (40 000)	=	$40 \cdot 40\,000 + 400.000$	=	2.000.000 GE
=	G (40 000)	=			200.000 GE

2. Der Zusatzauftrag verursacht keine zusätzlichen fixen Kosten, sondern nur variable Kosten von 40,00 €/Stück. Bei einem Preis von 45,00 €/Stück für den Zusatzauftrag kann also der Gewinn um 5,00 €/Stück vergrößert werden.

   Zusätzlicher Gewinn = 5,00 €/Stück · 5 000 = 25.000,00 €

535

Kostenfunktion bei Werkstattfertigung:

$K_W(x) = 540 \cdot x + 4.000$

Kostenfunktion bei Fließfertigung:

$K_F(x) = 480 \cdot x + 16.000$

Bedingung für kritische Menge: $K_W(x) = K_F(x) \Rightarrow$

$$540x + 4.000 = 480x + 16.000$$
$$60x = 12.000$$
$$x = 200$$

Die kritische Menge liegt bei 200 Stück. Die Fließfertigung ist erst bei Überschreitung dieser Menge kostengünstiger als die Werkstattfertigung.

536

1. Variable Kosten (je Stuhl):

Variable Kosten (je Stuhl):	Rohr	9,24 €
	Sitzfläche und Lehne	5,20 €
	Lackierung	0,35 €
	Lohnkosten ges.	8,00 €
		22,79 €
Fixe Kosten je Monat		4.500,00 €

   Die Kostenfunktion lautet: $K(x) = 22,79 \cdot x + 4.500$

2.

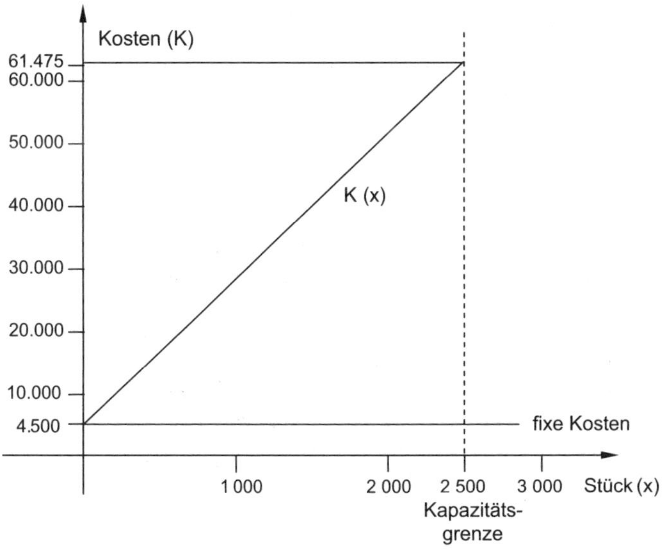

zu **536**

3. Beschäftigungsgrad 80 % ≙ 2 000 Stück
K (2 000) = 22,79 · 2 000 + 4.500 = 50.080
Die Gesamtkosten betragen 50.080,00 €.

Die Durchschnittskosten betragen =

$$\frac{50.080,00\ €}{2\ 000\ \text{Stück}} = 25,04\ €/\text{Stück}.$$

537

1.

eindeutig variabel sind:		eindeutig fix sind:		Mischkosten sind:	
Fertig.-Material	120.000,00	Gehälter	90.000,00	Fertig.-Löhne	280.000,00
		Kalk. Zinsen	12.000,00	Soz.-Abgaben	112.000,00
		Kalk. Abschreib.	55.000,00	Energiekosten	25.000,00
				Wartungskosten	8.000,00
	120.000,00		157.000,00		425.000,00

2. Aufteilung der Mischkosten: variabel 60 % ≙ 255.000,00
fix 40 % ≙ 170.000,00
Die gesamten variablen Kosten betragen demnach 375.000,00
Die gesamten fixen Kosten betragen 327.000,00

3. a) Die Durchschnittskosten belaufen sich auf $\frac{702.000,00\ €}{4\ 060\ \text{Stück}} = 172,91\ €/\text{Stück}.$

Die variablen Stückkosten belaufen sich auf $\frac{375.000,00\ €}{4\ 060\ \text{Stück}} = 92,36\ €/\text{Stück}.$

b) Also lautet die Kostenfunktion: K(x) = 92,36 · x + 327.000

4. a) Beschäftigungsgrad 60 % ≙ 3 248 Stück.
Die Gesamtkosten betragen dann: K(3 248) = 92,36 · 3 248 + 327.000
= 626.985,28 €
≈ 626.985,00 €;

das ergibt Durchschnittskosten von $\frac{626.985,00\ €}{3\ 248\ \text{Stück}} = 193,04\ €/\text{Stück}.$

b) Gegenüber dem Beschäftigungsgrad von 75 % bedeutet das eine Kostenerhöhung von 193,04 € – 172,91 € = 20,13 €/Stück. Um volle Kostendeckung – insbesondere der fixen Kosten – zu erreichen, müsste u. U. der Preis angehoben werden, was allerdings bei schlechter Auftragslage (60 % Beschäftigungsgrad!) eine unsinnige Maßnahme wäre.

538

1. **Anlage A**
$K_A(x) = 185 \cdot x + 24.000$

Anlage B
$K_B(x) = 160 \cdot x + 82.000$

2. Kritische Menge: $K_A = K_B \Rightarrow$

$$185x + 24.000 = 160x + 82.000$$
$$25x = 58.000$$
$$x = 2\ 320$$

Bei 2 320 Stück/Monat arbeiten beide Anlagen gleich kostengünstig.
Für x < 2 320 ist die Anlage A kostengünstiger, für x > 2 320 die Anlage B.

3. Nur im Jahr der Ersatzbeschaffung wäre Anlage A kostengünstiger (um 3.000,00 €), in allen Folgejahren kann mit der Anlage B kostengünstiger gearbeitet werden (im 1. Folgejahr bei 2 420 Stück um 2.500,00 € günstiger), sodass sich die Anschaffung der Anlage B lohnt.

539

1.

Kostenart	variabel	fix	Mischkosten
Rohstoffaufwendungen	130.000,00		
Hilfsstoffaufwendungen	26.500,00		
Betriebsstoffaufwendungen			4.500,00
Zeitlöhne	84.000,00		
Gehälter		56.000,00	
Soziale Abgaben			38.000,00
Mieten		25.000,00	
Energiekosten			6.300,00
Aufwdg. für Komm.			2.700,00
Kalk. Abschreibungen		12.400,00	
Kalk. Zinsen		6.700,00	
gesamt	240.500,00	100.100,00	51.500,00

2.

40 % v. 51.500,00 =	20.600,00	
60 % v. 51.500,00 =		30.900,00
	261.100,00	131.000,00

3. $\text{Durchschnittskosten} = \frac{392.100,00\ €}{120\ \text{Stück}} = \underline{\underline{3.267,50\ €}}$; $\quad k_v = \frac{261.100,00}{120} = \underline{\underline{2.175,83\ €}}$

4. 70 % ~ 120 Stück
<u>85 % ~ x Stück</u>

$x = 120\ \text{Stück} \cdot \frac{85\ \%}{70\ \%} = 145,7$

Bei einer Beschäftigung von 85 % werden 146 Steuerungen produziert.

$$\text{Durchschnittskosten} = \frac{k_v}{x} + \frac{k_f}{x} = 2.175,83 + \frac{131.000,00}{146}$$
$$= 2.175,83 + 897,26$$
$$= \underline{\underline{3.073,09\ €}}$$

Da sich die fixen Kosten bei der höheren Beschäftigung auf eine größere Stückzahl verteilen, sinken die Durchschnittskosten im Beispiel von 3.267,50 € auf 3.073,09 €. Das ermöglicht dem Unternehmer den Verkaufspreis ggf. zu senken, ohne dadurch den Gewinn zu schmälern.

540

1.

Beschäftigung	variable Kosten	Veränderung der variablen Kosten
500	15.000,00	
600	18.000,00	3.000,00
700	21.000,00	3.000,00
800	24.000,00	3.000,00
...	...	

Die variablen Kosten verändern sich proportional zur Beschäftigung. Die auf ein Stück umgerechneten variablen Kosten betragen 30,00 €.

2.

Beschäftigung	Erlöse	Gesamtkosten	Gewinn/Verlust
500	20.000,00	25.000,00	– 5.000,00
600	24.000,00	28.000,00	– 4.000,00
700	28.000,00	31.000,00	– 3.000,00
800	32.000,00	34.000,00	– 2.000,00
900	36.000,00	37.000,00	– 1.000,00
1 000	40.000,00	40.000,00	+/– 0,00
1 100	44.000,00	43.000,00	+ 1.000,00

zu **540**

Die Lösung kann auch mithilfe der Erlös- und Kostenfunktion gefunden werden:

$E(x) = 40x$

$K(x) = 30x + 10.000$

Bedingung für Gewinngrenze: $E(x) = K(x) \Rightarrow$
$40x = 30x + 10\,000 \Leftrightarrow 10x = 10.000 \Leftrightarrow x = 1\,000$

Erst bei Überschreiten einer Produktionsmenge von 1 000 Stück erreicht der Unternehmer die Gewinnzone.

541

1. $K(x) = \frac{1.650.000}{110\,000} \cdot x + 1.538.500$

   $K(x) = 15 \cdot x + 1.538.500$

2. $E(x) = \frac{3.520.000}{110\,000} \cdot x \Leftrightarrow E(K(x)$

   $E(x) = 32 \cdot x$

3. $\text{Beschäftigungsgrad} = \frac{110\,000 \text{ Stück}}{135\,000 \text{ Stück}}$

   $= 0{,}8148 = 81{,}48\,\%$

4. $E(x) = K(x) \Rightarrow$

   $32 \cdot x = 15 \cdot x + 1.538.500$

   $\Leftrightarrow$

   $17x = 1.538.500$

   $\Leftrightarrow$

   $x = 90\,500$

   Kostendeckung wird bei einer Produktion von 90 500 Stück je Monat erreicht.
   (= Break-even-Point)

5.

Produktion	Erlöse	Kosten	Gewinn
110 000	3.520.000	3.188.500	331.500
130 000	4.030.000	3.488.500	541.500

Die Preissenkung um 1,00 € würde den Gewinn um 210.000,00 € erhöhen.

542

1. Für dieses Produkt ist die Preisuntergrenze erreicht. Die fixen Kosten werden nicht mehr gedeckt.
2. Über die Umsatzerlöse werden noch nicht einmal alle variablen Kosten gedeckt, die fixen Kosten ohnehin nicht.
3. Der Stückdeckungsbeitrag ist größer als 0. Alle variablen Kosten und ein Teil der fixen Kosten können gedeckt werden (oder auch alle Kosten!).
4. siehe unter 1.

543

		Fliese A	Fliese B	Fliese C	Fliese D	gesamt
	Verkaufspreis – var. Stückkosten	2,20 1,50	2,45 1,90	3,10 2,65	3,80 3,20	– –
2.	Stückdeckungsbeitrag	0,70	0,55	0,45	0,60	–
	Deckungsbeitrag ges. – fixe Kosten	56.000,00	60.500,00	65.250,00	39.000,00	220.750,00 286.000,00
1.	Betriebsverlust					65.250,00

zu 2. Die Rangfolge nach den Stückdeckungsbeiträgen lautet: A – D – B – C

zu **543**

3. An der kurzfristigen Preisuntergrenze stimmen die Verkaufspreise mit den variablen Stückkosten überein:

Fliese A:	Verkaufspreis	1,50 €/Stück
Fliese B:	"	1,90 €/Stück
Fliese C:	"	2,65 €/Stück
Fliese D:	"	3,20 €/Stück

4.

Verkaufspreis Bodenfliese	2,65 €
– variable Stückkosten	2,05 €
Stückdeckungsbeitrag	0,60 €
Deckungsbeitrag gesamt	24.000,00 €
– zusätzl. fixe Kosten	26.000,00 €
zusätzl. Betriebsverlust	2.000,00 €

Die Produktionserweiterung lohnt sich nicht, da der schon vorher bestehende Verlust nochmals um 2.000,00 € vergrößert würde. Dem Unternehmen ist zu empfehlen, die Produktion auf die Sorten zu konzentrieren, die einen hohen Stückdeckungsbeitrag leisten.

544

		HL I	HL II	HL III	HL IV	gesamt
	Verkaufspreis – var. Stückkosten	45,00 24,75	36,00 21,00	54,00 30,50	62,00 35,10	– –
2.	Stückdeckungsbeitrag	20,25	15,00	23,50	26,90	–
	Deckungsbeitrag ges. – fixe Kosten	64.800,00	12.750,00	34.075,00	32.280,00	143.905,00 82.500,00
1.	Betriebsgewinn					61.405,00

zu 2. Die variablen Stückkosten sind zugleich die (kurzfristigen) Preisuntergrenzen.

3. a) HL II: Neuer Verkaufspreis 36,00 € · 0,65 = 23,40 €
Das Produkt HL II erzielt dann noch einen Deckungsbeitrag von 23,40 € – 21,00 € = 2,40 €/Stück.
Mit diesem Betrag trägt jedes verkaufte Stück zur Deckung der fixen Kosten bei.

b) HL II: Neue Absatzmenge = 850 · 1,4 = 1 190 Stück

	Verkaufspreis	23,40 €
–	variable Stückkosten	21,00 €
	Stückdeckungsbeitrag	2,40 €
	Deckungsbeitrag gesamt	2.856,00 €

Die Preissenkung erhöht zwar die Absatzmenge, wirkt auf den Deckungsbeitrag aber vermindernd ein: Gegenüber der vorherigen Situation sinkt der Deckungsbeitrag bei HL II um 9.894,00 €, wodurch sich der Betriebsgewinn um diesen Betrag auf 51.511,00 € verringern würde.

545

	Verkaufspreis	750,00 €
–	variable Stückkosten	400,00 €
	Stückdeckungsbeitrag	350,00 €
	Deckungsbeitrag gesamt (bei einer Absatzmenge von 210 Stück)	73.500,00 €
–	fixe Kosten	80.000,00 €
	Betriebsverlust	6.500,00 €

zu **545**

Bei einer Auslastung von 70 % wird ein Betriebsverlust von 6.500,00 € erzielt. Das Unternehmen könnte versuchen durch Preissenkung die Absatzmenge so zu erhöhen, dass ein Betriebsgewinn erzielt wird.

Das wäre bei einer Preissenkung um 50,00 € und einer Auslastung von 90 % bereits der Fall.

546

Individuelle Lösung

547

K_f = 30.000,00 € variable Stückkosten $= \dfrac{45.000,00}{3\,000} = 15,00$ €

K_v = 45.000,00 € Verkaufspreis $= \dfrac{75.000,00 - 12.000,00}{3\,000} = 21,00$ €

$$15 \cdot x + 30.000 = 21 \cdot x$$
$$6\,x = 30.000$$
$$x = 5\,000$$

Bei einer Produktion von 5 000 Stück wird die Gewinnschwelle erreicht.

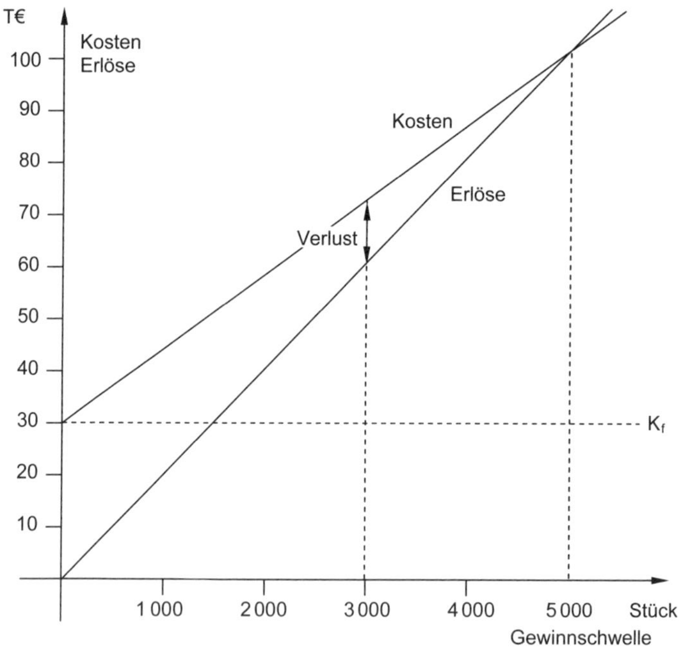

548

1./2.

Prod. Menge	Var. Kosten	Fixe Kosten	Gesamt-kosten	Stück-kosten	Umsatzerlöse	Betr.-Erfolg
5 000	125.000,00	400.000,00	525.000,00	105,00	400.000,00	– 125.000,00
6 000	150.000,00	400.000,00	550.000,00	91,67	480.000,00	– 70.000,00
7 000	175.000,00	400.000,00	575.000,00	82,14	560.000,00	– 15.000,00
8 000	200.000,00	400.000,00	600.000,00	75,00	640.000,00	+ 40.000,00
9 000	225.000,00	400.000,00	625.000,00	69,44	720.000,00	+ 95.000,00
10 000	250.000,00	400.000,00	650.000,00	65,00	800.000,00	+ 150.000,00

zu 2.

	Produktionsmenge in Stück					
	5 000	6 000	7 000	8 000	9 000	10 000
Erlöse	400.000,00	480.000,00	560.000,00	640.000,00	720.000,00	800.000,00
– variable Kosten	125.000,00	150.000,00	175.000,00	200.000,00	225.000,00	250.000,00
Deckungsbeitrag	275.000,00	330.000,00	385.000,00	440.000,00	495.000,00	550.000,00

3. db = 55,00 €

$$\text{Gewinnschwellenmenge} = \frac{k_f}{db} = \frac{400.000,00}{55,00} = \underline{\underline{7\,273 \text{ Stück}}}$$

4.

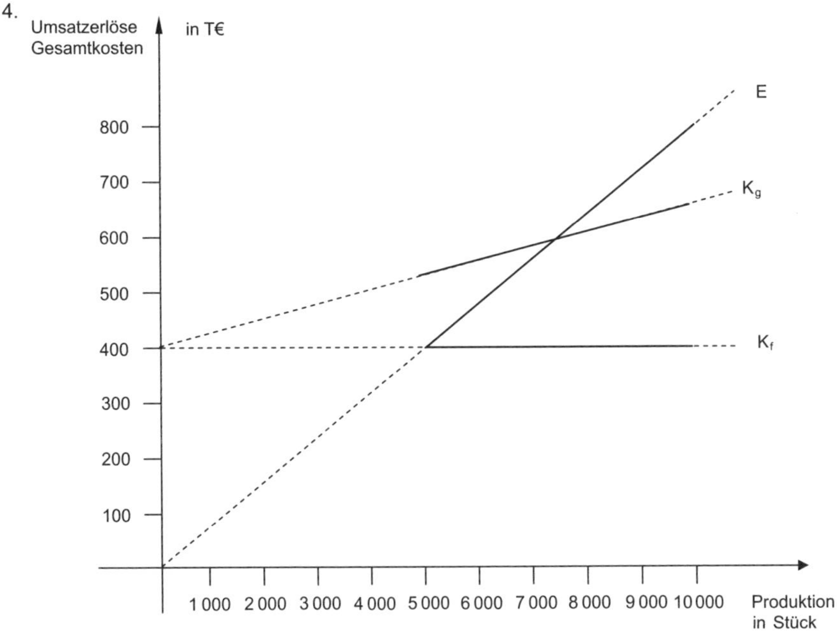

5. Durch die Preissenkung verringert sich der Stückdeckungsbeitrag auf 50,00 €; die Gewinnschwellenmenge wird dadurch vergrößert.

$$\text{Gewinnschwellenmenge} = \frac{400.000,00}{50,00} = \underline{\underline{8\,000 \text{ Stück}}}$$

549

1./2.

Rechnungs-periode	Produktion in Stück	Gesamt-kosten	variable Stückkosten	variable Gesamtkosten	fixe Gesamtkosten
Oktober	20 000	700.000,00	25,00	500.000,00	200.000,00
November	24 000	800.000,00	25,00	600.000,00	200.000,00

Rechnungs-periode	fixe Stückkosten	Verkaufs-preis	Umsatz-erlöse	Betriebserfolg
Oktober	10,00	40,00	800.000,00	100.000,00
November	8,33	40,00	960.000,00	160.000,00

3. $25 \cdot x + 200.000 = 40 \cdot x$

$15\,x = 200.000$

$x = 13\,333,\overline{3}$ Die Gewinnschwelle liegt bei 13 334 Stück.

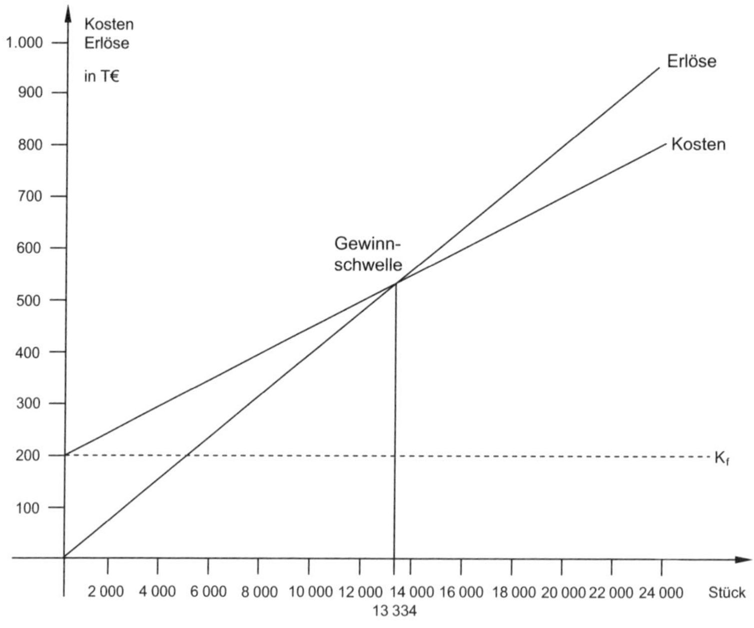

4. db = 10,00 €

$$\text{Gewinnschwellenmenge} = \frac{K_f}{db} = \frac{200.000,00}{10,00} = \underline{\underline{20\,000 \text{ Stück}}}$$

5. $$\frac{\text{Zusätzliche fixe Kosten}}{\text{Stückdeckungsbeitrag}} = \frac{40.000,00}{15,00} \approx \underline{\underline{2\,667 \text{ Stück}}}$$

550

1. Umsatzerlöse	6 500 Stück ·	450,00 €/Stück	=	2.925.000,00 €
– variable Kosten	6 500 Stück ·	300,00 € Stück		1.950.000,00 €
Deckungsbeitrag				975.000,00 €
– fixe Kosten				550.000,00 €
Betriebsgewinn				425.000,00 €

zu **550**

2. Der Deckungsbeitrag je Stuhl beträgt 975.000,00 € : 6 500 Stück = 150,00 €/Stück

$$\text{Gewinnschwellenmenge} = \frac{K_f}{db} = \frac{550.000{,}00\ €}{150{,}00\ €/\text{Stück}} = \underline{\underline{3\ 666{,}6\ \text{Stück}}}$$

Das 3 667. Stück bringt erstmals Gewinn.

3.

Umsatzerlöse	7 000 Stück ·	405,00 €/Stück	=	2.835.000,00 €
– variable Kosten	7 000 Stück ·	300,00 €/Stück	=	2.100.000,00 €
Deckungsbeitrag				735.000,00 €
– fixe Kosten				550.000,00 €
Betriebsgewinn				185.000,00 €

Die Gewinnsituation würde sich durch diese Maßnahme drastisch verschlechtern.

551

1. $$\text{Gewinnschwellenmenge} = \frac{64.000{,}00\ €}{180{,}00\ € - 110{,}00\ €} = \underline{\underline{914{,}28\ \text{Stück}}}$$

Das 915. Stück bringt erstmals Gewinn.

2. $$\text{Beschäftigungsgrad (vgl. Lehrbuch, S. 448)} = \frac{\text{tatsächl. Produktion}}{\text{Maximalproduktion}} = \frac{915\ \text{Stück}}{1\ 200\ \text{Stück}} = \underline{\underline{76{,}25\ \%}}$$

3. Bei einem Beschäftigungsgrad von 85 % beträgt die Monatsproduktion
1 200 Stück · 0,85 = 1 020 Stück.

Umsatzerlöse	1 020 Stück ·	180,00 €/Stück	=	183.600,00 €
– variable Kosten	1 020 Stück ·	110,00 €/Stück	=	112.200,00 €
Deckungsbeitrag				71.400,00 €
– fixe Kosten				64.000,00 €
Betriebsgewinn				7.400,00 €

552

1.

Umsatzerlöse (90 000 Stück · 12,00 €/Stück =)	1.080.000,00 €
– variable Kosten $\left(\frac{900.000{,}00\ € \cdot 90\ 000\ \text{Stück}}{120\ 000\ \text{Stück}}\right)$	675.000,00 €
Deckungsbeitrag	405.000,00 €
– fixe Kosten	340.000,00 €
Betriebsgewinn	65.000,00 €

$$\text{Der Stückgewinn beträgt } \frac{65.000{,}00\ €}{90\ 000\ \text{Stück}} = \underline{\underline{0{,}72\ €/\text{Stück}}}$$

Damit wird die gesetzte Bedingung eingehalten.

2. Volle Kostendeckung wird erreicht, wenn der Gewinn 0 € beträgt oder wenn der Deckungsbeitrag gleich den fixen Kosten ist; also

$$\text{Gewinnschwellenmenge} = \frac{K_f}{db} = \frac{340.000{,}00\ €}{4{,}50\ €} = 75\ 556\ \text{Stück}$$

Bei einer Produktions-(= Absatz-)Menge von 75 556 Stück wird volle Kostendeckung erreicht.

zu **552**

3.
Umsatzerlöse	(160 000 Stück · 9,50 €/Stück =)	1.520.000,00 €
– variable Kosten	(160 000 Stück · 7,20 €/Stück =)	1.152.000,00 €
Deckungsbeitrag		368.000,00 €
– fixe Kosten		365.000,00 €
Betriebsgewinn		3.000,00 €

Unter dem Gesichtspunkt der Gewinnmaximierung muss dem Unternehmer von einer solchen Produktionsveränderung dringend abgeraten werden.

553

Unter der Voraussetzung, dass die variablen Kosten zum überwiegenden Teil ersatzbedürftige Kosten sind (also Kosten, die kurzfristig zu Ausgaben führen), kann der Unternehmer auch nicht vorübergehend den Preis unter die variablen Stückkosten senken; es droht sonst die Gefahr der Zahlungsunfähigkeit.

554

1. Das Unternehmen arbeitet mit Gewinn.
2. Ein Teil der fixen Kosten wird über die Umsatzerlöse nicht mehr gedeckt. Der Betrieb kann vorübergehend in dieser Situation weiterarbeiten. Ersatzinvestitionen sind aber kaum noch möglich.
3. Die Umsatzerlöse reichen nicht einmal mehr zur Deckung der variablen Kosten aus. Sofern die variablen Kosten kurzfristig zu Ausgaben führen, gerät das Unternehmen sehr schnell in Zahlungsschwierigkeiten.

555

Ergebnisrechnung	Erzeugnis A	Erzeugnis B	insgesamt
Umsatzerlöse	312.000,00 €	390.000,00 €	702.000,00 €
– Variable Kosten	144.000,00 €	160.000,00 €	304.000,00 €
Deckungsbeitrag I	168.000,00 €	230.000,00 €	398.000,00 €
– Erzeugnisfixe Kosten	80.000,00 €	120.000,00 €	200.000,00 €
Deckungsbeitrag II	88.000,00 €	110.000,00 €	198.000,00 €
– Unternehmensfixe Kosten	–,— €	–,— €	130.000,00 €
Betriebsgewinn der RP	–,— €	–,— €	68.000,00 €

556

1.

Ergebnisrechnung	Erzeugnis A	Erzeugnis B	Erzeugnis C	insgesamt
Umsatzerlöse	420.000,00	192.000,00	360.000,00	972.000,00
– Variable Kosten	212.000,00	146.400,00	192.000,00	550.400,00
Deckungsbeitrag I	208.000,00	45.600,00	168.000,00	421.600,00
– Erzeugnisfixe Kosten	54.000,00	48.000,00	80.000,00	182.000,00
Deckungsbeitrag II	154.000,00	(–) 2.400,00	88.000,00	239.600,00
– Erzeugnisgruppenf. Kosten	41.000,00		–,—	41.000,00
Deckungsbeitrag III	110.600,00		88.000,00	198.600,00
– Unternehmensfixe Kosten	–,—		–,—	115.500,00
Betriebsgewinn der RP				83.100,00

2. Das Betriebsergebnis kann durch Herausnahme des Erzeugnisses B aus der Produktion um 2.400,00 € verbessert werden (Abbau der erzeugnisfixen Kosten).

557

1.

Ergebnisrechnung	Erzeugnis A	Erzeugnis B	Erzeugnis C	Erzeugnis D	insgesamt
Umsatzerlöse	600.000,00	770.000,00	576.000,00	600.000,00	2.546.000,00
– Variable Kosten	320.000,00	490.000,00	352.000,00	360.000,00	1.522.000,00
Deckungsbeitrag I	280.000,00	280.000,00	224.000,00	240.000,00	1.024.000,00
– Erzeugnisfixe Kosten	125.000,00	140.000,00	80.000,00	105.000,00	450.000,00
Deckungsbeitrag II	155.000,00	140.000,00	144.000,00	135.000,00	574.000,00
– Erzeugnisgruppenfixe Kosten I	160.000,00		40.000,00		200.000,00
– Erzeugnisgruppenfixe Kosten II	130.000,00		–		130.000,00
Deckungsbeitrag III	5.000,00		239.000,00		244.000,00
– Unternehmensfixe K.					220.000,00
Betriebsgewinn der Rechnungsperiode					24.000,00

2. Da die DB II nur geringfügig voneinander abweichen, kann nicht empfohlen werden ein bestimmtes Erzeugnis oder eine bestimmte Erzeugnisgruppe aus der Produktion herauszunehmen. Es sollte versucht werden, die Absatzmengen zu erhöhen, ohne dass die hierzu erforderliche Produktionsausweitung die fixen Kosten beeinflusst. Alternativ wäre zu überlegen, die Erzeugnisgruppe A/B auslaufen zu lassen, sofern die Produktgruppe C/D in Produktion und Absatz ausgeweitet werden kann.

558

1. Vgl. Lehrbuch, S. 473/474.
2. Werden über die Umsatzerlöse gerade die gesamten Kosten (einschl. der kalkulatorischen Kosten) gedeckt, so kann das Unternehmen zwar weiterhin existieren, ist aber gegen allgemein wirtschaftliche Risiken nicht mehr abgesichert und nur noch in der Lage, über fremdfinanzierte Neuinvestitionen an Innovationen und Rationalisierungen teilzunehmen. Dies würde aber schon bald zu einer Überschuldung des Unternehmens führen.

   Wenn ein Unternehmen die liquiditätsorientierte Preisuntergrenze anstrebt, so kann es alle kurzfristig anfallenden Ausgaben decken (gerät also nicht in Zahlungsschwierigkeiten); es verzichtet auf den Ersatz der ohnehin anfallenden fixen Kosten.

559

langfristige Preisuntergrenze:	variable Stückkosten		45,00 €
	+ fixe Stückkosten		24,00 €
			69,00 €
kurzfristige Preisuntergrenze	= variable Stückkosten	=	45,00 €

560

1.

Ergebnisrechnung	Erzeugnis I	Erzeugnis II	Erzeugnis III	insgesamt
Umsatzerlöse	500.000,00	360.000,00	800.000,00	1.660.000,00
– Variable Kosten	320.000,00	200.000,00	500.000,00	1.020.000,00
Deckungsbeitrag I	180.000,00	160.000,00	300.000,00	640.000,00
– Erzeugnisfixe Kosten	50.000,00	80.000,00	110.000,00	240.000,00
Deckungsbeitrag II	130.000,00	80.000,00	190.000,00	400.000,00
– Unternehmensf. Kosten	–,—	–,—	–,—	220.000,00
Betriebsgewinn der RP	–,—	–,—	–,—	180.000,00

zu **560**

2. Bei Erzeugnis II soll auf den Deckungsbeitrag II in Höhe von 80.000,00 € verzichtet werden. Bei einer Produktionsmenge von 10 000 Stück ergibt sich eine Preissenkung um

$$\frac{80.000,00}{10\,000} = 8,00\text{ € je Stück.}$$

Der neue Verkaufspreis beträgt also 36,00 € – 8,00 € = 28,00 €.

3. Der Betriebsgewinn in Höhe von 180.000,00 € soll zur Preissenkung bei Erzeugnis II verwendet werden:

$$\frac{180.000,00}{10\,000} = 18,00\text{ € Preissenkung je Stück.}$$

Der neue Verkaufspreis müsste in Höhe von 36,00 € – 18,00 € = 18,00 € festgesetzt werden.

561

1.

Umsatzerlöse	30,00 € · 7 500 Stück	=	225.000,00 €
– Variable Kosten	15,00 € · 7 500 Stück	=	112.500,00 €
Deckungsbeitrag			112.500,00 €
– Fixe Kosten			84.000,00 €
Betriebsgewinn der RP			28.500,00 €

2. Da die laufende Produktion bereits alle Kosten abdeckt und der Zusatzauftrag zu einem Preis abgerechnet werden kann, der um 7,00 € über den variablen Stückkosten liegt, erhöht der Zusatzauftrag den Betriebsgewinn um 7,00 € · 1 500 Stück = 10.500,00 €.

3. Die Produktion von 7 500 Stück kann um 28.500,00 € billiger angeboten werden, pro Stück also um

$$\frac{28.500,00}{7\,500} = 3,80\text{ €.}$$

Der kostendeckende Preis beträgt dann 30,00 € – 3,80 € = 26,20 €.

4. Absolute Preisuntergrenze = variable Stückkosten = 15,00 €.

562

1.

Ergebnisrechnung	Erzeugnis A	Erzeugnis B	insgesamt
Umsatzerlöse – Variable Kosten	450.000,00 210.000,00	480.000,00 224.000,00	930.000,00 434.000,00
Deckungsbeitrag I – Erzeugnisfixe Kosten	240.000,00 50.000,00	256.000,00 80.000,00	496.000,00 130.000,00
Deckungsbeitrag II – Unternehmensfixe Kosten	190.000,00	176.000,00	366.000,00 210.000,00
Betriebsgewinn der RP			156.000,00

2. Die bisherige Produktion erbringt bereits einen Betriebsgewinn. Der Zusatzauftrag kann zu einem Preis, der um 5,00 € über den variablen Stückkosten liegt, abgerechnet werden. Durch den Zusatzauftrag wird also der Betriebsgewinn um

500 Stück · 5,00 € = 2.500,00 €

erhöht.

zu **562**

3. Bei einer Senkung des Betriebsgewinnes von bisher 156.000,00 € auf nunmehr 50.000,00 € können die Umsatzerlöse der Uhr von Typ B um 106.000,00 € zurückgehen. Bei gleicher Absatzmenge von 4 000 Stück bedeutet das eine Preissenkung um

106.000,00 € : 4 000 Stück = 26,50 €.

Der neue Verkaufspreis beträgt also:

	120,00 €
–	26,50 €
	93,50 €

563

	Geh. G I	Geh. G II	Geh. G III	Geh. G IV	gesamt
Deckungsbeitrag	2.336.407,20	941.780,00	1.773.423,60	282.230,00	5.333.840,80
– Fixe Kosten					4.000.000,00
Betriebsgewinn					1.333.840,80

564

1.

Erzeugnis-gruppe	Stück-DB	Fertig.-Zeit in Minuten	relativer DB (€/Min.)		absetzbare Menge	Fertigungs-zeit	Prod.-Menge
A	1,60	10	0,16	V	9 000	—	—
B	1,70	5	0,34	I	12 000	1 000	12 000
C	2,10	12	0,175	IV	8 000	900	4 500
D	3,60	15	0,24	II	8 000	2 000	8 000
E	1,90	10	0,19	III	15 000	2 500	15 000
						6 400 Std.	

2.

	Erzeugnis B	Erzeugnis D	Erzeugnis E	Erzeugnis C	insgesamt
Deckungsbeitrag	20.400,00	28.800,00	28.500,00	9.450,00	87.150,00
– Fixe Kosten					52.200,00
Betriebsgewinn der RP					34.950,00

565

Erzeugnis-gruppe	Stück-DB	Fertig.-Zeit in Minuten	relativer DB (€/Min.)		absetzbare Menge	Fertigungs-zeit	Prod.-Menge
A	1,60	10	0,16	V	9 000	—	—
B	1,70	5	0,34	I	12 000	1 000	12 000
C	2,10	12	0,175	IV	8 000	260	1 300
D	3,60	15	0,24	II	8 000	2 000	8 000
E	1,90	10	0,19	III	15 000	2 500	15 000
						5 760 Std.	

	Erzeugnis B	Erzeugnis D	Erzeugnis E	Erzeugnis C	insgesamt
Deckungsbeitrag	20.400,00	28.800,00	28.500,00	2.730,00	80.430,00
– Fixe Kosten					52.200,00
Betriebsgewinn der RP					28.230,00

566

1.

Betriebsergebnis	Erzeugnis A	Erzeugnis B	Erzeugnis C	insgesamt
Umsatzerlöse – Variable Kosten	330.000,00 248.000,00	242.000,00 172.000,00	256.000,00 210.000,00	828.000,00 630.000,00
Deckungsbeitrag – Fixe Kosten	82.000,00	70.000,00	46.000,00	198.000,00 125.000,00
Betriebsgewinn der RP				73.000,00

2.

Erzeugnis-gruppe	Stück-DB	Fertig.-Zeit in Stunden	Stückzahl je Stunde	relativer DB (€/Std.)	absetzbare Menge	Fertigungs-zeit (Std.)	Prod.-Menge
A	41,00	1,5	2/3	27,33 II	2 000	3 000	2 000
B	35,00	1,0	1	35,00 I	2 000	2 000	2 000
C	23,00	1,2	5/6	19,17 III	2 000	1 440	1 200
						6 440	

	Erzeugnis B	Erzeugnis A	Erzeugnis C	insgesamt
Deckungsbeitrag – Fixe Kosten	70.000,00	82.000,00	27.600,00	179.600,00 125.000,00
Betriebsgewinn der RP				54.600,00

567

Erzeugnis-gruppe	Stück-DB	Fertig.-Zeit in Minuten	relativer DB (€/Min.)	Rangfolge der Produktion
C	25,00	12	2,08	I
D	31,00	15	2,07	II
E	19,00	10	1,90	IV
G	15,00	7,5	2,00	III

Es lohnt sich, Typ G zu fertigen und dafür Typ E aus der Produktion herauszunehmen!

568

1. Vgl. Lehrbuch, S. 477.
2. Maßstab für die Produktionsentscheidung ist der auf 1 Minute umgerechnete Deckungsbeitrag.

569

1. a) Variable Stückkosten $= \frac{244.800,00 \text{ €}}{8\,500 \text{ Stück}} = 28,80$ €/Stück

K (7 500) = 28,80 · 7 500 + 180.200	=	396.200,00 €
+ 20 % Gewinn		79.240,00 €
kalkulierte Umsatzerlöse		475.440,00 €
Stückpreis		63,39 €

b) Kurzfristig könnte auf den Ersatz der fixen Kosten verzichtet werden. Der Preis beinhaltet dann nur die variablen Stückkosten: 28,80 €. Zwischen 28,80 € und 63,39 € wäre dann jeder Preis akzeptabel.

2. Im März wurde ein Preis von $\frac{510.000,00 \text{ €}}{8\,500 \text{ Stück}} = 60,00$ € erzielt.

zu **569**

2. Dieser Preis gilt auch für alle Verkäufe im Monat April. Bei einer Absatzmenge von 8 000 Stück ergibt sich folgende Kalkulation:

Umsatzerlöse	480.000,00 €
– Variable Kosten	230.400,00 €
Deckungsbeitrag	249.600,00 €
– Fixe Kosten	180.200,00 €
Gewinn	69.400,00 €

a) In dieser Situation ist die Annahme des Zusatzauftrags vorteilhaft. Die Umsatzerlöse aus der laufenden Produktion decken bereits die gesamten fixen Kosten ab. Der Zusatzauftrag muss lediglich die variablen Kosten erbringen. Bei einem Preis von 30,00 € ist das der Fall.

b) Der Zusatzauftrag erhöht den Betriebsgewinn um 1 000 Stück · (30,00 – 28,80 €/Stück) = 1.200,00 €.

3. Unter der Annahme, dass sich 5 000 Stück zum Preis von 60,00 € (s. zu 1.) absetzen lassen, ergibt sich folgende Kalkulation:

Umsatzerlöse	300.000,00 €
– Variable Kosten	144.000,00 €
Deckungsbeitrag	156.000,00 €
– Fixe Kosten	180.200,00 €
Verlust	24.200,00 €

Die Beibehaltung der Produktion führt in diesem Fall zu einem Verlust von 24.200,00 €. Bei Herausnahme des Produkts verzichtet das Unternehmen auf 156.000,00 € Deckungsbeitrag, während die fixen Kosten nur um 40.000,00 € abgebaut werden können. Die verbleibenden 140.200,00 € fixen Kosten müssten von den anderen Produkten mitgetragen werden; sie belasten das gesamte Betriebsergebnis. Die Herausnahme lohnt sich nicht.

4. a)

	A	B	C	gesamt
Umsatzerlöse	405.000,00	370.000,00	288.000,00	1.063.000,00
– Variable Kosten	360.000,00	320.000,00	240.000,00	920.000,00
Deckungsbeitrag	45.000,00	50.000,00	48.000,00	143.000,00
– Fixe Kosten				90.000,00
Betriebsgewinn				53.000,00

b) Relative Deckungsbeiträge:

A	7,50 €
B	10,00 €
C	13,33 €

Produkte nach Rang	Absatz in Stück	Fertigung Stück/Std.	Fertigungszeit in Std.	Produktions-menge
C	120 000	33,3	3 600	120 000 Stück
B	200 000	40	5 000	200 000 Stück
A	150 000	25	3 800 (Rest)	95 000 Stück
			12 400	

570

1.

2 250 Stück verursachen Kosten von	135.250,00 €
– 2 000 Stück verursachen Kosten von	124.000,00 €
250 Stück verursachen Kostensteigerung von	11.250,00 €
1 Stück verursacht Kostensteigerung von	45,00 €

Die variablen Stückkosten betragen 45,00 €/Stück.

Die Kostenfunktion lautet: $K(x) = 45 \cdot x + K_{fix} \Rightarrow$

$124\,000 = 45 \cdot 2\,000 + K_{fix} \Leftrightarrow K_{fix} = 34\,000$

Die fixen Kosten betragen 34.000,00 €.

zu **570**

2. K (2 400) = 45 · 2 400 + 34.000 = 142.000,00 €

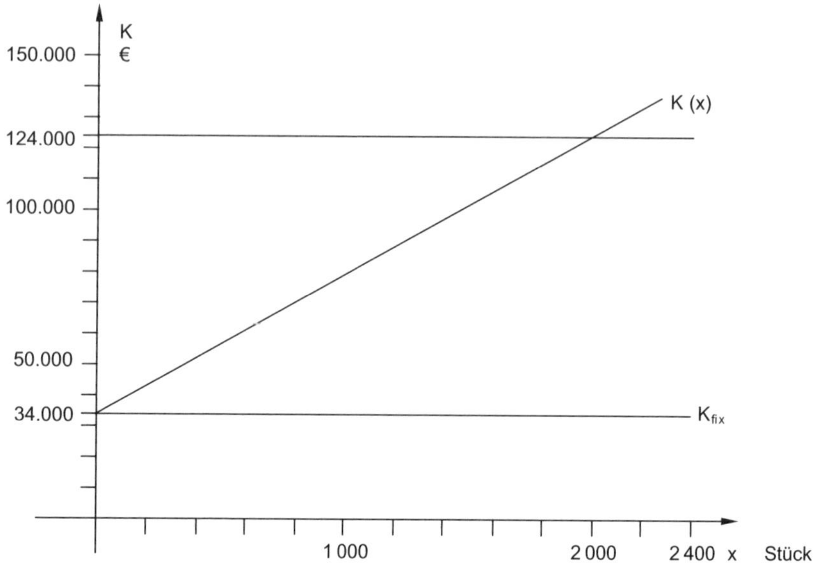

571

Kalkulation auf der Basis variabler Kosten:

Rohstoffaufwand	9,50 €		
+ 3,6 % var. MGK	0,34 €		
+ 99 % var. FGK (von 35,50)	35,15 €		
Kosten der Eigenfertigung	44,99 €		
Listeneinkaufspreis	52,00 €		
– 15 % Rabatt	7,80 €		
Ziel-EKP	44,20 €		52,00 €
– 2 % Skonto	0,88 €		1,04 €
Bar-EKP	43,32 €		50,96 €
+ Bezugskosten	0,70 €		0,70 €
Bezugspreis (> 5 000 Stück)	44,02 €	(< 5 000 Stück)	51,66 €

Die Eigenfertigung lohnt sich nur, wenn weniger als 5 000 Stück bezogen werden. Bei größeren Einkaufsmengen ist der Fremdbezug günstiger.

572

Fremdbezug:	Bezugspreis 64,50 €	
Eigenfertigung:	Rohstoffaufwand	17,20 €
	+ 4 % var. MGK	0,69 €
	Fertigungslöhne	12,40 €
	+ 80 % var. FGK	9,92 €
		40,21 €

Die Eigenfertigung – auf der Basis variabler Kosten – ist günstiger als der Fremdbezug.

573

1.	Regler	Schaltung
Rohstoffaufwand	32,00 €	18,00 €
+ 4 % MGK	1,28 €	0,72 €
Fertigungslöhne (0,5 Std./Stück)	13,75 €	(20'/Stück) 9,17 €
+ 60 % Fertigungsgemeinkosten	8,25 €	5,50 €
variable Herstellkosten	55,28 €	33,39 €
Verkaufspreis (fiktiv)		60,80 €
– variable Herstellkosten		33,39 €
Deckungsbeitrag/Stück		27,41 €
Deckungsbeitrag/Minute		1,371 €
Opportunitätskosten	41,13 €	(= 30 · 1,371) ←
Gesamtkosten/Stück	96,41 €	
Einstandspreis	102,50 €	
– Kosten d. Eigenfertigung	96,41 €	
Vorteil der Eigenfertigung	6,09 €	

2. Bei einem fiktiven Verkaufspreis von 70,00 € ergäben sich Gesamtkosten von 110,20 €. In diesem Fall wäre der Fremdbezug um 7,70 € günstiger.

574 Vgl. hierzu Erläuterungen im Lehrbuch, S. 481/482.

575

1. $\frac{75.000}{1\,200}$ = 62,50 € Plankostenverrechnungssatz

2. $\frac{45.000 \cdot 1\,350}{1\,200} + 30.000$ = 80.625,00 € Sollkosten

3. Verrechnete Plangemeinkosten = $62{,}5 \cdot x$
   Sollkosten = $37{,}5\,x + 30.000$

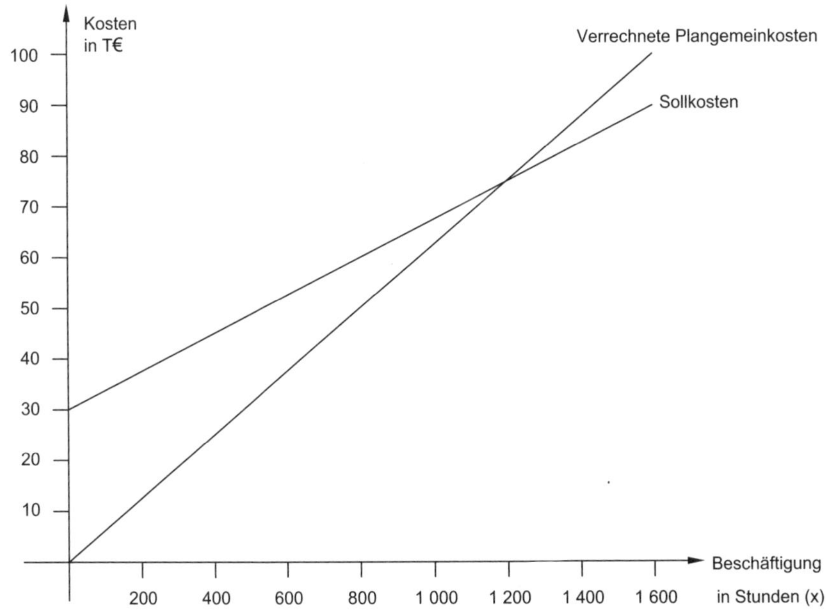

576

1. Plankosten $= \frac{116.000 \cdot 2\,400}{2\,200} + 75.000 = 201.545,45$ €

   $\approx 201.545,00$ €

2. Abweichung: (+) 10 % ≙ (+) 240 Stunden; Istbeschäftigung = 2 640 Stunden

   Sollkosten $= \frac{126.545,45 \cdot 2\,640}{2\,400} + 75.000 = 214.200,00$ €

   Abweichung: (–) 10 % ≙ (–) 240 Stunden; Istbeschäftigung = 2 160 Stunden

   Sollkosten $= \frac{126.545,45 \cdot 2\,160}{2\,400} + 75.000 = 188.891,00$ €

3. $\frac{201.545,45}{2\,400} = 83,98$ € Plankostenverrechnungssatz

4. Verrechnete Plangemeinkosten $= 83,98 \cdot x$

   Sollkosten $= 52,73\,x + 75.000$

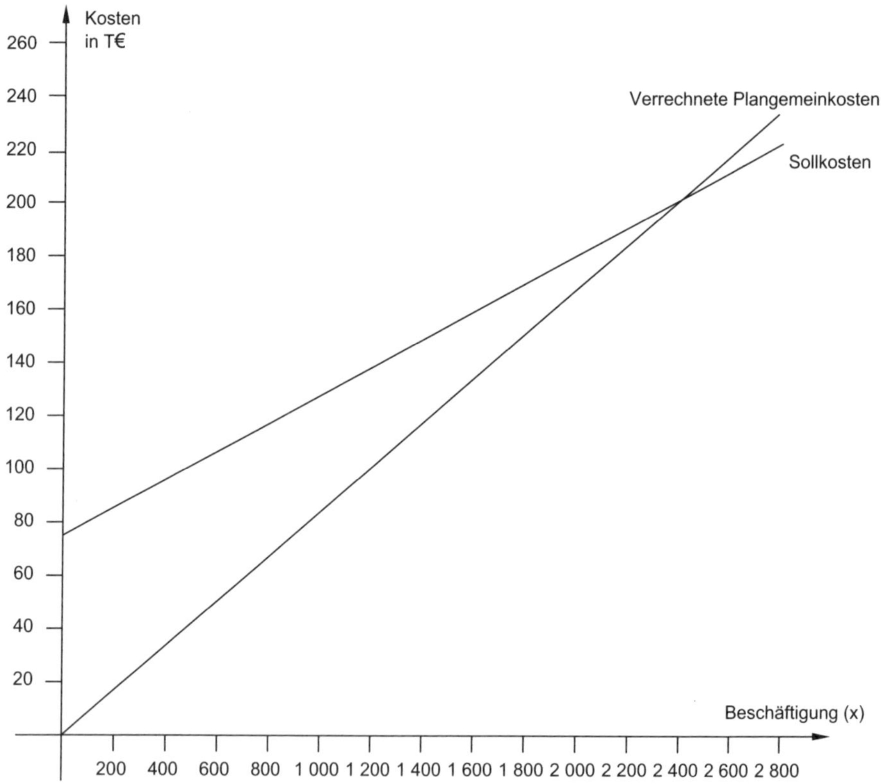

577

Vgl. Ausführungen im Lehrbuch, S. 486 bis 495.

578

$\frac{150.000,00}{2\ 000}$ = 75,00 € Plankostenverrechnungssatz

	Verrechnete Plangemeinkosten (75 · 1 200 =)		90.000,00 €
–	Sollkosten ($\frac{90.000,00\ € \cdot 1\ 200\ Std.}{2\ 000\ Std.}$ + 60.000,00 €)		114.000,00 €
=	Beschäftigungsabweichung	(–)	24.000,00 €
	Sollkosten ($\frac{90.000,00\ € \cdot 1\ 200\ Std.}{2\ 000\ Std.}$ + 60.000,00 €)		114.000,00 €
–	Istkosten		122.000,00 €
=	Verbrauchsabweichung	(–)	8.000,00 €

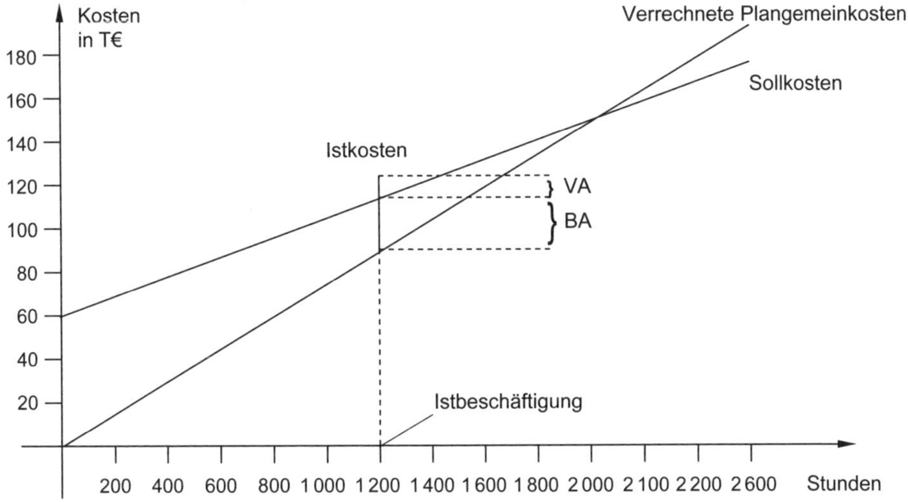

579

1.	Gesamte Plankosten 35,00 € · 2 400 Std.	=		84.000,00 €
–	variable Plankosten 70 % von 84.000,00 €	=		58.800,00 €
	fixe Plankosten			25.200,00 €
2.	verrechnete Plangemeinkosten (35,00 € · 1 920 Std.)	=		67.200,00 €
–	Sollkosten ($\frac{58.800 \cdot 1\ 920}{2\ 400}$ + 25.200 =)			72.240,00 €
	Beschäftigungsabweichung		(–)	5.040,00 €
	Sollkosten s. o.			72.240,00 €
–	Istkosten			65.400,00 €
	Verbrauchsabweichung		(+)	6.840,00 €

zu **579**

3.	Verrechnete Plangemeinkosten (35,00 € · 2 760 Std. =)		96.600,00 €
–	Sollkosten ($\frac{58.800 \cdot 2\,760}{2\,400}$ + 25.200 =)		92.820,00 €
	Beschäftigungsabweichung	(+)	3.780,00 €
	Sollkosten s. o.		92.820,00 €
–	Istkosten		98.500,00 €
	Verbrauchsabweichung	(–)	5.680,00 €

4. Grafische Darstellung zu 2. und 3.

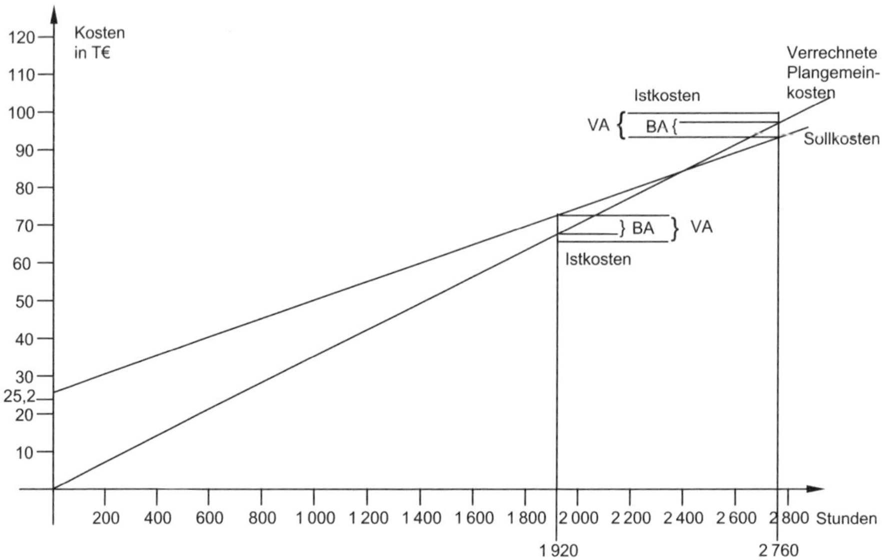

580

Material A (2,36 · 2,15 =)	5,07 €	
Material B (0,85 · 6,4 =)	5,44 €	
Material gesamt	10,51 €	
+ Materialgemeinkosten 5 %	0,53 €	
Planmaterialkosten		11,04 €
Fertigungslöhne I (0,25 · 16,4 =)	4,10 €	
Fertigungslöhne II (0,4 · 24,6 =)	9,84 €	
Fertigungslöhne III (0,35 · 11,8 =)	4,13 €	
Planfertigungskosten		18,07 €
Planherstellkosten		29,11 €
+ Verwaltungs- und Vertriebsgemeink. 30 %		8,73 €
+ Sondereinzelkosten des Vertriebs		1,80 €
Planselbstkosten je Stück		39,64 €

581

1.	variable Plankosten ($\frac{341.000 \cdot 3\,300}{3\,000}$ =)		375.100,00 €
+	fixe Plankosten		209.000,00 €
	gesamte Plankosten		584.100,00 €

2. $\frac{584.100}{3\,300}$ = 177,00 € Plankostenverrechnungssatz

3.	Fertigungsmaterial (120.000 : 5.000 =)	24,00 €	
+	6 % Materialgemeinkosten	1,44 €	
	Planmaterialkosten		25,44 €
	Fertigungslöhne (177 · 0,6)		106,20 €
	Planherstellkosten je Stück		131,64 €

5.	Verrechnete Plangemeinkosten (177 · 2 805 =)		496.485,00 €
–	Sollkosten ($\frac{375.100 \cdot 2\,805}{3\,300}$ + 209.000 =)		527.835,00 €
	Beschäftigungsabweichung	(–)	31.350,00 €
	Sollkosten s. o.		527.835,00 €
–	Istkosten		508.400,00 €
	Verbrauchsabweichung	(+)	19.435,00 €
	Beschäftigungsabweichung	(–)	31.350,00 €
+	Verbrauchsabweichung	(+)	19.435,00 €
	Gesamtabweichung	(–)	11.915,00 €

4./7.

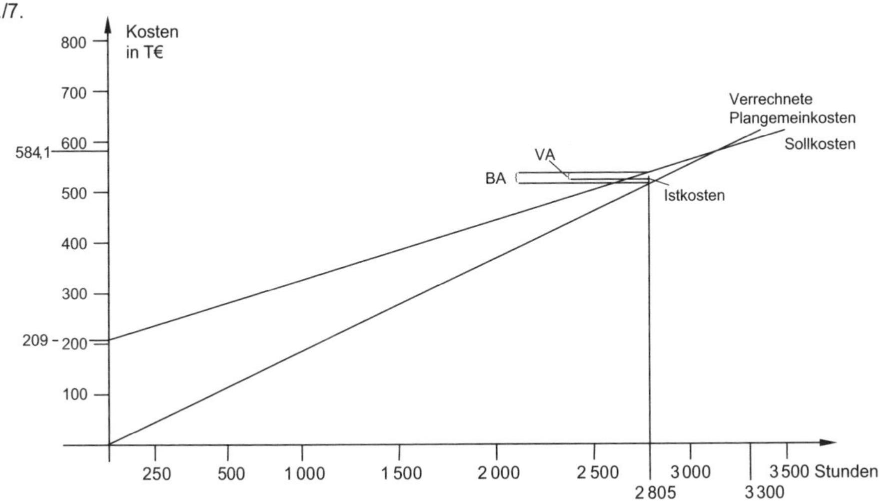

6.	Sollkosten $\frac{375.100 \cdot 3\,630}{3\,300}$ + 209.000 =		621.610,00 €
	Verrechnete Plangemeinkosten (177 · 3.630 =)		642.510,00 €
–	Sollkosten		621.610,00 €
	Beschäftigungsabweichung	(+)	20.900,00 €

582

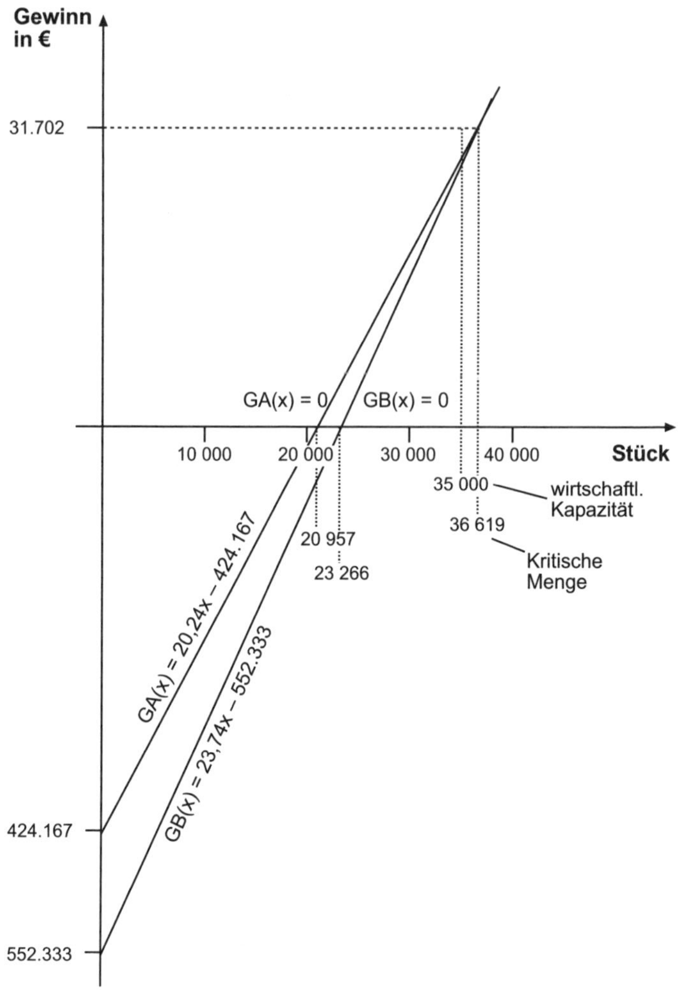

583

GA (x)	=	500 x – 300 x – 750 000
GB (x)	=	400 x – 330 x – 625 000
GA (x)	=	200 x – 750 000
GB (x)	=	70 x – 625 000
GA (50 000)	=	9.250.000,00 €
GB (75 000)	=	4.625.000,00 €

Kritische Menge: GA (x) = GB (x)

200 x – 750 000 = 70 x – 625 000

⇔

130 x = 125 000

⇔

x = 961,5 Stück

Bei dieser Menge würde ein Verlust von 557.700,00 € realisiert werden.

zu 583

Break-even-Point (Gewinnschwellenmenge)

GA (x) = 0 ⇔ 200 x = 750 000
x = 3 750 Stück

GB (x) = 0 ⇔ 70 x = 625 000
x = 8 928,5 Stück

In diesem Fall kann eine Investitionsentscheidung gar nicht sinnvoll getroffen werden.

a) Bei Absatzmengen > 3 750 Stück erbringen beide Investitionsalternativen Verluste.
b) Ab einer Absatzmenge < 3 750 Stück erbringt die Investition A für beliebige Absatzmengen immer den größeren Gewinn gegenüber der Investition B.

584

Kostenstelle: Einkauf

mögliche Tätigkeiten	mögliche Teilprozesse
– Lieferantenkartei führen – Kataloge und Prospekte von Lieferanten verwalten – Bedarfsmeldungen der einzelnen Abteilungen entgegennehmen und bearbeiten – geeignete Lieferanten aus Kartei auswählen und Angebote einholen – ggf. neue Lieferanten suchen und Angebote einholen	**Anfragen an Lieferanten richten**
– eingehende Angebote auf Übereinstimmung mit Anfrage prüfen – infrage kommenden Lieferanten nach Preis-/Leistungsverhältnis und Lieferungs- und Zahlungsbedingungen auswählen – bei evtl. Problemen (Terminschwierigkeiten, Gewünschtes ist nicht oder nicht in der benötigten Güte erhältlich) Rücksprache mit der betroffenen Abteilung – ggf. weitere Anfragen an andere Lieferanten richten	**Angebote vergleichen**
– schriftliche Bestellung (Brief, Fax, E-Mail) mit den Daten aus Angebot an Lieferanten senden (oder per Internet) – auf ggf. abweichende Bestelldaten besonders hinweisen – eingehende Auftragsbestätigungen prüfen – auf Einhaltung zugesagter Liefertermine achten – bei Terminüberschreitungen reklamieren	**Bestellungen erteilen**
– abgezeichnete Lieferscheine von der Wareneingangsstelle in Empfang nehmen und verwalten – evtl. Mängel beim Lieferanten reklamieren – Beseitigung der Mängel (Reparatur, Nachlieferung, Umtausch usw.) kontrollieren – eingegangene Rechnungen mit Lieferscheinen vergleichen – Rechnungen auf sachliche und rechnerische Richtigkeit überprüfen – Rechnungen an Rechnungswesen zum Ausgleich weitergeben – auf Einhaltung evtl. Skontofristen achten	**Eingangsrechnungen prüfen**
– disponieren – auf zügige Bearbeitung der Bedarfsmeldungen achten – Kontakte zu Ansprechpartnern bei wichtigen Lieferanten pflegen – auf Wirtschaftlichkeit und Rentabilität achten – mit vor- und nachgelagerten Abteilungen zusammenarbeiten	**Einkaufsstelle leiten**

585

Die Eintragungen bzw. Berechnungen sind richtig.

586

Eine von mehreren denkbaren Lösungen lautet:

I. Grundlagen:

1. Das Unternehmen wird über so wenige Hauptprozesse gesteuert wie nur möglich.
2. Die Abteilungen der indirekten Kostenstelle Verwaltung sind in die zu bildenden Hauptprozesse eingebettet.
3. Ebenso wird in einer umstrukturierten Kostenrechnung die Kostenstelle Verwaltung übergreifend mit anderen Kostenstellen zu verknüpfen sein. Dieser Aspekt wird in dieser Aufgabe nicht behandelt. (Vgl. hierzu das Beispiel auf Seite 512 des Lehrbuches.)
4. Folgenden Abteilungen der Kostenstelle Verwaltung lassen sich keine Maßgrößen (Kostentreiber) zuordnen; deren Kosten werden also im Umlageverfahren den Prozesskosten zugerechnet: Personal und Zentralkorrespondenz.
   In der Abteilung Buchhaltung wird ein erheblicher Teil der Kosten ebenfalls über das Umlageverfahren verrechnet.

II. Lösung

In den einzelnen Abteilungen der Kostenstelle Verwaltung fallen folgende Teilprozesse an, die zu Hauptprozessen verdichtet werden:

Kostenstelle Verwaltung	
Abteilung/Teilprozesse	**Hauptprozesse**
Einkauf: a) mengeninduzierte Vorgänge: Lieferanten auswählen Angebote einholen Bestellungen bearbeiten Reklamationen bearbeiten Rechnungen prüfen mit Vertretern sprechen b) nicht mengeninduzierte Vorgänge: Abteilung leiten Kostenanteil Personal Kostenanteil Zentralkorrespondenz	1. **Beschaffungsvorgänge bei Standardgehäusen** (Lagererzeugnissen) **bearbeiten** 2. **Kundenaufträge – Inland – bearbeiten** – Standardgehäuse –
Verkauf – Inland: a) mengeninduzierte Vorgänge: Kunden akquirieren und betreuen Auftragseingänge bearbeiten Lieferscheine und Rechnungen erstellen Reklamationen bearbeiten b) nicht mengeninduzierte Vorgänge: Abteilung leiten Kostenanteil Personal Kostenanteil Zentralkorrespondenz	3. **Kundenaufträge – Inland – bearbeiten** – individuelle Fertigung –
Verkauf – Ausland (Export): a) mengeninduzierte Vorgänge: Kunden akquirieren und betreuen Auftragseingänge bearbeiten Versanddokumente und Rechnungen erstellen auf Messen präsentieren b) nicht mengeninduzierte Vorgänge: Abteilung leiten Kostenanteil Personal Kostenanteil Zentralkorrespondenz	4. **Kundenaufträge – Ausland – bearbeiten** – Standardgehäuse –
Buchhaltung: a) mengeninduzierte Vorgänge: Eingangsrechnungen kontieren und buchen Reklamationen bei Lieferern buchen Ausgangsrechnungen kontieren und buchen Kundenreklamationen buchen b) nicht mengeninduzierte Vorgänge: übrige nicht mengeninduzierte Vorgänge in der Abteilung einschl. Abteilung leiten Kostenanteil Personal Kostenanteil Zentralkorrespondenz	5. **Kundenaufträge – Ausland – bearbeiten** – individuelle Fertigung –

zu **586**

Jedem Hauptprozess lassen sich zugehörige Teilprozesse aus jeder Abteilung zuordnen. In der Lösung ist dies durch Pfeile stellvertretend für den dritten Hauptprozess vorgenommen worden. Auf den Ausweis von Prozesskosten und Prozesskostensätzen wurde verzichtet.

587

Teilprozesse	Teil-prozess-kosten	Maß-größen	Teil-prozess-mengen	Teil-prozess-kostensatz	Umlage-satz	Gesamter Teilprozess-kostensatz
Fertigerzeugnisse übernehmen und einlagern	109.600,00	Anzahl der Anlieferungen	400[1]	274,00	53,61	327,61
Versandpapiere erstellen	45.000,00	Anzahl der Vorgänge	750	60,00	11,74	71,74
Erzeugnisse auf Paletten versandfertig machen	92.800,00	Anzahl der Paletten	4 000	23,20	4,54	27,74
Zollpapiere für Auslandsaufträge erstellen	26.500,00	Anzahl der Vorgänge	250	106,00	20,74	126,74
eigene Transportfahrzeuge ordern	53.000,00	Anzahl der Vorgänge	650	81,54	15,95	97,49
Spediteure beauftragen	41.100,00	Anzahl der Vorgänge	280	146,79	28,72	175,51
Abteilungsleitung	72.000,00	–	–	–	–	–
Summe der Stellengemeinkosten	440.000,00	–	–	–	–	–

1 Vgl. S. 424 im Lehrbuch: Insgesamt wurden 200 000 Gehäuse gefertigt. Bei kontinuierlicher Produktion entfallen dann 200 000 : 400 = 500 Gehäuse auf jede Anlieferung!

588

Hauptprozess: Kundenauftrag – Ausland – bearbeiten

Teilprozesse	Teilprozesskosten-sätze je Kunden-auftrag	Teilprozesskosten-sätze je 1 000 Erzeugniseinheiten	Teilprozesskosten-sätze je 2 000 Erzeugniseinheiten
Kundenbestellung bearbeiten	258,30		
Fertigerzeugnisse übernehmen und lagern		327,61 · 2 = 655,22	327,61 · 4 = 1.310,44
Erzeugnisse auf Paletten versandfertig machen		554,80 (20 Paletten)	1.109,60 (40 Paletten)
Versandpapiere erstellen	71,74		
Zollpapiere erstellen	126,74		
Spediteur beauftragen	175,51		
Summe	632,29	1. 1.210,02	2. 2.420,04
Hauptprozesskostensatz für 1 000 Einheiten		1.842,31	
Hauptprozesskostensatz für 2 000 Einheiten			3.052,33

zu **588**

Kalkulation Gehäuse G II				
Kalkulationsschema	**1 000 Gehäuse**		**2 000 Gehäuse**	
Fertigungsmaterial	9.450,00		18.900,00	
+ 10,8 % MGK	1.020,60		2.041,20	
Materialkosten		10.470,60		20.941,20
Fertigungslöhne FHS I	3.600,00		7.200,00	
+ 112,9 % FGK	4.064,40		8.128,80	
Fertigungskosten FHS I		7.664,40		15.328,80
Fertigungslöhne FHS II	2.800,00		5.600,00	
+ 112,4 % FGK	3.147,20		6.294,40	
Fertigungskosten FHS II		5.947,20		11.894,40
Fertigungslöhne FHS III	4.050,00		8.100,00	
+ 98,4 % FGK	3.985,20		7.970,40	
Fertigungskosten FHS III		8.035,20		16.070,40
Fertigungslöhne FHS IV	3.250,00		6.500,00	
+ 100 % FGK	3.250,00		6.500,00	
Fertigungskosten FHS IV		6.500,00		13.000,00
+ Hauptprozesskostensatz je Kundenauftrag bei 1 000 Gehäusen		1.842,31		
+ Hauptprozesskostensatz je Kundenauftrag bei 2 000 Gehäusen				3.052,33
Selbstkosten insgesamt		40.459,71		80.287,13
Selbstkosten je Gehäuse		1. 40,46		2. 40,14

589

Die Lösung beginnt mit der Aufstellung der Ergebnistabelle nach den Angaben auf den Seiten 516/517 im Lehr-/Lernbuch. Auf folgende Besonderheiten ist hierbei zu achten:

- Die Umsatzerlöse sind aufgrund der Absatzmenge und des Durchschnittspreises zu berechnen. An dieser Stelle sind noch keine nach Artikelgruppen getrennten Umsatzerlöse aufgeführt; das geschieht erst auf Seite 519. Die Summe der dort aufgeführten Umsatzerlöse entspricht dem oben berechneten Wert.
- Ähnlich ist beim Mehrbestand zu verfahren. Die genauen Angaben über die Mehrbestände bei einzelnen Artikelgruppen und deren Bewertung finden Sie auf Seite 519. Selbstverständlich wäre es denkbar, in der Ergebnistabelle jede Erzeugnisgruppe mit ihren Umsatzerlösen und Mehrbeständen getrennt aufzuführen.
- Bei der Berechnung des betriebsnotwendigen Kapitals ist der kalkulatorische Restwert des vermieteten Wohnhauses vom Anlagevermögen zu subtrahieren; dieser Vermögensgegenstand gehört zwar zum Betriebsvermögen, ist aber nicht in die Leistungserstellung des Unternehmens einbezogen.
- Den „Verlusten aus Schadensfällen" steht kein kalkulatorischer Posten gegenüber; sie werden abgegrenzt.

zu **589**

Ergebnistabelle Schneider OHG

Finanzbuchhaltung (= RK I)			Kosten- und Leistungsrechnung (= RK II)					
Gesamtergebnisrechnung der FB			Abgrenzungsrechnung				Betriebsergebnis-rechnung	
			Unternehmensbe-zogene Abgrenzungen		Kostenrechnerische Korrekturen			
Kto.-Nr.	Auf-wendungen	Erträge	Aufwen-dungen	Erträge	Aufwen-dungen	Verrechnete Kosten	Kosten	Leistungen
5000		1.284.000,00						1.284.000,00
5202		116.000,00						116.000,00
5400		24.000,00		24.000,00				
5460		56.000,00		56.000,00				
5490		30.000,00		30.000,00				
6000	280.000,00						280.000,00	
6020	30.000,00						30.000,00	
6030	10.000,00						10.000,00	
6160	17.000,00		5.000,00				12.000,00	
6200	380.000,00		35.000,00				345.000,00	
6300	260.000,00						260.000,00	
6400	140.000,00		8.000,00				132.000,00	
6520	60.000,00		10.000,00		50.000,00	60.000,00	60.000,00	
66..	10.000,00		4.000,00				6.000,00	
6850	12.000,00						12.000,00	
6930	6.000,00		6.000,00					
70/77	45.000,00		5.000,00				40.000,00	
7510	10.000,00				10.000,00	60.000,00	60.000,00	
U.-Lohn						90.000,00	90.000,00	
	1.260.000,00	1.510.000,00	73.000,00	110.000,00	60.000,00	210.000,00	1.337.000,00	1.400.000,00
	250.000,00		37.000,00		150.000,00		63.000,00	
	1.510.000,00	1.510.000,00	110.000,00	110.000,00	210.000,00	210.000,00	1.400.000,00	1.400.000,00

Abstimmung der Ergebnisse

Gesamtergebnis im RK I (Unternehmungsergebnis)		(+) 250.000,00 €
Ergebnis aus unternehmensbez. Abgrenzungen	(+) 37.000,00 €	
+ Ergebnis aus kostenrechn. Korrekturen	(+) 150.000,00 €	
Neutrales Ergebnis (Abgrenzungsergebnis)	(+) 187.000,00 €	
+ Betriebsergebnis	(+) 63.000,00 €	
Gesamtergebnis im RK II		(+) 250.000,00 €

Auf der Grundlage der Fragen 1. a) bis 1. c) auf Seite 517 lassen sich die Ergebnisse der obigen Tabelle auswerten.

a) Die Schneider OHG hat im Zweigwerk Pforzheim im Abrechnungsjahr unter Einsatz von 1.337.000,00 € Kosten insgesamt Leistungen in Höhe von 1.400.000,00 € erwirtschaftet.

b) Der dabei erreichte Betriebsgewinn beträgt 63.000,00 €.

c) Das erscheint in Anbetracht eines Unternehmensgewinns von 250.000,00 € als sehr gering. Dabei ist aber zu beachten, dass unter den Kosten alle kalkulatorischen Kosten erfasst (und über die Umsatzerlöse an das Unternehmen geflossen) sind. Die ungewöhnliche Höhe der kalkulatorischen Kosten gegenüber den tatsächlich angefallenen Aufwendungen macht sich im Überschuss aus kostenrechnerischen Korrekturen in Höhe von 150.000,00 € bemerkbar. So gesehen ist der Betriebsgewinn von 63.000,00 € ein Restgewinn zur Abdeckung des allgemeinen Unternehmerrisikos und zur Finanzierung von Erweiterungsinvestitionen.

zu **589**

Unter den obigen Aussagen sind die Wirtschaftlichkeit und die Rentabilität zu bewerten:

$$\text{Rentabilität} = \frac{250.000,00\,€ \cdot 90.000,00\,€}{520.000,00\,€} = 30,77\,\%$$

$$\text{Wirtschaftlichkeit} = \frac{1.400.000,00\,€}{1.337.000,00\,€} = 1,047$$

Die Eigenkapitalrentabilität ist ungewöhnlich hoch. Aufgrund dieses Ergebnisses hat sich die Produktion gelohnt.

Mit der Wirtschaftlichkeit kann die Schneider OHG nicht zufrieden sein. Diese Aussage ist im Hinblick auf die hohen kalkulatorischen Kostenansätze zu relativieren; insbesondere bei den kalkulatorischen Zinsen besteht gegenüber den tatsächlichen Fremdkapitalzinsen ein erheblicher Ermessensspielraum.

d) Die Frage nach der Gewinnschwelle zielt auf eine Betrachtung der Kosten und Erlöse unter funktionalem Aspekt. Bei den Kosten ist hierbei die Unterscheidung zwischen fixen und variablen Kosten von Bedeutung. Selbstverständlich kann aus der Tatsache, dass ein Betriebsgewinn von 63.000,00 € erzielt wird, darauf geschlossen werden, dass sich die Schneider OHG mit ihrer Produktion im Gewinnbereich befindet. Damit ist aber noch nichts über die derzeitige Lage innerhalb der Gewinnzone – insbesondere in Anbetracht des Beschäftigungsgrades – gesagt. Die Untersuchung präzisiert sich also auf die Frage: An welcher Stelle innerhalb der Gewinnzone befindet sich die Schneider OHG zurzeit?

Als ersten Schritt ermittelt der Kostenrechner die Gewinnschwelle nach der Überlegung, dass die Gewinnschwelle dort liegt, wo E (x) = K (x) sind (hierbei lässt der Kostenrechner den Mehrbestand zunächst unberücksichtigt). Für E (x) gilt aufgrund des Durchschnittspreises E (x) = 120 · x.

Die Kosten müssen zunächst nach fix und variabel unterschieden werden:

Kostenart	Kosten lt. Ergebnistabelle	davon variabel	davon fix
Rohstoffaufwendg.	280.000,00	280.000,00	–
Hilfsstoffaufwendg.	30.000,00	30.000,00	–
Betriebsstoffaufwend.	10.000,00	10.000,00	–
Fremdinstandhaltung	12.000,00	7.200,00	4.800,00
Löhne	345.000,00	207.000,00	138.000,00
Gehälter	260.000,00	26.000,00	234.000,00
Arbeitgeberanteil SV	132.000,00	39.600,00	92.400,00
kalk. Abschreibungen	60.000,00	–	60.000,00
Sonstige Pers.-Aufwdg.	6.000,00	4.800,00	1.200,00
Reisekosten	12.000,00	8.400,00	3.600,00
Betr.-Steuern	40.000,00	24.000,00	16.000,00
kalk. Zinsen	60.000,00	–	60.000,00
kalk. U.-Lohn	90.000,00	–	90.000,00
	1.337.000,00	637.000,00	700.000,00

Bei einer produzierten Menge von 12 150 Schreibtischen sind variable Kosten von 637.000,00 € entstanden; also

$$k_v = \frac{637.000,00\,€}{12\,150\text{ Stück}} = 52,428\,€/\text{Stück} \qquad K(x) = 52,428 \cdot x + 700.000$$

Die Gewinnschwelle wird bei einer Menge erreicht, bei der E(x) = K(x) sind.

$$\begin{aligned} 120 \cdot x &= 52,428 \cdot x + 700.000 \\ 67,572\,x &= 700.000 \\ x &= 10\,359,3 \end{aligned}$$

zu **589**

Gewinn erzielt die Schneider OHG, wenn sie mindestens 10 360 Schreibtische verkauft; die derzeitige Absatzmenge beträgt 10 700 Tische. Bei einer Produktion von 12 150 Tischen sind die Anlagen zu 82,5 % ausgelastet. Die Produktion ließe sich also auf maximal 100 % erhöhen:

82,5 % ~ 12 150 Tische
100,0 % ~ x Tische

$$x = 12\,150 \cdot \frac{100\ \%}{82{,}5\ \%} \approx \underline{\underline{14\,727\ \text{Tische}}}$$

Unterstellen wir, dass die gesamte Produktion abgesetzt werden kann, dann hat das Unternehmen noch ein erhebliches Gewinnpotenzial.

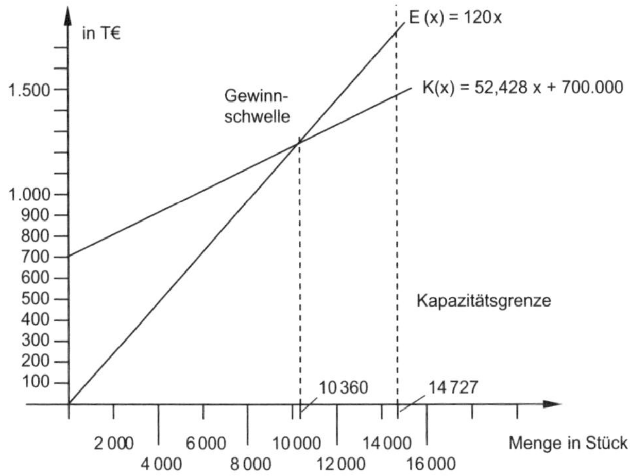

Das Unternehmen hat die Gewinnzone gerade erst „betreten“.

e) Bei **Vollkostendeckung** ist der Preisspielraum äußerst begrenzt. Verzichtet das Unternehmen auf die Erzielung des Betriebsgewinns, so könnte es den Preis auf durchschnittlich

$$\frac{1.284.000{,}00\ € - 63.000{,}00\ €}{10\,700\ \text{Stück}} = 114{,}11\ €$$ festsetzen (langfristige Preisuntergrenze).

Bei **Teilkostendeckung** (der variablen Kosten) ließe sich vorübergehend der Preis auf 52,43 € (= Höhe der variablen Stückkosten) festsetzen (= kurzfristige Preisuntergrenze). Hierbei würde auf den Ersatz der fixen Kosten völlig verzichtet. Realistischer könnte eine Preisfestsetzung zwischen den Extremwerten sein, da auch in den fixen Kosten ausgabenwirksame Anteile enthalten sind.

zu **589**

f) Der Beschäftigungsgrad 90 % entspricht einer Produktionsmenge von ca. 13 255 Tischen.

$$\frac{K(x)}{x} = \frac{52{,}428 \cdot 13\,255 + 700.000}{13\,255} = 105{,}24 \text{ € Durchschnittskosten}$$

Die Produktion von 12 150 Tischen hat dagegen durchschnittlich Kosten von 1.337.000,00 € : 12 150 Tische = 110,04 € verursacht.

Mit steigender Produktion würden also die Durchschnittskosten deutlich sinken. Dies ist darauf zurückzuführen, dass sich die fixen Kosten auf eine größere Stückzahl verteilen.

Die vergrößerte Produktions- und Absatzmenge wird selbstverständlich auch den Gewinn vergrößern, und zwar:

$G(x) = E(x) - K(x)$
$G(13\,255) = 120 \cdot 13\,255 - (52{,}428 \cdot 13\,255 + 700.000)$
$G(13\,255) = 1.590.600 - 1.394.933 = 195.667$

Bei der geplanten Beschäftigung von 13 255 Schreibtischen würden die Gesamtkosten auf 1.394.933,00 € und der Betriebsgewinn auf 195.667,00 € steigen.

g) Die obigen Aussagen lassen sich anhand der vorstehenden grafischen Darstellung der Erlös- und der Kostenfunktion bildhaft verdeutlichen.

Berechnung der Herstellkosten des Umsatzes (Istkostenbasis)

	Fertigungsmaterial	280.000,00	
+	Materialgemeinkosten lt. BAB	66.700,00	
	Materialkosten		346.700,00
	Fertigungslöhne FHS I	143.750,00	
+	Fertigungsgemeinkosten lt. BAB	140.200,00	
	Fertigungskosten FHS I		283.950,00
	Fertigungslöhne FHS II	115.000,00	
+	Fertigungsgemeinkosten lt. BAB	133.700,00	
	Fertigungskosten FHS II		248.700,00
	Fertigungslöhne FHS III	86.250,00	
+	Fertigungsgemeinkosten lt. BAB	111.700,00	
	Fertigungskosten FHS III		197.950,00
	Herstellkosten der Erzeugung		1.077.300,00
–	Mehrbestand		116.000,00
	Herstellkosten des Umsatzes		961.300,00
+	Verwaltungsgemeinkosten lt. BAB		208.900,00
+	Vertriebsgemeinkosten lt. BAB		50.800,00
	Selbstkosten		1.221.000,00

Die Herstellkosten des Umsatzes auf Normalkostenbasis betragen 962.812,50 €, die Selbstkosten des Umsatzes 1.213.143,75 € (vgl. Rechnung „Kostenträgerblatt auf Normalkostenbasis").

zu **589**

BAB der Schneider OHG

Gemein-kostenart	Kostenstellen							
	Allg. Kostenstelle Fuhrpark	Material	Hilfsstelle AV/Planung	FHS I Zurichten	FHS II Bohren	FHS III Montieren	Verwaltung	Vertrieb
6020				10.000,00	15.000,00	5.000,00		
6030	4.000,00			2.000,00	2.000,00	2.000,00		
6160	5.800,00			4.000,00				2.200,00
6300	16.000,00	16.500,00	16.000,00	32.500,00	32.500,00	32.500,00	99.000,00	15.000,00
6400	13.200,00	8.800,00	8.800,00	26.400,00	26.400,00	22.000,00	17.600,00	8.800,00
6520	7.200,00	8.800,00		14.400,00	12.800,00	11.200,00	4.000,00	1.600,00
66..				1.000,00	1.000,00		4.000,00	
6850			1.200,00			1.300,00	6.900,00	2.600,00
70/77	4.000,00	8.000,00		4.000,00	4.000,00	4.000,00	16.000,00	
7510	4.800,00	13.600,00	1.600,00	9.600,00	8.800,00	9.600,00	10.400,00	1.600,00
U.-Lohn	5.000,00	5.000,00		15.000,00	15.000,00	10.000,00	30.000,00	10.000,00
	60.000,00	60.700,00	27.600,00	118.900,00	117.500,00	97.600,00	187.900,00	41.800,00
	→	6.000,00	3.000,00	6.000,00	6.000,00	9.000,00	21.000,00	9.000,00
		66.700,00	30.600,00	124.900,00	123.500,00	106.600,00	208.900,00	50.800,00
			→	15.300,00	10.200,00	5.100,00		
		66.700,00		140.200,00	133.700,00	111.700,00	208.900,00	50.800,00
Zuschlagsgrundlagen		280.000,00		143.750,00	115.000,00	86.250,00	961.300,00	961.300,00
Istzuschlagssätze		23,82 %		97,53 %	116,26 %	129,51 %	21,73 %	5,28 %
Normalzuschlagssätze		25 %		100 %	115 %	125 %	20 %	6 %
Normalgemeinkosten		70.000,00		143.750,00	132.250,00	107.812,50	192.562,50	57.768,75
Kostenüberdeckung		3.300,00		3.550,00	–	–	–	6.968,75
Kostenunterdeckung		–		–	1.450,00	3.887,50	16.337,50	–

zu **589**

Die Kostenüberdeckung beträgt insgesamt	13.818,75 €
Die Kostenunterdeckung beträgt insgesamt	21.675,00 €
Es ergibt sich eine Kostenunterdeckung von	7.856,25 €

Insgesamt wird diese Situation den Kostenrechner nicht zufrieden stellen. Die Vorkalkulation auf der Basis von Normalzuschlagssätzen führt zu Kostenunterdeckungen insbesondere im Verwaltungsbereich. In diesem Bereich wird er eine Anhebung des Normalzuschlagssatzes vornehmen müssen, falls sich erneut Kostenunterdeckungen ergeben. Die übrigen Hauptkostenstellen wird er im Auge behalten und insbesondere prüfen, inwieweit die Kostenüberdeckung von fast 7.000,00 € im Vertriebsbereich gerechtfertigt ist. Hier könnte eine geringfügige Absenkung des Normalzuschlagssatzes angezeigt sein.

3. Kostenträgerblatt auf Normalkostenbasis, siehe nächste Seite.

   Die Interpretation der Umsatzergebnisse der einzelnen Grundtypen fällt aufgrund der ausgewiesenen Zahlen sehr unterschiedlich aus: Der Typ „Standard" ist der eigentliche Erfolgsträger; schon im ersten Jahr der Produkteinführung weist er eine Umsatzergebnisrate von 10,83 % aus. Dagegen fallen die beiden anderen Grundtypen deutlich ab:

   Umsatzergebnisrate „Jugend" = 1,27 %
   Umsatzergebnisrate „Luxus" = – 7,24 %

   Im Hinblick auf eine langfristige Marktstrategie sind diese Zahlen nicht beunruhigend: Offensichtlich benötigt die Markteinführung dieser Grundtypen eine längere Anlaufzeit mit evtl. hohen Markteinführungskosten und Preiszugeständnissen. Bedenklich wäre es, wenn im Verlauf der nächsten Abrechnungsperioden das negative Umsatzergebnis beim Grundtyp „Luxus" bestehen bliebe. (Erweiterte Analyse siehe unter Deckungsbeitragsrechnung.)

4. Die durchschnittlich erzielten Verkaufspreise betragen:

	„Standard"	„Jugend"	„Luxus"
Umsatzerlöse	767.000,00 €	296.400,00 €	220.600,00 €
Absatzmenge	6 500 Stück	3 250 Stück	950 Stück
	= 118,00 €/Stck.	= 91,20 €/Stck.	= 232,21 €/Stck.

Denen stehen die auf Normalkostenbasis kalkulierten Verkaufspreise gegenüber:

	„Standard"	„Jugend"	„Luxus"
Herstellkosten d. Erzeugung produzierte Stückzahl	82,11 €	67,88 €	188,60 €
+ 26 % Verw.-/Vertr.-GK	21,35 €	17,65 €	49,04 €
Selbstkostenpreis	103,46 €	85,53 €	237,64 €
+ 6 % Gewinn	6,21 €	5,13 €	14,26 €
kalk. Verkaufspreis	109,67 €	90,66 €	251,90 €

Die obigen Zahlen belegen die vorherige Vermutung, dass bei den Grundtypen „Jugend" und „Luxus" Preiszugeständnisse gemacht werden mussten; dies ist beim Grundtyp „Luxus" besonders deutlich: Der kalkulierte Preis liegt um 19,69 €/Stück über dem tatsächlich realisierten Durchschnittspreis. Dagegen ist die Marktstellung der Schneider OHG gegenüber ihren Abnehmern beim Grundtyp „Standard" offensichtlich wesentlich stärker. Hier konnte ein um 8,33 € höherer Preis – gegenüber dem kalkulierten – realisiert werden.

zu **589**

Die Deckungsbeitragsrechnung ergänzt und verfeinert die Ergebnisse der Vollkostenrechnung. Der Kostenrechner geht bei seinen Untersuchungen davon aus, dass die Aufteilung der Kosten in variable und fixe Kosten nach der Analyse von Seite 517 im Buch auf alle drei Grundtypen übertragbar ist. Der Anteil der variablen Kosten (637.000,00 €) an den Gesamtkosten (1.337.000,00 €) beträgt demnach 47,644 %. Dieser Anteil gilt für die Selbstkosten des Umsatzes aller Grundtypen.

Kostenträgerblatt auf Normalkostenbasis

Kalkulationsschema			insgesamt	„Standard“	„Jugend“	„Luxus“
1.–17. Kostenträger-Zeitrechnung	1.	Fertigungsmaterial	280.000,00	155.000,00	70.000,00	55.000,00
	2.	+ 25 % MGK	70.000,00	38.750,00	17.500,00	13.750,00
	3.	Materialkosten	350.000,00	193.750,00	87.500,00	68.750,00
	4.	Fertigungslöhne FHS I	143.750,00	80.000,00	30.750,00	33.000,00
	5.	+ 100 % FGK	143.750,00	80.000,00	30.750,00	33.000,00
	6.	Fertigungskosten FHS I	287.500,00	160.000,00	61.500,00	66.000,00
	7.	Fertigungslöhne FHS II	115.000,00	65.000,00	25.000,00	25.000,00
	8.	+ 115 % FGK	132.250,00	74.750,00	28.750,00	28.750,00
	9.	Fertigungskosten FHS II	247.250,00	139.750,00	53.750,00	53.750,00
	10.	Fertigungslöhne FHS III	86.250,00	45.250,00	20.000,00	21.000,00
	11.	+ 125 % FGK	107.812,50	56.562,50	25.000,00	26.250,00
	12.	Fertigungskosten FHS III	194.062,50	101.812,50	45.000,00	47.250,00
	13.	Herstellkosten d. Erzeugung	1.078.812,50	595.312,50	247.750,00	235.750,00
	14.	– Mehrbestand	116.000,00	52.500,00	15.500,00	48.000,00
	15.	Herstellkosten des Umsatzes	962.812,50	542.812,50	232.250,00	187.750,00
	16.	+ 20 % Verwaltungsgemeinkosten	192.562,50	108.562,50	46.450,00	37.550,00
	17.	+ 6 % Vertriebsgemeinkosten	57.768,75	32.568,75	13.935,00	11.265,00
18.–22. Ergebnisrechnung	18.	Selbstkosten des Umsatzes	1.213.143,75	683.943,75	292.635,00	236.565,00
	19.	Nettoumsatzerlöse	1.284.000,00	767.000,00	296.400,00	220.600,00
	20.	Umsatzergebnis	70.856,25	(+) 83.056,25	(+) 3.765,00	(–) 15.965,00
	21.	– Kostenunterdeckung lt. BAB	7.856,25			
	22.	Betriebsergebnis	63.000,00			

zu **589**

Entsprechend wäre der Anteil der fixen Kosten 52,356 %. Dieser Anteil an variablen und fixen Kosten steckt auch im Mehrbestand; er muss aus den gesamten fixen Kosten herausgerechnet werden, um die fixen Kosten der verkauften Erzeugnisse zu erhalten. In 116.000,00 € Mehrbestand sind also 52,356 % fixe Kosten ≙ 60.733,00 € enthalten. Die fixen Kosten der verkauften Erzeugnisse betragen demnach (700.000,00 € – 60.733,00 € =) 639.267,00 €.

a)

Ergebnisrechnung	Kostenträger insgesamt	„Standard“	„Jugend“	„Luxus“
Umsatzerlöse – variable Kosten	1.284.000,00 581.700,00[1]	767.000,00 327.900,00	296.400,00 140.300,00	220.600,00 113.500,00
Deckungsbeitrag – fixe Kosten	702.300,00 639.267,00[1]	439.100,00 –	156.100,00 –	107.100,00 –
Betriebsgewinn	63.033,00			
Deckungsbeitrag je Stück		439.100,00 € / 6 500 Stück = 67,55 €	156.100,00 € / 3 250 Stück = 48,03 €	107.100,00 € / 950 Stück = 112,74 €

1 ohne Mehrbestand

Berechnung der Ist-Selbstkosten der einzelnen Kostenträger

Kalkulationsschema	„Standard“	„Jugend“	„Luxus“
Fertigungsmaterial + 23,82 % MGK lt. BAB	155.000,00 36.921,00	70.000,00 16.674,00	55.000,00 13.101,00
Materialkosten	191.921,00	86.674,00	68.101,00
Fertigungslöhne FHS I + 97,53 % FGK lt. BAB	80.000,00 78.024,00	30.750,00 29.990,48	33.000,00 32.184,90
Fertigungskosten FHS I	158.024,00	60.740,48	65.184,90
Fertigungslöhne FHS II + 116,26 % FGK lt. BAB	65.000,00 75.569,00	25.000,00 29.065,00	25.000,00 29.065,00
Fertigungskosten FHS II	140.569,00	54.065,00	54.065,00
Fertigungslöhne FHS III + 129,51 % FGK	45.250,00 58.603,28	20.000,00 25.902,00	21.000,00 27.197,10
Fertigungskosten FHS III	103.853,28	45.902,00	48.197,10
Herstellkosten der Erzeugung – Mehrbestand	594.367,28 52.500,00	247.381,48 15.500,00	235.548,00 48.000,00
Herstellkosten des Umsatzes + 21,73 % Verw.-GK + 5,28 % Vertr.-GK	541.867,28 117.747,76 28.610,59	231.881,48 50.387,85 12.243,34	187.548,00 40.754,18 9.902,53
Selbstkosten des Umsatzes davon 47,644 % variable Kosten (gerundet)	688.225,63 327.900,00	294.512,67 140.300,00	238.204,71 113.500,00

zu **589**

b) Da alle drei Grundtypen positive Deckungsbeiträge erwirtschaften, wäre es Gewinn mindernd, wenn z. B. der Grundtyp „Luxus" wieder aus dem Produktionsprogramm herausgenommen würde (weil er ja in der Vollkostenrechnung ein negatives Umsatzergebnis erbracht hat). Zu überlegen wäre, ob eine solche Situation auf Dauer beibehalten werden kann (Abrundung des Sortiments) oder ob es nicht Gewinn erhöhend wäre, den Grundtyp „Luxus" zugunsten einer höheren Produktion von Grundtyp „Standard" herauszunehmen. Auffallend ist, dass der Grundtyp „Luxus" den eindeutig höchsten Stückdeckungsbeitrag erbringt.

c) Hinsichtlich der langfristigen Preisuntergrenze ist der Spielraum für den Unternehmer relativ gering, weil er nur einen niedrigen Betriebsgewinn erzielt. Grundsätzlich wäre es ihm möglich, auf den Betriebsgewinn zu verzichten und dafür Preissenkungen bei einem oder bei mehreren Grundtypen vorzunehmen. So könnte er z. B. den Verkaufspreis für den Grundtyp „Luxus" so weit senken, dass er – unter Beibehaltung der sonstigen Preise, Kosten und Absatzmengen – keinen Betriebsgewinn mehr erzielt:

Umsatzerlöse für 950 Tische „Luxus"	220.600,00 €
– Betriebsgewinn	63.033,00 €
verbleibende Umsatzerlöse	157.567,00 €

Gesenkter Preis je Schreibtisch

$$= \frac{157.567,00\ €}{950\ \text{Stück}} = \underline{\underline{165,86\ €}}$$

Für die Festlegung der kurzfristigen Preisuntergrenzen verwendet der Unternehmer die Stückdeckungsbeiträge (vgl. oben).

d) Der Unternehmer plant die Erhöhung der Produktion von 82,5 % auf 90 % der Kapazitätsgrenze; das waren bei den einzelnen Grundtypen

„Standard": 7 909 Stück
„Jugend": 3 982 Stück
„Luxus": 1 364 Stück

Die Rangfolge der Produktion richtet sich nach den relativen Deckungsbeiträgen in der Engpassabteilung:

Grundtyp	Stückdeckungsbeitrag	Montieren/Lackieren/Verpacken	relativer Deckungsbeitrag
Standard	67,55 €	144 Minuten	0,47 €/Minute
Jugend	48,03 €	120 Minuten	0,40 €/Minute
Luxus	112,74 €	180 Minuten	0,63 €/Minute

Hieraus wird das überraschende Ergebnis sichtbar, dass das Produkt mit negativem Umsatzergebnis (in der Vollkostenrechnung) unter den hier angenommenen Bedingungen in der Produktion Priorität erhält:

Rang I Grundtyp „Luxus"
Rang II Grundtyp „Standard"
Rang III Grundtyp „Jugend"

An Produktions- und Absatzmengen könnten dann realisiert werden:

Rang	Grundtyp	produzierbare und absetzbare Menge	Montagezeit je Stück	Montagezeit in Stunden
I	„Luxus"	1 364 Stck.	180 Min. ≙ 3 Std.	4 092,0 Std.
II	„Standard"	7 909 Stck.	144 Min. ≙ 2,4 Std.	18 981,6 Std.
				23 073,6 Std.
III	„Jugend"	2 863 Stck.	120 Min. ≙ 2 Std.	5 726,4 Std.
				28 800,0 Std.

Hiernach könnten von den ersten beiden Grundtypen die vollen Mengen produziert werden, vom Grundtyp „Jugend" nur noch 2 863 Stück.

zu **589**

e) Die Erfolgssituation könnte wie folgt aussehen, wenn davon ausgegangen wird, dass sich die Preise nicht verändern und dass alle produzierten Mengen auch abgesetzt werden.

Grundtyp	Stückdeckungsbeitrag	Menge	Deckungsbeitrag je Grundtyp
„Luxus“	112,74 €	1 364 Stck.	153.777,36 €
„Standard“	67,55 €	7 909 Stck.	534.252,95 €
„Jugend“	48,03 €	2 863 Stck.	137.509,89 €
Deckungsbeitrag insgesamt			825.540,20 €
– fixe Kosten			700.000,00 €
Betriebsgewinn			125.540,20 €

Gegenüber der bisherigen Situation würde diese Veränderung den Betriebsgewinn verdoppeln.

590

1. 8.000,00 € Wertansatz zum 31. Dezember. Die Anschaffungskosten bilden nach HGB die strikte Bewertungsobergrenze (Anschaffungskostenprinzip).
2. Bei veräußerbaren Wertpapieren darf über die Anschaffungskosten hinaus bewertet werden: 10.000,00 € Wertansatz. Der nicht durch Umsatz realisierte Gewinn muss erfolgsneutral (also ohne GuV-Rechnung) der Neubewertungsrücklage zugeführt werden.
3. Buchung: Wertpapiere an Neubewertungsrücklage 2.000,00
4. Dadurch erhöht sich der Eigenkapitalausweis des Unternehmens in der Bilanz.

591

1. 200.000,00 € Wertansatz (Anschaffungskostenprinzip!).
2. Im Rahmen einer Neubewertung ist eine Bewertung über die Anschaffungskosten möglich: 250.000,00 € Wertansatz.
3. Buchung: Grundstücke an Neubewertungsrücklage. Begründung siehe Aufgabe 588.
4. Erhöhung des Eigenkapitals in der Bilanz.

592

1. Nach HGB sind Verbindlichkeiten zum Erfüllungsbetrag auszuweisen.

Buchung:	Bank	380.000,00	
	Disagio (ARA)	20.000,00	
	an Darlehensverbindlichkeiten		400.000,00

   Bei einer Laufzeit des Darlehens von fünf Jahren erfolgt jährlich eine Verteilung des Disagios als Zinsaufwand in Höhe von 4.000,00 €.

   Buchung: Zinsaufwendungen an Disagio (ARA) 4.000,00
2. Nach IAS/IFRS erfolgt die Passivierung zum vereinnahmten Betrag. Zum jeweiligen Jahresschluss erfolgt eine Aufstockung der Darlehensschulden um das Disagio.

Buchung:	Bank	an	Darlehensverbindlichkeiten	380.000,00
	Zinsaufwendungen	an	Darlehensverbindlichkeiten	4.000,00

   bei einer Laufzeit von fünf Jahren.
3. Grundsätzlich keine Auswirkung im Jahr der Aufnahme des Darlehens (bis auf den jährlichen Zinsaufwand). Nach IAS/IFRS sieht die Bilanz jedoch optisch wegen des niedrigeren Darlehensausweises günstiger aus.

593
594 Siehe dazu die Ausführungen auf den Seiten 522 bis 528 des Lehrbuches.
595

596 c) Flüssigkeit

597 c, e

598 a

599 c

600 d

601

Art der Darstellung von Vermögen und Kapital

Inventar: Ausführliche Darstellung; Mengen, Einzelwerte und Gesamtwerte; Staffelform.

Bilanz: Kurz gefasste Darstellung; Gesamtwerte; Kontenform

602

a) Gewinn
b) Vorsteuerüberhang
c) Reingewinn
d) Verlust
e) Zahllast
f) Verlust
g) Bestandsmehrung; positive Gewinnauswirkung
h) Bestandsminderung; negative Gewinnauswirkung

603

Doppelte Ermittlung des Erfolgs

a) Vergleich des Eigenkapitals zweier Jahre
b) Gegenüberstellung der Aufwendungen und Erträge

604

a) III	b) I	c) II	d) IV	e) I
f) IV	g) IV	h) III	i) III	

605

a) 5, 7	b) 2, 3, 6	c) 2, 3, 6	d) 1, 4, 6	e) 5, 7
f) 2, 3, 6	g) 1, 4, 7	h) 5, 6		

606

a)	7020	800,00	
	0500	4.000,00	
	7700	5.000,00	
	an 2800		9.800,00
b)	3001 an 2800	1.500,00	1.500,00
c)	6930 an 2000	3.500,00	3.500,00
d)	2470 an 2400	5.950,00	5.950,00
e)	3001 an 5420	1.785,00	1.500,00
	4800		285,00
f)	6952 an 3670	2.000,00	2.000,00

607

1.	Abschreibungsbetrag	24.000,00
	Buchwert	72.000,00
2.	Abschreibungsbetrag	22.500,00
	Buchwert	67.500,00

608

S	4210 Kurzfristige Bankverbindlichkeiten		H
c)	2.800,00	Vortrag	6.834,00
d)	5.800,00	a)	3.500,00
e)	2.280,00	b)	800,00
g)	1.725,00	f)	2.800,00
i)	2.200,00	h)	90,00
		Saldo	781,00
	14.805,00		14.805,00

609

am 31. Dez.:	6770 an 3900	4.500,00	4.500,00
im neuen Jahr:	3900	4.500,00	
	2600	570,00	
	an 2800		3.570,00
	an 5480		1.500,00

610

1. 12.850,00

2. 6951	10.000,00	
4800	2.850,00	
an 2470		12.850,00

611

Beleg 167:

6850	360,00	
2600	25,20	
an 2800		385,20

Beleg 168:

6050	40,03	
2600	7,61	
an 2880		47,64

612

a) 130,00 · 12 = 1.560,00
Niederstwertprinzip:
Tageswert < Anschaffungskosten

b) 150,00 · 12 = 1.800,00
Niederstwertprinzip:
Tageswert > Anschaffungskosten

Buchungssatz: 8010 an 2010 1.560,00 bzw. 1.800,00

613

1.	Nettopreis	30.000,00
–	10 % Rabatt	3.000,00
+	Überführung	300,00
+	Zulassung	40,00
+	Nummernschilder	25,00
	Anschaffungskosten:	27.365,00
2.	Anschaffungskosten	27.365,00
–	halbe Jahres-AfA	2.736,50
	Buchwert	24.628,50

3.	0840			27.300,00	
	2600	an	2800	5.187,00	32.487,00
	0840	an	2880	40,00	40,00
	0840			25,00	
	2600	an	2880	4,75	29,75
	6900	an	2800	600,00	600,00
	7030	an	2800	180,00	180,00
4.	6520	an	0840	2.736,50	2.736,50
	2900	an	6900	300,00	300,00
	2900	an	7030	90,00	90,00

614

1. Sie sind Schulden für Aufwendungen des vergangenen Geschäftsjahres.
2. Bei Rückstellungen sind im Gegensatz zu sonstigen Verbindlichkeiten Höhe und Fälligkeit nicht bekannt.
3. Ungewisse Verbindlichkeiten; drohende Verluste aus schwebenden Geschäften; unterlassene Instandhaltungsaufwendungen; Abraumbeseitigung; Gewährleistungen.
4. Sie mindern Gewinn und Ertragsteuern.
5. Als vermiedene Auszahlungen erhöhen sie die Liquidität.
6. Rückstellungen mindern als ungewisse Aufwendungen den Gewinn; Rücklagen stellen einen Teil der Gewinnverwendung dar (Eigenkapital).
7. Durch Unterbewertung von Aktiva und Überbewertung von Passiva.

615

1. Aufwandsteuern wie Grund- und Kfz-Steuer.
2. Einkommensteuer bei Einzelunternehmungen und Personengesellschaften, Körperschaftsteuer bei Kapitalgesellschaften.
3. Grunderwerbsteuer
4. Entnahme von betrieblichen Gegenständen, Erzeugnissen oder Waren; Nutzung betrieblicher Gegenstände und Inanspruchnahme von Dienstleistungen.
5. Es handelt sich um einen privatwirtschaftlichen Vorgang, nicht jedoch um eine Leistung, die entgeltlich im Rahmen unternehmerischer Tätigkeit erzielt wird.
6. Aufwandsteuern: Steuern, die als Betriebsausgaben den Gewinn mindern, z. B. Kfz-Steuer.
   Personensteuern: Steuern natürlicher und juristischer Personen, die aus dem Einkommen/Gewinn zu zahlen sind, z. B. Einkommensteuer, Körperschaftsteuer.
   Aktivierungspflichtige Steuern stellen Anschaffungsnebenkosten dar, z. B. Grunderwerbsteuer.
   Durchlaufende Posten sind indirekte Steuern, die der Betrieb im Auftrag des Finanzamtes einzuziehen und abzuführen hat, z. B. Umsatzsteuer.
   Verkehrsteuern knüpfen an Vorgänge des Rechts- und Wirtschaftsverkehrs an, z. B. Umsatzsteuer.

616

a)	7510 an 4890	3.200,00
b)	3001	5.800,00
	7020	1.200,00
	4800	24.500,00
	4250	5.000,00
	4400	3.480,00
	an 2800	39.980,00
c)	6160 an 3900	87.900,00
d)	Nettoforderungsbestand	250.000,00
	hierauf 4 %	10.000,00
	– Bestand der PWB	15.000,00
	Auflösung der PWB	5.000,00
	3680 an 5450	5.000,00
e)	2900 an 7030	450,00

f)	6952 an 3670	120.000,00
g)	2640 an 2800	1.870,00
h)	6300	4.800,00
	6320	39,00
	an 4830	680,00
	an 2640	960,00
	an 4860	78,00
	an 2800	3.121,00
	6400 an 2640	910,00
i)	5001	900,00
	4800	171,00
	an 2400	1.071,00
j)	4400	17.850,00
	an 2800	12.000,00
	an 2850	5.850,00

zu **616**

k) Nettoforderungsbestand 500.000,00
hierauf 4 % 20.000,00
– Bestand der PWB 12.500,00
Erhöhung der PWB 7.500,00

6953 an 3680 7.500,00

l) 3001 5.355,00
an 5420 4.500,00
an 4800 855,00

617

a)	III;	2690	an	5400	2.500,00
b)	I;	2900	an	7030	280,00
c)	III;	2690	an	5410	1.500,00
d)	IV;	6200	an	4890	5.700,00
e)	I;	2900	an	7510	3.200,00
f)	IV;	6700	an	4890	2.800,00
g)	II;	5400	an	4900	3.000,00

618 c, d

619 d

620

a) III	f) I	k) III
b) II	g) II	l) II
c) III	h) I	m) III
d) III	i) II	n) I
e) I	j) I	o) I

621

a) 2800 5.950,00
an 5410 5.000,00
an 4800 950,00
6979 an 0700 5.000,00
5410 an 8020 5.000,00
8020 an 6979 5.000,00

b) 2800 8.330,00
an 5410 7.000,00
an 4800 1.330,00
6979 an 0700 5.000,00
5410 an 8020 7.000,00
8020 an 6979 5.000,00

c) 2800 4.760,00
an 5410 4.000,00
an 4800 760,00
6979 an 0700 5.000,00
5410 an 8020 4.000,00
8020 an 6979 5.000,00

622

1. Maschinelle Anlage 200.000,00
+ Fracht 2.000,00
+ Fundamentierung 15.000,00
+ Montage 5.000,00
222.000,00
– 2 % Skonto 4.440,00
Anschaffungskosten 217.560,00

2. 0700 222.000,00
2600 42.180,00
an 4400 264.180,00
4400 264.180,00
an 0700 4.440,00
an 2600 843,60
an 2800 258.896,40

623

a) 3000	an	8020
b) 3001	an	3000
c) 4800	an	2600
d) 6953	an	3680
e) 6951/4800	an	2470
f) 3900	an	5480
g) 4400	an	6002/2600
h) 5001/4800	an	2400
i) 4400	an	6000/2600
j) 7700	an	2800
k) 2650	an	2880

624

1. Vorsteuerberichtigung		3.800,00 €
2. 6002	3.800,00	
an 2600		3.800,00
3. 455.000,00		

625

1. Vorsteuerberichtigung	2.660,00 €
Umsatzsteuerberichtigung	3.230,00 €
2. 6002 an 2600	2.660,00
4800 an 5001	3.230,00
3. Vorsteuerüberhang	56.570,00
4. 4800 an 2600	16.770,00
8010 an 2600	56.570,00

626

1. 2800	5.831,00
5001	100,00
4800	19,00
an 2400	5.950,00
2. 2800	5.831,00
5001	119,00
an 2400	5.950,00
3. 4800 an 5001	19,00

627

1. Nettoforderungsbestand	300.000,00
hierauf 3 % PWB	9.000,00
– Bestand der PWB	14.000,00
Herabsetzung der PWB	5.000,00
2. 3680 an 5450	5.000,00

628

a) 5000/4800	g) 2600
b) 2400	h) 6002/2600
c) 2800	i) 5410/4800
d) 4400	j) 8010
e) 5420/4800	
f) 4400	

629

b, c

630

a) R	d) R
b) F	e) R
c) F	f) R

631

1. Deckungsbeitrag bezeichnet die Differenz zwischen Umsatzerlösen und variablen Kosten. Seine Höhe gibt an, in welchem Umfang die fixen Kosten abgedeckt werden.
2. Nutzung; technischer Fortschritt.
3. a) Veränderungen des Geldvermögens einer Unternehmung: Einnahmen erhöhen, Ausgaben mindern das Geldvermögen.
   b) Veränderungen des Eigenkapitals eines Unternehmens. Aufwendungen mindern das Eigenkapital, Erträge erhöhen es. Sie werden durch Gegenüberstellung im GuV-Konto dargestellt und betreffen das gesamte Unternehmen.
   c) Kosten sind betriebliche Aufwendungen, die in unmittelbarem Zusammenhang mit dem Betriebszweck stehen; Leistungen sind das Ergebnis der eigentlichen betrieblichen Tätigkeit. Sie werden in der Betriebsergebnisrechnung der Kosten- und Leistungsrechnung ermittelt.
4. a) Lohnzahlung; Bankgutschrift einer Kundenforderung.
   b) Abschreibungen (bilanziell) auf Sachanlagen; Zinserträge.
   c) Werkstoffeinsatz; Umsatzerlöse.

zu **631**

5. Planmäßige Abschreibungen betreffen die regelmäßige Wertminderung abnutzbaren Anlagevermögens; außerplanmäßige Abschreibungen betreffen außergewöhnliche und dauernde Wertminderungen. Sie werden im Bedarfsfall neben den planmäßigen Abschreibungen vorgenommen.
6. Lineare, geometrisch-degressive und Abschreibung nach Leistungseinheiten.

632

1. Abschreibungen, Zinsen, Miete, Wagnisse.
2. Grundkosten werden als aufwandsgleiche Kosten aus der Finanzbuchhaltung in die KLR übernommen, Zusatzkosten dagegen steht kein Aufwand in der Finanzbuchhaltung gegenüber. Sie müssen zur Ermittlung des gesamten betrieblich bedingten Werteverzehrs zusätzlich in der KLR festgestellt werden.
3. Kalkulatorischer Unternehmerlohn bei Einzel- und Personengesellschaften, kalkulatorische Zinsen auf das betriebsnotwendige Eigenkapital.
4.

	bilanzmäßig	**kalkulatorisch**
Umfang:	gesamtes abnutzbares Anlagevermögen	betriebsnotwendiges Anlagevermögen
Ziel:	nominelle Kapitalerhaltung; deshalb von den Anschaffungs-/Herstellungskosten vorzunehmen	substanzielle Kapitalerhaltung; deshalb von den Wiederbeschaffungskosten vorzunehmen
Dauer:	betriebsgewöhnliche Nutzungsdauer	tatsächlich beabsichtigte Nutzungsdauer
Methoden:	degressiv, linear nach handelsrechtlichen Vorgaben	linear zur gleichmäßigen Kostenerfassung

5. Kalkulatorische Restwerte des Anlagevermögens
   \+ kalkulatorische Mittelwerte des Umlaufvermögens
   = Betriebsnotwendiges Vermögen
   – Abzugskapital
   = betriebsnotwendiges Kapital
6. Anlage-, Bestände-, Gewährleistungs-, Vertriebs-, Fertigungs- und Entwicklungswagnis.
7. Sie betreffen das unternehmerische Risiko, das jeder Unternehmer zu tragen hat. Risiken wie z. B. Nachfragerückgang, Veränderungen der Wettbewerbssituation, technologische Neuerungen sind durch den Gewinn abgegolten.
8. Die Abgrenzungsrechnung trennt die neutralen Aufwendungen und Erträge von den Kosten und Leistungen. Im Rahmen der Ermittlung des Neutralen Ergebnisses macht sie Aussagen über die Höhe der unternehmensbezogenen Abgrenzungen und der kostenrechnerisch vorgenommenen Korrekturen. Im Betriebsergebnis stellt sie über die vollständige Erfassung aller Kosten und Leistungen den Erfolg der betrieblichen Tätigkeit des Unternehmens fest.

633

a) kalkulatorischer Unternehmerlohn

b) Privatentnahme bar

c) Lohn- und Gehaltsaufwendungen

634

1. Die Höhe der Deckungsbeiträge gibt an, in welchem Umfang ein Artikel zur Deckung der fixen Kosten beiträgt. Je größer der Beitrag eines Artikels dabei ist, umso mehr steigt seine Präferenz. Deckungsbeiträge legen die ertragsstärksten Artikelgruppen offen und ermöglichen damit die Festlegung eines optimalen Sortiments.
2. Es handelt sich um eine Verrechnung innerhalb des Rechnungskreises II. Auf das Gesamter-gebnis im Rechnungskreis I zeigen sich keine Auswirkungen.
3. Aufgaben der
   a) Kostenstellenrechnung:
   Feststellung und Verteilung der Gemeinkosten auf die Kostenstellen; Ermittlung der Zuschlagssätze der Hauptkostenstellen, Überwachung der Kosten der Kostenstellen.
   b) Kostenträgerrechnung:
   Ermittlung der Selbstkosten für einzelne Erzeugnisse und je Erzeugnisgruppe, Ermittlung des Betriebserfolgs in der kurzfristigen Erfolgsrechnung, Berechnung des Gewinnzuschlagssatzes.

635

1. Auch bei den bilanzierten einwandfreien Forderungen ist im Laufe des Geschäftsjahres mit Ausfällen zu rechnen. Dieses allgemeine Kreditrisiko deckt die Pauschalwertberichtigung ab. Ihre Höhe bemisst sich nach dem durchschnittlichen Forderungsausfall der letzten 3 – 5 Jahre.
2. Die Zuführung zur Pauschalwertberichtigung stellt Aufwand des Unternehmens dar. Dieser ist stets zum Nettowert zu buchen. Die Umsatzsteuer stellt einen Anspruch des Finanzamtes dar und darf gem. § 17 (2) UStG erst berichtigt werden, wenn die steuerpflichtige Lieferung oder Leistung uneinbringlich geworden ist.
3. Um die Gleichbehandlung aller Steuerschuldner zu gewährleisten.
4. Als Aufwand mindert die höhere degressive Abschreibung in den ersten Nutzungsjahren den in der Handelsbilanz auszuweisenden Gewinn.
5. Er erhöht sich, weil die in den Gemeinkosten enthaltenen Fixkosten nicht entsprechend dem Umsatzrückgang abgebaut werden können.

   Der Handlungskostenzuschlagssatz steigt, weil sich die Gemeinkosten auf eine verminderte Absatzmenge beziehen.

636

a) Umsatzerlöse
b) Privateinlage
c) Mieterträge aus Werkswohnungen

637

1. Sie lässt Aussagen über die Zusammensetzung des Gesamtergebnisses zu, indem sie im Betriebsergebnis den Erfolg der eigentlichen betrieblichen Tätigkeit und im Neutralen Ergebnis die unternehmensbezogenen Abgrenzungen ermittelt.
2. a) Gesamtergebnis: Ermittlung des Erfolgs der Unternehmung in der Finanzbuchhaltung im GuV-Konto.
   b) Neutrales Ergebnis: Ergebnis unternehmensbezogener Abgrenzungen durch Gegenüberstellung neutraler Aufwendungen und Erträge sowie der kostenrechnerischen Korrekturen.
   c) Betriebsergebnis: Gegenüberstellung der Kosten und Leistungen und Ermittlung des Erfolgs aus betrieblicher Tätigkeit.
3. Neutraler Gewinn von 170.000,00 €.

638

1. Umsatzerlöse > variable Kosten
2. Umsatzerlöse = variable Kosten
3. Umsatzerlöse < variable Kosten
4. Betriebsgewinn
5. Betriebsverlust

639

1. Bei der kurzfristigen PUG deckt der Betrieb nur gerade die variablen Stückkosten des Erzeugnisses ab. Die Fixkosten bleiben also ungedeckt. Die langfristige PUG deckt dagegen im Preis sowohl fixe wie variable Stückkosten (Vollkostendeckung) ab.
2. BEP kennzeichnet die Absatzmenge, bei der die Summe der erwirtschafteten Stückdeckungsbeiträge gerade ausreicht, um die fixen Kosten zu decken.
3. 1 500 Stück.

640

1. Wirtschaftlichkeit misst das Verhältnis von Leistung zu Kosten und damit den Ergiebigkeitsgrad bei der Erstellung einer Leistung; Rentabilität dagegen bestimmt die Ertragskraft, indem sie die Verzinsung des eingesetzten Kapitals oder die Umsatzverdienstrate ermittelt.
2. Hohe Wirtschaftlichkeit verbessert den Gewinn und führt damit zu einer Erhöhung der Rentabilität.

641

1.

	Umsatzerlöse	8.250,00 €
+	Umsatzsteuer	1.567,50 €
	Rechnungsbetrag	9.817,50 €

2.

2400	9.817,50	
an 5000		8.250,00
an 4800		1.567,50

3. Steuerkorrektur 31,35 €

4.

2800	9.621,15	
5001	165,00	
4800	31,35	
an 2400		9.817,50

642

1.

a)	2640	6.381,34	
	an 2800		6.381,34
b)	6300	17.897,00	
	an 4830		2.467,89
	an 2640		3.245,67
	an 2650		800,00
	an 2800		11.383,44
c)	6400	3.135,67	
	an 2640		3.135,67

2.

	Bruttogehälter	17.897,00 €
+	Arbeitgeberanteil SV	3.135,67 €
	gesamte Personalkosten	21.032,67 €

3.

4830	2.467,89	
an 2800		2.467,89